JLPT
합격 시그널

일본어능력시험

단어장 **N1**

테마별 **필수 어휘**와 **기출 어휘** 완전 마스터

저자 JLPT 연구모임

시사일본어사

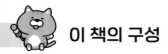

이 책의 구성

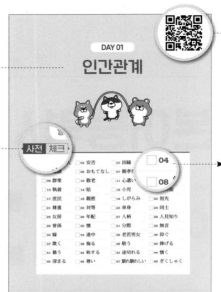

DAY별 공부할 단어의 ◀
테마를 알려 줍니다.

QR코드를 스캔하여 쉽고
간단하게 원어민 음성을
확인할 수 있습니다.

공부를 시작하기에 앞서,
내가 알고 있는 단어가
얼마나 있는지 표시하여
현재 실력을 체크해 볼
수 있습니다.

숫자를 보고 원하는 ▶
단어를 쉽고 빠르게
찾을 수 있도록 과에서
공부할 단어에는 넘버링이
부여되어 있으며,
본문에서는 이 순서대로
단어를 학습합니다.

● 예문

제시 단어가 어떻게 사용
되는지, 테마와 관련된
문장을 통해 뉘앙스를
익힐 수 있습니다.

● 단어 ◀

테마에 맞는 필수 단어의
발음/품사/의미를 확인할
수 있습니다.

● 체크 박스 ◀

공부를 마친 후에 확실히
기억하고 있는지 체크
하여 확인할 수 있습니다.

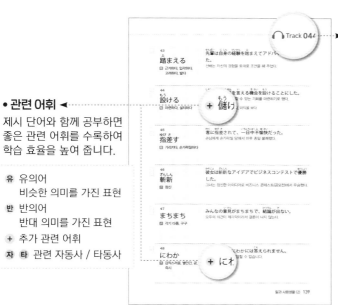

관련 어휘 ◄----

제시 단어와 함께 공부하면
좋은 관련 어휘를 수록하여
학습 효율을 높여 줍니다.

- 유 유의어
  비슷한 의미를 가진 표현
- 반 반의어
  반대 의미를 가진 표현
- ＋ 추가 관련 어휘
- 자 타 관련 자동사 / 타동사

----► **트랙 번호**

모든 제시 단어와 예문은
원어민 음성을 들으며
발음을 확인할 수 있습니다.

전체 원어민 음성은 하단
QR코드 스캔을 통한 <u>스트</u>
<u>리밍 서비스</u> 이용, 혹은 시
사일본어사 홈페이지에서
mp3 파일을 다운로드 후
이용할 수 있습니다.
(www.sisabooks.com/jpn)

전체 음성 듣기

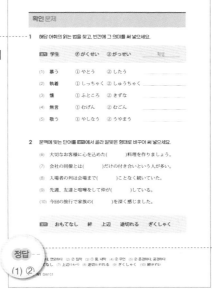

확인 문제 ◄----

문제를 통해 공부한 단어의
발음 및 문장 활용을 다시
한번 체크해 봅니다.

----► **정답**

하단의 정답을 보고 채점을
한 후, 다시 한번 문제를
확인하며 복습해 봅니다.

3

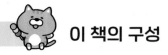

이 책의 구성

• 단어 퀴즈 ◀
얼마나 기억하고 있는지
현재 성취도를 확인하기
위해 제시된 단어를 보고
발음과 의미를 적어 봅니다.

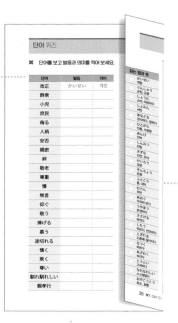

다어 퀴즈

※ 단어를 보고 발음과 의미를 적어 보세요.

단어	발음	의미
改正	かいせい	개정
群衆		
小児		
庶民		
侮る		
人柄		
安否		
親密		
絆		
敬老		
尊重		
懐		
無言		
仰ぐ		
敬う		
捧げる		
慕う		
途切れる		
懐く		
欺く		
尊い		
馴れ馴れしい		
親孝行		

20 N1 DAY 01

▶ 점선을 따라 접으면
퀴즈 정답을 확인할 수
있습니다.

• 퀴즈 정답 ◀
절취선을 따라 접어
퀴즈의 정답을 확인하고,
정답을 맞춘 단어에
체크해 봅니다.

읽는 법과 뜻
かいせい 개정
ぐんしゅう 군중, 군중
しょうに 소아, 어린아이
しょみん 서민
あなどる 깔보다, 얕보다
ひとがら 인품, 사람됨
あんぴ 안부
しんみつ 친밀
きずな 인연, 유대
けいろう 경로
そんちょう 존중
ふところ 품, 내막
むごん 무언
あおぐ 우러러 보다
うやまう 존경하다
ささげる 바치다
したう 따르다 연모하다
とぎれる 도중에 끊어지다
なつく 따르다
あざむく 속이다
とうとい 고귀하다
なれなれしい 스스럼없다
おやこうこう 효도, 효행

20 N1 DAY 01

단어 퀴즈

※ 한번 더 복습해 봅시다.

한자	발음	의미
예 改正	かいせい	개정
群衆		
小児		
庶民		
侮る		
人柄		
安否		
親密		
絆		
敬老		
尊重		
懐		
無言		
仰ぐ		
敬う		
捧げる		
慕う		
途切れる		
懐く		
欺く		
尊い		
馴れ馴れしい		
親孝行		

▶ 다시 한번 단어를 보며
발음과 의미를 적고 복습
해 봅니다. 앞서 확실히
기억하지 못했던 단어를
반복 연습하여 확실히
암기하고 넘어갈 수
있습니다.

• 독해 연습 ◄

테마와 관련된 내용의
독해 지문을 읽으면서
공부한 어휘가 긴 글에서
어떻게 사용되고 있는지를
알아봅니다.

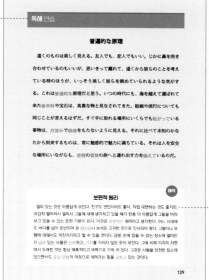

► • 해석

글에서 단어가 어떤
뉘앙스로 사용되었는지를
한국어로 문맥을 보며
파악해 봅니다.

시험 직전

시험에 출제되는

집중 공략 어휘

유형에 맞게 구분한 **어휘집**

3 · 4글자 명사, 훈독 명사, 가타카나어, 복합 동사, 자주 사용
하는 표현에서 문제 유형에 맞는 단어를 바로 찾아볼 수 있습
니다.
또한 품사별 고득점 어휘에서는 독해나 청해 등의 한 지문 안에
나올 수 있는 다양한 단어에 익숙해질 수 있도록 함께 기억하면
좋은 보다 폭넓은 레벨의 단어를 문장과 함께 학습할 수 있습
니다.

기출 어휘

시험 직전 간단하게 복습할 수 있도록 현재까지 출제된
과거 문자 어휘 영역의 유형별 기출 어휘를 발음순으로
수록하고 있습니다.

색인

발음 순으로 수록된 색인을 통해 본문에서 다룬 모든
단어를 빠르게 찾을 수 있습니다.

목차

시험 직전
집중 공략 어휘

품사 일람표	
명	명사
동	동사
イ	イ형용사
ナ	ナ형용사
부	부사

관련어 일람표	
+	추가 관련어휘
반	반의어
유	유의어
자	자동사
타	타동사

DAY 01

인간관계

얼마나
알고 있나요?

사전 체크

- ☐ 01 赤の他人
- ☐ 02 安否
- ☐ 03 因縁
- ☐ 04 上辺
- ☐ 05 縁談
- ☐ 06 おもてなし
- ☐ 07 親孝行
- ☐ 08 絆
- ☐ 09 群衆
- ☐ 10 敬老
- ☐ 11 心遣い
- ☐ 12 支え
- ☐ 13 執着
- ☐ 14 姑
- ☐ 15 小児
- ☐ 16 初対面
- ☐ 17 庶民
- ☐ 18 親密
- ☐ 19 しがらみ
- ☐ 20 祖先
- ☐ 21 尊重
- ☐ 22 対等
- ☐ 23 単身
- ☐ 24 同士
- ☐ 25 女房
- ☐ 26 年配
- ☐ 27 人柄
- ☐ 28 人見知り
- ☐ 29 曾孫
- ☐ 30 懐
- ☐ 31 分際
- ☐ 32 無言
- ☐ 33 嫁
- ☐ 34 連中
- ☐ 35 老若男女
- ☐ 36 仰ぐ
- ☐ 37 欺く
- ☐ 38 侮る
- ☐ 39 敬う
- ☐ 40 捧げる
- ☐ 41 慕う
- ☐ 42 称する
- ☐ 43 途切れる
- ☐ 44 懐く
- ☐ 45 深まる
- ☐ 46 尊い
- ☐ 47 馴れ馴れしい
- ☐ 48 ぎくしゃく

01
あか　た　にん
赤の他人

　명 생판 남

かいしゃ　どうりょう　　　　　　じてん　あか　た　にん
会社の同僚はやめた時点で赤の他人となる。
회사 동료는 그만둔 시점에 생판 남이 된다.

02
あん　ぴ
安否

　명 안부

むすこ　あん ぴ　かくにん　　　　　　なん ど　でん わ
息子の安否を確認したくて、何度も電話した。
아들의 안부를 확인하고 싶어서 몇 번이나 전화했다.

03
いんねん
因縁

　명 인연

わたし　　　　　で あ　　　　　　なに　いんねん
こうやって私たちが出会ったのも何かの因縁だろう。
이렇게 우리가 만난 것도 무언가의 인연일 것이다.

　　えん
유 縁 인연

　　　いんねん
+ 因縁をつける 트집을 잡다

04
うわ べ
上辺

　명 겉, 표면

かいしゃ　どうりょう　　　うわ べ　　　　つ あ　　　　　ひと　おお
会社の同僚とは上辺だけの付き合いという人が多い。
회사 동료와는 표면적인 교제일 뿐이라고 말하는 사람이 많다.

05
えんだん
縁談

　명 혼담

しんせき　　　えんだん　も あ　　　　　　み あ
親戚から縁談が持ち上がり、見合いをすることに
した。
친척으로부터 혼담이 들어와 선을 보기로 했다.

06
おもてなし

　명 대접, 환대

たいせつ　　きゃくさま　こころ こ　　　　　　　　　　りょう り　つく
大切なお客様に心を込めたおもてなし料理を作りま
しょう。
소중한 손님에게 마음을 담은 접대 요리를 만듭시다.

07
おやこうこう
親孝行
명 ナ する 효도, 효행

かれ つね りょうしん たす じつ おやこうこう むすこ
彼は常に両親を助けており、実に親孝行な息子だ。
그는 항상 부모를 돕고 있는 실로 효성스러운 아들이다.

유 こうこう 孝行 효행, 효도
반 おやふこう 親不孝 불효, 불효자

08
きずな
絆
명 인연, 유대

こんかい りょこう か ぞく きずな ふか かん
今回の旅行で家族の絆を深く感じました。
이번 여행으로 가족의 유대감을 깊이 느꼈습니다.

09
ぐんしゅう
群衆
명 군집, 군중

だいとうりょう えんぜつ き ひろ ば ぐんしゅう あつ
大統領の演説を聞くために広場に群衆が集まった。
대통령의 연설을 듣기 위해 광장에 군중이 모였다.

10
けいろう
敬老
명 경로

けいろう ひ としょ うやま かんしゃ ひ
敬老の日は、お年寄りを敬い感謝する日だ。
경로의 날은 노인을 공경하고 감사하는 날이다.

11
こころづか
心遣い
명 마음을 씀, 배려

まわ こま こころづか かれ ふ あん
周りの細やかな心遣いはかえって彼を不安にさせた。
주변의 세심한 배려는 오히려 그를 불안하게 만들었다.

12
ささ
支え
명 받침, 버팀목

か ぞく そんざい こころ ささ
家族の存在が心の支えでした。
가족의 존재가 마음의 버팀목이었습니다.

13
しゅうちゃく
執着
명 する 집착

にんげんかんけい しゅうちゃく や き らく
人間関係に執着するのを止めたら気が楽になった。
인간관계에 집착하기를 그만두니 마음이 편해졌다.

14
しゅうとめ
姑
명 시어머니, 장모

おっと しゅうとめ かお
夫は 姑 と顔がそっくりです。
남편은 시어머니와 얼굴이 꼭 닮았습니다.

しゅうと
➕ 舅 시아버지, 장인

15
しょう に
小児
명 소아, 어린아이

むすこ ねつ さ しょうにか き
息子の熱が下がらないので、小児科に来た。
아들의 열이 내리지 않아서 소아과에 왔다.

16
しょたいめん
初対面
명 첫 대면, 초면

しょたいめん まえ あ き
初対面なのに前にどこかで会ったような気がする。
초면인데 전에 어딘가에서 만났던 것 같은 느낌이 든다.

17
しょみん
庶民
명 서민

はくぶつかん ねんまえ しょみん せいかつ しら
博物館で100年前の庶民の生活について調べた。
박물관에서 100년 전 서민의 생활에 대해 조사했다.

たいしゅう
➕ 大衆 대중

18
しんみつ
親密
명 ナ 친밀

ふたり しんみつ かんけい
どうやらあの二人は親密な関係のようだ。
아무래도 저 두 사람은 친밀한 관계인 듯하다.

19
しがらみ
형 속박, 굴레

何のしがらみも迷いもない人生を送りたい。
아무런 속박도 망설임도 없는 인생을 보내고 싶다.

20
そ せん
祖先
형 선조, 조상

昔、人類の祖先はサルだと言われた。
옛날, 인류의 조상은 원숭이라고 일컬어졌다.

21
そんちょう
尊重
형 する 존중

子供の意見も尊重できる家庭を作りたい。
아이의 의견도 존중할 수 있는 가정을 만들고 싶다.

22
たいとう
対等
형 ナ 대등

家庭において、夫婦の立場は対等である。
가정에서 부부의 입장은 대등하다.

23
たんしん
単身
형 단신, 홀몸

彼は8年前、単身赴任でアメリカに渡った。
그는 8년 전 단신 부임으로 미국으로 건너갔다.

24
どう し
同士
형 ~끼리, ~지간

彼らは今はとても仲がいいが、前は敵同士だった。
그들은 지금은 굉장히 사이가 좋지만, 전에는 원수 지간이었다.

25
にょうぼう
女房
명 처, 아내

にょうぼう しり し だんせい おお
女房の尻に敷かれている男性も多い。
아내에게 꼼짝 못 하는 남성도 많다.

26
ねんぱい
年配
명 연배, 지긋한 나이

ねんぱい かた おく もの なに
年配の方への贈り物は何がいいでしょうか。
어르신께 드리는 선물은 뭐가 좋을까요?

27
ひとがら
人柄
명 ナ 인품, 사람됨,
인품이 좋음

こと ば づか かのじょ ひとがら よ わ
しぐさや言葉遣いから彼女の人柄の良さが分かる。
동작이나 말씨에서 그녀의 좋은 인품을 알 수 있다.

유 せいかく
性格 성격

28
ひと み し
人見知り
명 する 낯가림

こ ども とき ひと み し いま しょたいめん ひと
子供の時から人見知りで、今も初対面の人とはうまく
はな
話せない。
어릴 때부터 낯을 가려, 지금도 초면인 사람과는 잘 이야기하지 못한다.

29
ひ まご
曾孫
명 증손

そ ふ ひ まご たんじょう こころ ま
祖父は曾孫の誕生を心待ちにしていた。
할아버지는 증손주의 탄생을 기대하고 있었다.

30
ふところ
懐
명 품, 내막, 호주머니 사정

はは ふところ ひろ かんしゃ
母の懐の広さに感謝している。
어머니의 넓은 포용력에 감사하고 있다.

31
ぶんざい
分際
명 신분, 분수

かのじょ　しんにゅうせい　ぶんざい　なまいき
彼女は新入生の分際で生意気だ。
그녀는 신입생 주제에 건방지다.

32
む ごん
無言
명 무언

たが　なに　い　　　　　　　　　　　　 わ　　　 む ごん
お互い何を言えばいいのか分からず、無言になった。
서로 무슨 말을 하면 좋을지 몰라 말이 없어졌다.

ちんもく
유 沈黙 침묵

33
よめ
嫁
명 며느리, 아내, 신혼 여성

くに　　　 よめ　しゅうとめ　かんけい　 ふくざつ
どの国でも嫁と 姑 の関係は複雑だ。
어느 나라에서나 며느리와 시어머니의 관계는 복잡하다.

34
れんちゅう
連中
명 한패, 동료

まじめ　　　　　れんちゅう　いっしょ
真面目ではない連中と一緒にしないでほしい。
성실하지 않은 무리들과 똑같이 취급하지 않았으면 좋겠다.

35
ろうにゃくなんにょ
老若男女・
ろうじゃくだんじょ
老弱男女
명 남녀노소

ばんぐみ　 ろうにゃくなんにょ　 すべ　 ひと　にんき
この番組は老若男女、全ての人に人気がある。
이 프로그램은 남녀노소 모든 사람들에게 인기가 있다.

36
あお
仰ぐ
동 우러러보다, 존경하다,
바라다, 청하다

かれ　　　　　　　　　　　 し　　　あお　 じんぶつ
彼はエジソンが師として仰いだ人物である。
그는 에디슨이 스승으로서 추앙한 인물이다.

37
あざむ
欺く
통 속이다, 기만하다

ひと　あざむ　　　　かね　　と　　　　　ゆる　　　　　　　こう い
人を欺いてお金をだまし取るのは許されない行為だ。
사람을 속여서 돈을 가로채는 것은 용서받지 못할 행위이다.

✛ さ ぎ
詐欺 사기

38
あなど
侮る
통 경시하다, 깔보다

た にん　　あなど　　　　　　たい ど　　と
他人を侮るような態度を取ってはいけない。
타인을 경시하는 듯한 태도를 취해서는 안 된다.

39
うやま
敬う
통 존경하다, 공경하다

とし よ　　　　　うやま　　き も　　　　わす
お年寄りを敬う気持ちを忘れてはならない。
노인을 공경하는 마음을 잊어서는 안 된다.

40
ささ
捧げる
통 바치다, 받들어 올리다

めい よ　　　　　しょう　はは　ささ
この名誉ある賞を母に捧げたい。
이 명예로운 상을 어머니께 바치고 싶다.

41
した
慕う
통 따르다, 연모하다,
사모하다

じつ　あに　　　　　　　した　　　　　　ひと　けっこんしき　しゅっせき
実の兄のように慕っていた人の結婚式に出席した。
친오빠(친형)처럼 따랐던 사람의 결혼식에 참석했다.

42
しょう
称する
통 일컫다, 칭하다, 칭찬하다,
사칭하다

じ ぶん　しゃちょう　しょう　　　おとこ　わたし　はな
自分を社長と称する男が私に話しかけてきた。
자신을 사장이라고 칭하는 남자가 나에게 말을 걸어 왔다.

43
とぎ
途切れる

> 图 도중에 끊어지다,
> 왕래가 끊기다

にゅうじょうしゃ　れつ　かいじょう　　　とぎ　　　　　　　つづ
入場者の列は会場まで途切れることなく続いていた。
입장자의 줄은 행사장까지 끊임없이 이어지고 있었다.

44
なつ
懐く

> 图 따르다

むすめ　ひとみ　し　　　　　　　　　ひと　なつ
娘は人見知りで、なかなか人に懐かない。
딸은 낯을 가려서 좀처럼 다른 사람을 따르지 않는다.

45
ふか
深まる

> 图 깊어지다

がっしゅく　どうき　なか　ふか
この合宿で同期の仲が深まった。
이 합숙으로 동기 사이가 돈독해졌다.

46
とうと
尊い

> ✔ 고귀하다, 존귀하다,
> 귀중하다

きょう　ゆた　　せいかつ　せんじん　　とうと　どりょく　うえ　な
今日の豊かな生活は先人たちの尊い努力の上に成り
た
立っている。
오늘날의 풍족한 생활은 조상들의 고귀한 노력 덕에 이루어져 있다.

47
な　な
馴れ馴れしい

> ✔ 허물없다, 스스럼없다

はじ　あ　　　　　　　かれ　な　な　　　　　たいど　せっ
初めて会ったのに、彼は馴れ馴れしい態度で接して
きた。
처음 만났는데도 그는 스스럼없는 태도로 다가왔다.

48
ぎくしゃく

> 图 する 삐걱삐걱 어색한
> 모양

せんしゅう　ともだち　けんか　なか
先週、友達と喧嘩をして仲がぎくしゃくしている。
지난주 친구와 싸움을 해서 사이가 어색한 상태이다.

1 해당 어휘의 읽는 법을 찾고, 빈칸에 그 의미를 써 넣으세요.

| 보기 学生 | ⓥ がくせい | ② がっせい | 학생 |

(1) 慕う　　① やとう　　② したう　　_____

(2) 執着　　① しっちゃく　② しゅうちゃく　_____

(3) 懐　　　① ふところ　② きずな　　_____

(4) 無言　　① むげん　　② むごん　　_____

(5) 敬う　　① やしなう　② うやまう　_____

2 문맥에 맞는 단어를 보기에서 골라 알맞은 형태로 바꾸어 써 넣으세요.

(6) 大切なお客様に心を込めた(　　　　)料理を作りましょう。

(7) 会社の同僚とは(　　　　)だけの付き合いという人が多い。

(8) 入場者の列は会場まで(　　　　)ことなく続いていた。

(9) 先週、友達と喧嘩をして仲が(　　　　)している。

(10) 今回の旅行で家族の(　　　　)を深く感じました。

| 보기　おもてなし　　絆　　上辺　　途切れる　　ぎくしゃく |

정답

(1) ② 따르다, 연모하다　(2) ② 집착　(3) ① 품, 내막　(4) ② 무언　(5) ② 존경하다, 공경하다
(6) おもてなし　(7) 上辺(うわべ)　(8) 途切(とぎ)れる　(9) ぎくしゃく　(10) 絆(きずな)

단어 퀴즈

✽ 단어를 보고 발음과 의미를 적어 보세요.

선을 따라 접으면 답을 확인할 수 있어요.

단어	발음	의미
改正	かいせい	개정
群衆		
小児		
庶民		
侮る		
人柄		
安否		
親密		
絆		
敬老		
尊重		
懐		
無言		
仰ぐ		
敬う		
捧げる		
慕う		
途切れる		
懐く		
欺く		
尊い		
馴れ馴れしい		
親孝行		

�֍ 한번 더 복습해 봅시다.

읽는 법과 뜻		한자	발음	의미
	かいせい 개정	예 改正	かいせい	개정
	ぐんしゅう 군집, 군중	群衆		
	しょうに 소아, 어린아이	小児		
	しょみん 서민	庶民		
	あなどる 경시하다, 깔보다	侮る		
	ひとがら 인품, 사람됨	人柄		
	あんぴ 안부	安否		
	しんみつ 친밀	親密		
	きずな 인연, 유대	絆		
	けいろう 경로	敬老		
	そんちょう 존중	尊重		
	ふところ 품, 내막	懐		
	むごん 무언	無言		
	あおぐ 우러러 보다	仰ぐ		
	うやまう 존경하다	敬う		
	ささげる 바치다	捧げる		
	したう 따르다, 연모하다	慕う		
	とぎれる 도중에 끊어지다	途切れる		
	なつく 따르다	懐く		
	あざむく 속이다	欺く		
	とうとい 고귀하다	尊い		
	なれなれしい 스스럼없다	馴れ馴れしい		
	おやこうこう 효도, 효행	親孝行		

DAY 02

성격과 성질

음성듣기

얼마나
알고 있나요?

사전 체크

☐ **01** 意地	☐ **02** 一途	☐ **03** 頑固	☐ **04** 気質
☐ **05** 几帳面	☐ **06** 気品	☐ **07** 気風	☐ **08** 窮屈
☐ **09** 健在	☐ **10** 腰抜け	☐ **11** 根底	☐ **12** 細心
☐ **13** 自尊心	☐ **14** 人格	☐ **15** 繊細	☐ **16** 素朴
☐ **17** 典型	☐ **18** 度量	☐ **19** 抜群	☐ **20** 不穏
☐ **21** 分別	☐ **22** 偏屈	☐ **23** 放任	☐ **24** 本性
☐ **25** 無口	☐ **26** 弱気	☐ **27** 冷酷	☐ **28** 惜しむ
☐ **29** 固める	☐ **30** こだわる	☐ **31** 凝る	☐ **32** 冴える
☐ **33** 粘る	☐ **34** 恥じらう	☐ **35** 弾む	☐ **36** 卑しい
☐ **37** いやらしい	☐ **38** しぶとい	☐ **39** 素っ気ない	☐ **40** 情け深い
☐ **41** 物々しい	☐ **42** 脆い	☐ **43** 愚か	☐ **44** 頑な
☐ **45** 驚異	☐ **46** 散々	☐ **47** 強か	☐ **48** 淑やか

01
いじ
意地
图 고집, 억지, 심술, 오기

しゅう い　　　はんたい　　　　　かれ　い じ　　　　　じ ぶん
周囲から反対されたが、彼は意地になって自分の
い けん　つらぬ　とお
意見を貫き通した。
주위에서 반대했지만, 그는 오기를 부리며 자신의 의견을 관철시켰다.

02
いち ず
一途
图 ナ 외곬, 한결같음

かれ　なが　あいだ じ ぶん　　　　　　いち ず　　おも　つづ
彼は長い間自分のことを一途に思い続けてくれた
じょせい　けっこん
女性と結婚した。
그는 오랫동안 자신에 대해 한결같이 계속 생각해 준 여성과 결혼했
다.

03
がん こ
頑固
图 ナ 완고

わたし　がん こ　せいかく　ちちおや　　　　　　　　　　　　い
私は頑固な性格が父親にそっくりだとよく言われる。
나는 완고한 성격이 아버지와 꼭 닮았다는 말을 자주 듣는다.

04
き しつ
気質
图 기질

かれ　ちちおやゆず　　　おん わ　　き しつ　　も
彼は父親譲りの温和な気質を持っている。
그는 아버지에게 물려받은 온화한 기질을 가지고 있다.

05
き ちょうめん
几帳面
图 ナ 착실하고 꼼꼼한 모양

き ちょうめん　せいかく　　　　　　　かのじょ　　　　　　　　　　しっぱい
几帳面な性格をしている彼女がこんな失敗をする
はずがない。
꼼꼼한 성격을 가진 그녀가 이런 실수를 할 리가 없다.

06
き ひん
気品
图 기품

しゃちょう ふ じん　　き ひんただよ　こう き　　　かた
社長夫人は気品漂う高貴なお方だ。
사장 부인은 기품이 감도는 고귀한 분이다.

07
き ふう
気風

🏷명 기풍, 기질

ちち
父がせっかちなのは、代々伝わる気風だそうです。
아버지가 성급한 것은 대대로 전해 내려오는 기풍이라고 합니다.

08
きゅうくつ
窮屈

🏷명 ナ 갑갑함, 답답함,
거북함, 어려움

き そく　しば　　　きゅうくつ　まいにち
規則に縛られ、窮屈な毎日だった。
규칙에 매여 갑갑한 나날이었다.

09
けんざい
健在

🏷명 ナ 건재

げんえき　いんたい　　いま　かれ　つよ　　けんざい
現役を引退した今も彼の強さは健在だ。
현역에서 은퇴한 지금도 그의 강인함은 건재하다.

10
こし ぬ
腰抜け

🏷명 무기력하고 겁이 많음,
겁쟁이, 얼뜨기

かれ　　　　　　こわ　　　こしぬ　　　　　おも
彼があんなに怖がりの腰抜けだとは思っていなかっ
た。
그가 저렇게 겁 많은 얼뜨기라고는 생각하지 않았다.

11
こんてい
根底

🏷명 근본, 토대

こんかい　で きごと　かれ　じょうしき　こんてい　　くつがえ
今回の出来事は彼の常識を根底から覆すものだった。
이번 사건은 그의 상식을 근본부터 뒤엎는 것이었다.

12
さいしん
細心

🏷명 ナ 세심

でん わ　おうたい　　さいしん　ちゅうい　はら
いつも電話の応対には細心の注意を払っている。
항상 전화 응대에는 세심한 주의를 기울이고 있다.

13

じ そんしん
自尊心

图 자존심

かれ　じ そんしん　ふか　きず　　　だいしょう　おお
彼の自尊心を深く傷つけた代償は大きかった。
그의 자존심을 깊게 상처 입힌 대가는 컸다.

⦿ プライド 프라이드, 긍지, 자존심

14

じんかく
人格

图 인격

にんげん　じんかく　けいせい　　　そだ　かんきょう　ふか　えいきょう
人間の人格の形成には、育った環境が深く影響する。
인간의 인격 형성에는 자란 환경이 깊이 영향을 미친다.

15

せんさい
繊細

图 ナ 섬세

せんさい　ひと
繊細な人は、ストレスがたまりやすい。
섬세한 사람은 스트레스가 쌓이기 쉽다.

16

そ ぼく
素朴

图 ナ 소박

りょかん　りょうり　さんさい　さかな　つか　そぼく　あじ　みりょく
この旅館の料理は山菜や魚を使った素朴な味が魅力
だ。
이 료칸의 요리는 산나물이나 생선을 사용한 소박한 맛이 매력이다.

➕ じゅんぼく
純朴 순박

17

てんけい
典型

图 전형

かれ　まじめ　べんきょう　　ゆうとうせい　てんけい
彼は真面目で勉強ができる、優等生の典型だ。
그는 성실하고 공부를 잘하는 우등생의 전형이다.

18

ど りょう
度量

图 도량, 아량

かのじょ　ど りょう　ひろ　ともだち　おお
彼女は度量が広く、友達が多い。
그녀는 도량이 넓어서 친구가 많다.

19
ばつぐん
抜群
명 ナ 발군, 뛰어남, 출중함

おとうと うんどうしんけい ばつぐん なん
弟 は運動神経が抜群で、スポーツなら何でもできる。
남동생은 운동 신경이 뛰어나서 스포츠라면 뭐든 잘한다.

20
ふ おん
不穏
명 ナ 불온, 험악함

かれ ひとこと かいしゃ なか ふ おん くう き なが
彼の一言のせいで、会社の中に不穏な空気が流れた。
그의 한마디 때문에 회사 안에 험악한 공기가 흘렀다.

21
ふんべつ ぶんべつ
分別 / 分別
명 する
분별(판단력) / 분별(분리)

むすこ ことしせいじん いま ふんべつ
息子は今年成人になったが、未だに分別がつかない。
아들은 올해 성인이 되었지만, 아직 분별력이 없다.

ぶんべつ かいしゅう
ごみの分別をしないと、回収されない。
쓰레기 분리수거를 하지 않으면 수거해 가지 않는다.

22
へんくつ
偏屈
명 ナ 성질이 비뚤어짐,
편협함, 괴팍함

かのじょ どくとく へんくつ せいかく おも
彼女は独特とはいえ、偏屈な性格ではないと思う。
그녀는 독특하기는 하지만, 괴팍한 성격은 아니라고 생각한다.

23
ほうにん
放任
명 する 방임

りょうしん ほうにんしゅぎ おさな ころ じ ゆう そだ
両親は放任主義なので、幼い頃から自由に育って
きた。
부모님은 방임주의라서 어릴 때부터 자유롭게 자라 왔다.

24
ほんしょう
本性
명 본성

しず かのじょ ほんしょう あらわ はじ
静かだった彼女がついに本性を現し始めた。
조용했던 그녀가 드디어 본성을 드러내기 시작했다.

25
むくち
無口
명 ナ 말이 없음, 과묵

妹は外では無口だが、家ではおしゃべりになる。
여동생은 밖에서는 말이 없지만, 집에서는 수다쟁이가 된다.

26
よわき
弱気
명 ナ 무기력함, 나약함

悪いことが重なると、思わず弱気になってしまう。
나쁜 일이 거듭되면 나도 모르게 나약해지고 만다.

27
れいこく
冷酷
명 ナ 냉혹

冷酷に感じるかもしれないが、彼の発言は実に現実的なものだった。
냉혹하게 느낄지도 모르지만, 그의 발언은 실로 현실적인 것이었다.

28
お
惜しむ
동 아끼다, 애석하게 여기다

劇場の閉鎖を惜しむ人々が劇場の前に押し寄せた。
극장 폐쇄를 애석하게 생각하는 사람들이 극장 앞에 몰려들었다.

29
かた
固める
동 굳히다, 확고히 하다

コンクリートを固めてビルの柱を作っている。
콘크리트를 굳혀서 빌딩의 기둥을 만들고 있다.

30
こだわる
동 구애되다, 집착하다, 신경 쓰다

彼は学歴や役職に強くこだわっているようだ。
그는 학력이나 직급에 강하게 집착하고 있는 것 같다.

31
こ
凝る
동 열중하다, 공들이다,
근육이 뻐근하다

最近は風水に凝っていて、色々な文献を読んでいる。
요즘은 풍수에 빠져 있어서 다양한 문헌을 읽고 있다.

32
さ
冴える
동 맑고 깨끗하다, 선명하다,
(머릿속이) 또렷해지다

会社で何かあったのか、彼の表情が冴えない。
회사에서 무슨 일이 있었는지 그의 표정이 밝지 않다.

33
ねば
粘る
동 달라붙다, 끈적이다,
끈기 있게 버티다

彼女の良いところは、最後まで諦めずに粘るところ
です。
그녀의 장점은 마지막까지 포기하지 않고 버티는 점입니다.

34
は
恥じらう
동 부끄러워하다, 수줍어하다

妻は人前に出るのをとても恥じらう。
아내는 사람들 앞에 나서는 것을 굉장히 부끄러워한다.

유 照れる 수줍어하다, 쑥스러워하다

35
はず
弾む
동 (반동으로) 튀다,
기세가 오르다,
들뜨다, 신이 나다

このボールはよく弾む。
이 공은 잘 튄다.

同窓会はみんなが久しぶりに会ったせいか話が
弾んだ。
동창회는 모두가 오랜만에 만나서인지 이야기가 활기를 띠었다.

36
いや
卑しい
い (신분·지위가) 낮다,
천하다, 저속하다,
쩨쩨하다

彼は言葉遣いが卑しくて、聞いていて不愉快になる。
그는 말투가 저속해서 듣고 있으면 불쾌해진다.

37

いやらしい

✓ 불쾌한 느낌이 들다,
추잡하다

彼は陰で人の悪口を言ういやらしい奴だ。

그는 뒤에서 남의 험담을 하는 불쾌한 녀석이다.

38

しぶとい

✓ 고집이 세다, 끈질기다,
강인하다

ゴキブリほどしぶとい生き物を見たことがない。

바퀴벌레만큼 끈질긴 생물을 본 적이 없다.

39

素っ気ない

✓ 무정하다, 매정하다,
인정머리 없다

犬に比べ、猫は飼い主にも素っ気ない態度を取る。

개에 비하여 고양이는 주인에게도 무뚝뚝한 태도를 취한다.

40

情け深い

✓ 동정심이 많다,
인정이 많다

彼女は困っている人を必ず助ける、情け深い人だ。

그녀는 난처한 사람을 반드시 도와주는 인정 많은 사람이다.

41

物々しい

✓ 위엄이 있다, 삼엄하다,
장엄하다

記者会見は警察に囲まれた物々しい雰囲気の中で
行われた。

기자 회견은 경찰에 둘러싸인 삼엄한 분위기 속에서 행해졌다.

42

脆い

✓ 약하다, 허접하다, 무르다

最近涙脆くなって、映画を見るとすぐ泣いてしまう。

최근 눈물이 많아져서 영화를 보면 금세 울어 버린다.

43
おろ
愚か

ナ 어리석음, 모자람,
불필요함

らく　　せいこう　　　　　　おろ　　　　　　　　い
楽して成功したいamong、愚かなことは言うべきでは
ない。
편하게 성공하고 싶다는 등 어리석은 말은 해서는 안 된다.

44
かたく
頑な

ナ 완고함, 고집이 셈

かれ　　　　　　ていあん　　かたく　　　きょひ　　つづ
彼はその提案を頑なに拒否し続けた。
그는 그 제안을 완강하게 계속 거부했다.

45
きょうい
驚異

ナ 形 경이

かれ　だれ　よそう　　　　　　きょういてき　う　あ　たっせい
彼は誰も予想だにしない驚異的な売り上げを達成し
た。
그는 누구도 예상조차 하지 못한 경이적인 매출을 달성했다.

46
さんざん
散々

ナ 副 몹시 심한 모양,
호되게, 지독하게

じょうし　　　　　　　ことば　　さんざんきず
上司のきつい言葉に散々傷ついた。
상사의 심한 말에 몹시 상처를 입었다.

47
したた
強か

ナ 副 매우 강함, 만만치
않음, 몹시

したた　やつ　　　　　　ことば　わたし　ほ　ことば
強かな奴だという言葉が、私には褒め言葉のように
おも
も思えた。
만만치 않은 녀석이라는 말이 나에게는 칭찬인 것처럼도 느껴졌다.

48
しと
淑やか

ナ 정숙함, 단아함

りそう　　　　　　き　　　しと　　　ひと　こた
理想のタイプを聞かれ、淑やかな人と答えた。
이상형을 질문받아서 단아한 사람이라고 대답했다.

확인 문제

1 해당 어휘의 읽는 법을 찾고, 빈칸에 그 의미를 써 넣으세요.

보기	学生	⑰ がくせい	② がっせい	학생

(1) 無口 　① むくち 　② むぐち 　_____

(2) 弾む 　① きざむ 　② はずむ 　_____

(3) 抜群 　① ばつぐん 　② はっくん 　_____

(4) 細心 　① さいしん 　② せいしん 　_____

(5) 愚か 　① おろそか 　② おろか 　_____

2 문맥에 맞는 단어를 보기에서 골라 알맞은 형태로 바꾸어 써 넣으세요.

(6) この旅館の料理は山菜や魚を使った(　　　　)味が魅力だ。

(7) 理想のタイプを聞かれ、(　　　　)人と答えた。

(8) 最近は風水に(　　　　)いて、色々な文献を読んでいる。

(9) (　　　　)性格をしている彼女がこんな失敗をするはずがない。

(10) 最近涙(　　　　)なって、映画を見るとすぐ泣いてしまう。

보기	淑やか 　脆い 　素朴 　凝る 　几帳面

정답

(1) ① 과묵　(2) ② 튀다, 기세가 오르다　(3) ① 발군, 뛰어남　(4) ① 세심　(5) ② 어리석음, 불필요함

(6) 素朴(そぼく)な　(7) 淑(しと)やかな　(8) 凝(こ)って　(9) 几帳面(きちょうめん)な　(10) 脆(もろ)く

단어 퀴즈

✖ 단어를 보고 발음과 의미를 적어 보세요.

단어	발음	의미
改正	かいせい	개정
凝る		
一途		
強か		
物々しい		
抜群		
繊細		
細心		
窮屈		
頑固		
淑やか		
驚異		
頑な		
脆い		
しぶとい		
粘る		
こだわる		
惜しむ		
弱気		
度量		
素朴		
気質		
意地		

선을 따라 접으면 답을 확인할 수 있어요.

�֍ 한번 더 복습해 봅시다.

읽는 법과 뜻		한자	발음	의미
☐	かいせい 개정	예 改正	かいせい	개정
☐	こる 열중하다, 공들이다	凝る		
☐	いちず 외곬, 한결같음	一途		
☐	したたか 매우 강함, 몹시	強か		
☐	ものものしい 위엄이 있다	物々しい		
☐	ばつぐん 발군, 뛰어남	抜群		
☐	せんさい 섬세	繊細		
☐	さいしん 세심	細心		
☐	きゅうくつ 갑갑함, 거북함	窮屈		
☐	がんこ 완고	頑固		
☐	しとやか 정숙함, 단아함	淑やか		
☐	きょうい 경이	驚異		
☐	かたくな 완고함	頑な		
☐	もろい 약하다	脆い		
☐	しぶとい 고집이 세다	しぶとい		
☐	ねばる 끈기 있게 버티다	粘る		
☐	こだわる 구애되다, 집착하다	こだわる		
☐	おしむ 애석하게 여기다	惜しむ		
☐	よわき 무기력함, 나약함	弱気		
☐	どりょう 도량, 아량	度量		
☐	そぼく 소박	素朴		
☐	きしつ 기질	気質		
☐	いじ 고집, 심술	意地		

감정과 태도 (1)

음성듣기

얼마나
알고 있나요?

사전 체크

☐ 01 陰気　　☐ 02 回顧　　☐ 03 強硬　　☐ 04 郷愁

☐ 05 屈折　　☐ 06 結束　　☐ 07 賢明　　☐ 08 興奮

☐ 09 克明　　☐ 10 孤独　　☐ 11 誠意　　☐ 12 粗末

☐ 13 沈黙　　☐ 14 不吉　　☐ 15 暴力　　☐ 16 真心

☐ 17 溝　　　☐ 18 未練　　☐ 19 弱音　　☐ 20 冷淡

☐ 21 甘える　☐ 22 案じる　☐ 23 怠る　　☐ 24 怯える

☐ 25 省みる　☐ 26 感極まる　☐ 27 籠る　　☐ 28 察する

☐ 29 澄ます　☐ 30 断つ　　☐ 31 募る　　☐ 32 嘆く

☐ 33 ねだる　☐ 34 ぼやく　☐ 35 蘇る　　☐ 36 湧く

☐ 37 潔い　　☐ 38 くどい　☐ 39 快い　　☐ 40 清々しい

☐ 41 だるい　☐ 42 見苦しい　☐ 43 煩わしい　☐ 44 だらしない

☐ 45 あやふや　☐ 46 疎か　　☐ 47 ひたすら　☐ 48 漠然

01
いんき
陰気

명 ナ 음기, 음울함, 음산함

반 陽気 양기

彼が演じることになったのは陰気な性格の役だ。

그가 연기하게 된 것은 음울한 성격의 역이다.

02
かいこ
回顧

명 する 회고, 회상

学生時代を回顧して友人たちと語り合った。

학창 시절을 회상하며 친구들과 서로 이야기를 나누었다.

03
きょうこう
強硬

명 ナ 강경

彼は未だに強硬な姿勢を崩してはいない。

그는 아직도 강경한 자세를 무너뜨리지 않고 있다.

04
きょうしゅう
郷愁

명 향수, 고향을 그리워하는 마음

上京以来、度々郷愁にかられる。

상경한 이래로, 종종 향수에 사로잡힌다.

05
くっせつ
屈折

명 する 굴절, 뒤틀림

この小説は主人公の屈折した心理をうまく表現している。

이 소설은 주인공의 비뚤어진 심리를 잘 표현하고 있다.

06
けっそく
結束

명 する 결속, 단결함

同じ釜の飯を食った仲として彼らの結束は強い。

한솥밥을 먹은 동료로서 그들의 결속력은 강하다.

07
けんめい
賢明
명 ナ 현명

あの時の選択は今でも賢明だったと思う。
그 때의 선택은 지금도 현명했다고 생각한다.

08
こうふん
興奮
명 する 흥분

公演が終わると、感動と興奮で観客は総立ちとなった。
공연이 끝나자 감동과 흥분으로 관객은 모두 기립했다.

09
こくめい
克明
명 ナ 극명,
자세하고 꼼꼼함,
성실하고 정직함

その日のことは克明に記憶している。
그날의 일은 극명하게 기억하고 있다.

10
こどく
孤独
명 ナ 고독

友達は多いが、ふと精神的な孤独を感じる時がある。
친구는 많지만, 문득 정신적인 고독을 느낄 때가 있다.

11
せいい
誠意
명 성의

彼の態度には誠意が見られなかった。
그의 태도에는 성의를 찾아볼 수 없었다.

12
そまつ
粗末
ナ 변변치 못함, 허술함,
소홀히 함, 함부로 함

母はものを粗末にすることが嫌いだった。
어머니는 물건을 함부로 하는 것을 싫어했다.

13
ちんもく
沈黙
명 **する** 침묵

沈黙に耐えられず、課長は会議室を出た。
침묵을 견디지 못하고 과장님은 회의실을 나갔다.

14
ふきつ
不吉
명 **ナ** 불길

不吉な夢を見て、朝から気分が悪い。
불길한 꿈을 꿔서 아침부터 기분이 나쁘다.

15
ぼうりょく
暴力
명 폭력

何があっても暴力をふるってはいけない。
무슨 일이 있어도 폭력을 휘둘러서는 안 된다.

16
まごころ
真心
명 진심, 성심

バレンタインデーに真心を込めてチョコレートを
作った。
밸런타인데이에 진심을 담아서 초콜릿을 만들었다.

17
みぞ
溝
명 개천, 도랑, 홈,
(의견·감정 등의) 틈, 간격

話し合いを通じて双方の溝が埋まった。
대화를 통해 양쪽의 틈(간극)이 메워졌다.

18
みれん
未練
명 미련

二人は別れたが、彼はまだ未練があるように見えた。
두 사람은 헤어졌지만, 그는 아직 미련이 있는 듯이 보였다.

19

よわ ね
弱音

명 힘없는 소리, 약한 소리

普段、弱音を吐かない彼があんなことを言うなんて、相当辛いようだ。

평소에 약한 소리를 하지 않는 그가 저런 말을 하다니, 어지간히 힘든 모양이다.

20

れいたん
冷淡

명 **ナ** 냉담

彼女はいつも冷淡な態度を取るので、私のことが嫌いだと思っていた。

그녀는 항상 냉담한 태도를 취하기 때문에 나를 싫어한다고 생각했다.

21

あま
甘える

동 응석부리다, 어리광부리다

子供が母親に甘えて抱きついた。

아이가 엄마에게 응석부리며 안겼다.

22

あん   あん
案じる・案ずる

동 걱정하다, 생각해내다

彼女はきっと無事だから、案じることはない。

그녀는 분명 무사할 테니까 걱정할 필요는 없다.

유 心配する 걱정하다

23

おこた
怠る

동 게으름을 피우다,
소홀히 하다, 방심하다

日頃の安全管理を怠ったために、その事故は起こった。

평소 안전 관리를 소홀히 했기 때문에 그 사고는 일어났다.

24

おび
怯える

동 무서워하다, 겁먹다

うちの犬は雷が鳴る度に怯えて外に出ようとしない。

우리 집 개는 천둥이 칠 때마다 겁을 먹어서 밖에 나가려고 하지 않는다.

유 恐れる 두려워하다 怖がる 무서워하다, 두려워하다

25

かえり
省みる

图 돌이켜 보다, 반성하다

時には自分の行動を省みることも重要だ。

때로는 자신의 행동을 돌이켜 보는 것도 중요하다.

26

かんきわ
感極まる

图 매우 감동(감격)하다

彼女は有終の美を飾った直後、感極まって涙を流した。

그녀는 유종의 미를 장식한 직후, 감격에 겨워 눈물을 흘렸다.

27

こも
籠る

图 틀어박히다, 자욱하다,
　(감정 등이) 깃들다

彼は人間不信に陥り、自分の殻に籠ってしまった。

그는 인간 불신에 빠져 자신만의 세계에 틀어박혀 버렸다.

28

さっ
察する

图 헤아리다, 살피다

彼の心中を察すると、胸が苦しい。

그의 심중을 헤아리니 마음이 괴롭다.

29

す
澄ます

图 맑게 하다, 깨끗이 하다,
　주의를 집중시켜 듣다·
　보다

耳を澄ませば、遠くから川の水の音が聞こえてくる。

귀를 기울이면 멀리서부터 강물 소리가 들려 온다.

30

た
断つ

图 끊다, 자르다, 금기하다,
　차단하다

迷いを断たなければ前には進めない。

망설임을 끊어내지 않으면 앞으로는 나아갈 수 없다.

31
つの
募る
图 점점 심해지다, 격화되다,
　모집하다

ダイエットの<ruby>合宿<rt>がっしゅく</rt></ruby>が<ruby>厳<rt>きび</rt></ruby>しいと<ruby>聞<rt>き</rt></ruby>いて、<ruby>不安<rt>ふあん</rt></ruby>が<ruby>募<rt>つの</rt></ruby>った。
다이어트 합숙이 혹독하다는 이야기를 듣고, 불안감이 커졌다.

32
なげ
嘆く
图 한탄하다, 탄식하다

<ruby>彼<rt>かれ</rt></ruby>は<ruby>不況<rt>ふきょう</rt></ruby>で<ruby>客<rt>きゃく</rt></ruby>がいないと<ruby>嘆<rt>なげ</rt></ruby>いている。
그는 불황으로 손님이 없다며 한탄하고 있다.

33
ねだる
图 조르다

<ruby>息子<rt>むすこ</rt></ruby>におもちゃをねだられて<ruby>買<rt>か</rt></ruby>ってあげた。
아들이 장난감을 사달라고 졸라서 사 주었다.

🖶 せがむ 조르다

34
ぼやく
图 투덜거리다, 불평하다

<ruby>彼<rt>かれ</rt></ruby>は<ruby>仕事<rt>しごと</rt></ruby>が<ruby>忙<rt>いそが</rt></ruby>しすぎるとぼやいている。
그는 일이 너무 바쁘다며 투덜거리고 있다.

35
よみがえ
蘇る
图 되살아나다, 소생하다

この<ruby>公園<rt>こうえん</rt></ruby>に<ruby>来<rt>く</rt></ruby>ると<ruby>父<rt>ちち</rt></ruby>と<ruby>遊<rt>あそ</rt></ruby>んだ<ruby>記憶<rt>きおく</rt></ruby>が<ruby>蘇<rt>よみがえ</rt></ruby>る。
이 공원에 오면 아버지와 놀던 기억이 되살아난다.

36
わ
湧く
图 솟다, 샘솟다, 솟아나다

<ruby>母<rt>はは</rt></ruby>の<ruby>一言<rt>ひとこと</rt></ruby>で<ruby>勇気<rt>ゆうき</rt></ruby>が<ruby>湧<rt>わ</rt></ruby>いて、もう<ruby>一度<rt>いちど</rt></ruby><ruby>試験<rt>しけん</rt></ruby>に<ruby>挑戦<rt>ちょうせん</rt></ruby>することにした。
엄마의 한마디에 용기가 솟아서 한번 더 시험에 도전하기로 했다.

37
いさぎよ
潔い

イ (미련 없이) 깨끗하다,
떳떳하다

彼は自分の間違いを潔く認めてみんなに謝罪した。
그는 자신의 실수를 깨끗하게 인정하고 모두에게 사죄했다.

38
くどい

イ 장황하다, (맛이) 느끼하다,
(색이) 칙칙하다

毎朝、社長のくどい話を延々と聞かされる。
매일 아침, 사장님의 장황한 이야기를 끝없이 듣게 된다.

39
こころよ
快い

イ 상쾌하다, 유쾌하다,
스스럼없다,
병세가 좋아지다

私たちの無理な依頼を快く引き受けてくれました。
우리들의 무리한 의뢰를 선뜻 받아 주었습니다.

유 爽やか 개운함, 상쾌함

40
すがすが
清々しい

イ 상쾌하다, 시원시원하다

失敗はしたが、なぜか清々しい気分です。
실패는 했지만, 어쩐지 시원한 기분입니다.

유 爽やか 개운함, 상쾌함

41
だるい

イ 나른하다, 지루하다

風邪気味で体がだるい。
감기 기운이 있어서 몸이 나른하다.

42
みぐる
見苦しい

イ 보기 흉하다, 꼴사납다

失敗をして言い訳することが一番見苦しい。
실패(실수)를 하고 변명하는 것이 가장 보기 흉하다.

유 みっともない 꼴불견이다, 꼴사납다

そんなみっともない真似は止めなさい。
그런 볼썽사나운 짓은 그만둬.

43

わずら
煩わしい

イ 번거롭다, 귀찮다,
성가시다

ひと かか　　　　　 わずら　　　 おも わかもの ふ
人と関わることを煩わしいと思う若者が増えている。
사람과 관계 맺는 것을 성가시다고 생각하는 젊은이들이 늘고 있다.

めんどう　　　　　　　　　　　　　　　 やっかい
유 **面倒** 번거로움, 귀찮음　**厄介** 귀찮음, 성가심

44

だらしない

イ 아무지지 못하다,
칠칠치 못하다

かっこう そと で
そんなだらしない格好で外に出ちゃダメでしょ！
그런 칠칠치 못한 모습으로 밖에 나가면 안 되지!

유 **ルーズ** 칠칠치 못함, 단정하지 못함

45

あやふや

ナ 불확실한 모양, 모호한
모양

かれ　　　　　　　　　 たい ど はら た
彼のあやふやな態度に腹が立つ。
그의 모호한 태도에 짜증이 난다.

あいまい
유 **曖昧** 애매

46

おろそ
疎か

ナ 소홀히 함, 등한시함

ひ ごろ べんきょう おろそ ごうかく
日頃の勉強を疎かにしていては合格できない。
평소 공부를 소홀히 해서는 합격할 수 없다.

47

ひたすら

ナ 부 오로지, 그저,
한결같음

かれ じょう し あやま つづ
彼は上司にひたすら謝り続けた。
그는 상사에게 그저 계속 사죄했다.

48

ばくぜん
漠然

ナ 막연

しょうらい ゆめ もくひょう ばくぜん
将来の夢や目標がなく、漠然としている。
장래의 꿈이나 목표가 없고 막연하다.

확인 문제

1 해당 어휘의 읽는 법을 찾고, 빈칸에 그 의미를 써 넣으세요.

| 보기 | 学生 | ✓ がくせい | ② がっせい | 학생 |

- (1) 克明　①きょくめい　②こくめい　_____
- (2) 強硬　①こうきょう　②きょうこう　_____
- (3) 煩わしい ①わずらわしい ②けがらわしい _____
- (4) 興奮　①こうふん　②きょうふん　_____
- (5) 潔い　①いさぎよい　②こころよい　_____

2 문맥에 맞는 단어를 보기에서 골라 알맞은 형태로 바꾸어 써 넣으세요.

- (6) うちの犬は雷が鳴る度に(　　　)外に出ようとしない。
- (7) 失敗はしたが、なぜか(　　　)気分です。
- (8) 彼女はきっと無事だから、(　　　)ことはない。
- (9) そんな(　　　)格好で外に出ちゃダメでしょ！
- (10) 彼の心中を(　　　)と、胸が苦しい。

| 보기 | 怯える　察する　清々しい　だらしない　案じる |

단어 퀴즈

✖ 단어를 보고 발음과 의미를 적어 보세요.

단어	발음	의미
改正	かいせい	개정
克明		
募る		
回顧		
郷愁		
結束		
賢明		
沈黙		
案じる		
怯える		
嘆く		
蘇る		
煩わしい		
感極まる		
漠然		
興奮		
不吉		
溝		
弱音		
省みる		
察する		
清々しい		
疎か		

정답을 따라 적으며 단어를 확인할 수 있어요.

✖ 한번 더 복습해 봅시다.

읽는 법과 뜻	한자	발음	의미
☐ かいせい 개정	예 改正	かいせい	개정
☐ こくめい 극명, 꼼꼼함	克明		
☐ つのる 심해지다, 모집하다	募る		
☐ かいこ 회고	回顧		
☐ きょうしゅう 향수	郷愁		
☐ けっそく 결속	結束		
☐ けんめい 현명	賢明		
☐ ちんもく 침묵	沈黙		
☐ あんじる 걱정하다	案じる		
☐ おびえる 무서워하다	怯える		
☐ なげく 한탄하다	嘆く		
☐ よみがえる 되살아나다	蘇る		
☐ わずらわしい 번거롭다	煩わしい		
☐ かんきわまる 매우 감동하다	感極まる		
☐ ばくぜん 막연	漠然		
☐ こうふん 흥분	興奮		
☐ ふきつ 불길	不吉		
☐ みぞ 도랑, 홈, 틈	溝		
☐ よわね 약한 소리	弱音		
☐ かえりみる 돌이켜보다	省みる		
☐ さっする 헤아리다, 살피다	察する		
☐ すがすがしい 상쾌하다	清々しい		
☐ おろそか 소홀함	疎か		

음성듣기

감정과 태도 (2)

얼마나
알고 있나요?

사전 체크

☐ 01 嫌み   ☐ 02 空ろ   ☐ 03 回想   ☐ 04 強行

☐ 05 仰天   ☐ 06 軽率   ☐ 07 謙遜   ☐ 08 好感

☐ 09 巧妙   ☐ 10 滑稽   ☐ 11 しこり   ☐ 12 嫉妬

☐ 13 絶望   ☐ 14 率先   ☐ 15 皮肉   ☐ 16 閉口

☐ 17 本音   ☐ 18 未熟   ☐ 19 無念   ☐ 20 落胆

☐ 21 改まる   ☐ 22 憤る   ☐ 23 煽てる   ☐ 24 顧みる

☐ 25 偏る   ☐ 26 懲りる   ☐ 27 痺れる   ☐ 28 擦る

☐ 29 ためらう   ☐ 30 潰す   ☐ 31 妬む   ☐ 32 冷やかす

☐ 33 惑わす   ☐ 34 沸く   ☐ 35 浅ましい   ☐ 36 勇ましい

☐ 37 おっかない   ☐ 38 心地よい   ☐ 39 心細い   ☐ 40 好ましい

☐ 41 素早い   ☐ 42 情けない   ☐ 43 ばかばかしい   ☐ 44 空しい

☐ 45 おぼろげ   ☐ 46 柔軟   ☐ 47 ぞんざい   ☐ 48 密か

01
いや
嫌み
명 ナ 비아냥거림, 빈정댐

あの人が言うと、褒め言葉さえ嫌みに聞こえる。
저 사람이 말하면 칭찬조차 비아냥거리는 것으로 들린다.

유 皮肉 빈정거림, 비꼼

02
うつ
空ろ
명 ナ (속이) 텅 빔, 얼빠짐, 공허함

落ち込んだ彼女は空ろな瞳で窓を眺めていた。
낙심한 그녀는 공허한 눈동자로 창문을 바라보고 있었다.

03
かいそう
回想
명 する 회상

彼はアルバムを見ながら学生時代の回想に耽った。
그는 앨범을 보면서 학창 시절의 회상에 빠졌다.

유 振り返る 회고하다, 돌이키다

振り返ってみれば大学の頃が一番楽しかった。
돌이켜 보면 대학생 때가 가장 즐거웠다.

04
きょうこう
強行
명 する 강행

彼はみんなの反対を押し切って実験を強行した。
그는 모두의 반대를 무릅쓰고 실험을 강행했다.

05
ぎょうてん
仰天
명 する 몹시 놀람, 기겁

事実を知った時、彼女は腰を抜かすほど仰天した。
사실을 알았을 때, 그녀는 기겁할 정도로 놀랐다.

유 驚く 놀라다

06
けいそつ
軽率
명 ナ 경솔

私の軽率な行動のせいでみんなに迷惑をかけた。
나의 경솔한 행동 탓으로 모두에게 폐를 끼쳤다.

반 慎重 신중

07
けんそん
謙遜
名 する 겸손

さ とう　　　　　けんそん　　　　　　　じしん　　　　　み
佐藤さんは謙遜しすぎて、自信がなさそうに見える。
사토 씨는 지나치게 겸손해서 자신감이 없는 것처럼 보인다.

08
こうかん
好感
名 호감

き じ　　よ　　　　　　　かれ　たい　　こうかん ど　　いっき
その記事を読んでから、彼に対する好感度が一気に
あ
上がった。
그 기사를 읽고 나서 그에 대한 호감도가 단번에 올라갔다.

09
こうみょう
巧妙
名 ナ 교묘

かれ　こうみょう　　　　　　　　　　こんせき　のこ　　　へや　ぬ　だ
彼は巧妙なトリックで痕跡を残さず部屋を抜け出し
た。
그는 교묘한 트릭으로 흔적을 남기지 않고 방을 빠져나갔다.

10
こっけい
滑稽
名 ナ 골계, 해학,
우스꽝스러움

ね ぼう　　おとうと　あわ　　すがた　じつ　こっけい
寝坊した弟の慌てる姿が実に滑稽だった。
늦잠을 잔 남동생의 허둥대는 모습이 정말 우스꽝스러웠다.

11
しこり
名 응어리, 개운하지 않은
기분

わ かい　　　　　　　　　　　　　　　　　　のこ　　けっか
和解はしたものの、しこりを残す結果となった。
화해는 했지만, 응어리를 남기는(개운치 않은) 결과가 되었다.

12
しっと
嫉妬
名 する 질투

かれ　じぶん　かのじょ　　　おとこともだち　はな　　　　　　　　　　しっと
彼は自分の彼女が、男友達と話しているだけで嫉妬
する。
그는 자신의 여자 친구가 남사친과 이야기하는 것만으로 질투한다.

や
유 焼きもち 질투, 샘, 시기

13
ぜつぼう
絶望

명 する 절망

彼女は信じていた友達に裏切られ、絶望した。
그녀는 믿고 있던 친구에게 배신당해 절망했다.

＋ 切望 간망, 갈망(간절히 바람)

多くの市民が地下鉄の開通を切望している。
많은 시민이 지하철 개통을 간절히 바라고 있다.

14
そっせん
率先

명 する 솔선

ベテランが率先して若い選手に声をかけていた。
베테랑이 솔선하여 젊은 선수에게 말을 걸고 있었다.

15
ひにく
皮肉

명 ナ 빈정거림, 비꼼,
얄궂음

彼の言葉には皮肉が込められていた。
그의 말에는 빈정거림이 섞여 있었다.

連休が終わると同時に雨が止むとは、皮肉なものだ。
연휴가 끝남과 동시에 비가 그치다니, 얄궂은 일이다.

유 嫌み 비아냥거림, 빈정댐

16
へいこう
閉口

명 する 질림, 말문이 막힘,
항복

妻の鋭い質問に閉口した。
아내의 예리한 질문에 말문이 막혔다.

17
ほんね
本音

명 속내, 속마음, 본심

今彼女が言っているのが本音なのか建前なのかよく
分からない。
지금 그녀가 말하고 있는 것이 본심인지 겉치레인지 잘 모르겠다.

반 建前 겉으로 내세우는 말

18
みじゅく
未熟

명 ナ 미숙

中学生のうちは、まだ考えが未熟である。
중학생 때는 아직 생각이 미숙하다.

반 成熟 성숙

19
む ねん
無念
명 ナ 무념, 원통함, 분함

<ruby>昨年<rt>さくねん</rt></ruby>の<ruby>無念<rt>むねん</rt></ruby>を<ruby>晴<rt>は</rt></ruby>らし、<ruby>今年<rt>ことし</rt></ruby>は<ruby>優勝<rt>ゆうしょう</rt></ruby>できた。
작년의 원통함을 풀고 올해는 우승할 수 있었다.

20
らくたん
落胆
명 する 낙담

<ruby>不合格<rt>ふごうかく</rt></ruby>になり<ruby>落胆<rt>らくたん</rt></ruby>したが、<ruby>翌年<rt>よくねん</rt></ruby>は<ruby>無事<rt>ぶじ</rt></ruby>に<ruby>合格<rt>ごうかく</rt></ruby>できた。
불합격 되어 낙담했지만 다음 해에는 무사히 합격할 수 있었다.

유 がっかりする 낙심하다, 실망하다

21
あらた
改まる
동 새로워지다, 개선되다, 격식을 차리다

<ruby>彼女<rt>かのじょ</rt></ruby>の<ruby>改<rt>あらた</rt></ruby>まった<ruby>態度<rt>たいど</rt></ruby>には<ruby>何<rt>なに</rt></ruby>か<ruby>意図<rt>いと</rt></ruby>が<ruby>感<rt>かん</rt></ruby>じられる。
그녀의 격식을 차린 태도에는 뭔가 의도가 느껴진다.

22
いきどお
憤る
동 분개하다, 분노하다

<ruby>憤<rt>いきどお</rt></ruby>った<ruby>消費者<rt>しょうひしゃ</rt></ruby>たちは<ruby>原因<rt>げんいん</rt></ruby>を<ruby>作<rt>つく</rt></ruby>った<ruby>企業<rt>きぎょう</rt></ruby>を<ruby>訴<rt>うった</rt></ruby>えることにした。
분노한 소비자들은 원인을 만든 기업을 고소하기로 했다.

+ <ruby>憤<rt>いきどお</rt></ruby>り 분노

23
おだ
煽てる
동 추켜세우다, 부추기다, 선동하다

<ruby>彼女<rt>かのじょ</rt></ruby>は<ruby>煽<rt>おだ</rt></ruby>てるとすぐ<ruby>調子<rt>ちょうし</rt></ruby>に<ruby>乗<rt>の</rt></ruby>るので<ruby>困<rt>こま</rt></ruby>ったものだ。
그녀는 추켜세우면 금방 우쭐해져서 난처하다.

24
かえり
顧みる
동 돌아보다, 회고하다, 돌이켜 보다

<ruby>歴史<rt>れきし</rt></ruby>を<ruby>顧<rt>かえり</rt></ruby>みて、<ruby>同<rt>おな</rt></ruby>じ<ruby>過<rt>あやま</rt></ruby>ちが<ruby>二度<rt>にど</rt></ruby>と<ruby>起<rt>お</rt></ruby>こらないようにするべきだ。
역사를 돌아보고 같은 과오가 두 번 다시 일어나지 않도록 해야 한다.

유 <ruby>振<rt>ふ</rt></ruby>り<ruby>返<rt>かえ</rt></ruby>る 되돌아보다, 회고하다

25
かたよ
偏る
통 치우치다, 기울다

彼の意見は偏っていて、客観性に欠けている。
그의 의견은 치우쳐져 있어서 객관성이 결여되어 있다.

26
こ
懲りる
통 넌더리나다, 질리다

かなり叱られたみたいだから、これに懲りて二度と
しないだろう。
꽤나 야단맞은 것 같으니까 이걸로 질려서 두 번 다시 안 하겠지.

27
しび
痺れる
통 저리다, 마비되다,
황홀해지다, 넋을 잃다

氷上での彼女の完璧な演技に痺れた。
빙상에서의 그녀의 완벽한 연기에 넋을 잃었다.

28
す
擦る
통 문지르다, 비비다,
탕진하다, (성냥을) 긋다

キャンプに行って初めてマッチを擦ってみた。
캠핑을 가서 처음으로 성냥을 켜 보았다.

29
ためらう
통 주저하다, 망설이다

医者は患者に病名を伝えるのをためらった。
의사는 환자에게 병명을 전하기를 주저했다.

유 戸惑う 망설이다, 당황하다
彼女は卒業生代表として挨拶を頼まれ、戸惑って
いる。
그녀는 졸업생 대표로서 인사를 부탁받아 망설이고 있다.

30
つぶ
潰す
통 찌부러뜨리다,
(틈·시간을) 때우다,
(체면을) 손상시키다

自分の考えだけで若い人材を潰してはならない。
자신의 생각만으로 젊은 인재를 짓밟아서는 안 된다.

자 潰れる 찌부러지다, 무너지다

31
ねた
妬む
동 질투하다, 샘내다

<ruby>人<rt>ひと</rt></ruby>の<ruby>成功<rt>せいこう</rt></ruby>を<ruby>妬<rt>ねた</rt></ruby>む<ruby>暇<rt>ひま</rt></ruby>があったら<ruby>自分<rt>じぶん</rt></ruby>のことに<ruby>全力<rt>ぜんりょく</rt></ruby>を<ruby>尽<rt>つ</rt></ruby>くしたい。
타인의 성공을 질투할 시간이 있다면, 자신의 일에 전력을 다하고 싶다.

32
ひ
冷やかす
동 놀리다, 희롱하다, 식히다

<ruby>彼女<rt>かのじょ</rt></ruby>ができたことを<ruby>友達<rt>ともだち</rt></ruby>に<ruby>冷<rt>ひ</rt></ruby>やかされた。
여자 친구가 생긴 것을 친구에게 놀림당했다.

33
まど
惑わす
동 현혹하다, 유혹하다, 혼란시키다

<ruby>他人<rt>たにん</rt></ruby>に<ruby>惑<rt>まど</rt></ruby>わされず、<ruby>自分<rt>じぶん</rt></ruby>が<ruby>決<rt>き</rt></ruby>めたことを<ruby>貫<rt>つらぬ</rt></ruby>くべきだ。
타인에게 현혹되지 않고 자신이 결정한 것을 관철시켜야 한다.

34
わ
沸く
동 물 끓다, 들끓다, 열광하다, 금속이 녹다

ライブが<ruby>始<rt>はじ</rt></ruby>まると、<ruby>会場<rt>かいじょう</rt></ruby>が<ruby>一気<rt>いっき</rt></ruby>に<ruby>沸<rt>わ</rt></ruby>いた。
콘서트가 시작되자 콘서트장이 단숨에 들끓었다.

35
あさ
浅ましい
イ 비열하다, 한심스럽다, 비참하다, 초라하다

そんな<ruby>浅<rt>あさ</rt></ruby>ましい<ruby>考<rt>かんが</rt></ruby>えはやめた<ruby>方<rt>ほう</rt></ruby>がいいですよ。
그런 비열한 생각은 그만두는 편이 좋아요.

36
いさ
勇ましい
イ 용감하다, 활발하다

テレビで<ruby>救助隊員<rt>きゅうじょたいいん</rt></ruby>の<ruby>勇<rt>いさ</rt></ruby>ましい<ruby>姿<rt>すがた</rt></ruby>を<ruby>見<rt>み</rt></ruby>て<ruby>感動<rt>かんどう</rt></ruby>した。
TV에서 구조대원의 용감한 모습을 보고 감동했다.

37

おっかない

イ 무섭다, 두렵다

妻がおっかない顔をするので、今日は早く帰ることにした。

아내가 무서운 얼굴을 해서 오늘은 일찍 돌아가기로 했다.

유 恐ろしい 두렵다, 겁나다

38

心地よい

イ 기분 좋다, 상쾌하다

春の風が心地よくて、ついうとうとしてしまった。

봄바람이 기분 좋아서 그만 꾸벅꾸벅 졸고 말았다.

39

心細い

イ 불안하다,
어쩐지 쓸쓸하다

たった一人でゆかりのない土地に行くのは心細い。

단 혼자서 연고 없는 땅에 가는 것은 불안하다.

반 心強い 든든하다, 미덥다, 믿음직스럽다

40

好ましい

イ 호감이 가다, 바람직하다

デパート勤務なら、きちんとした服装が好ましい。

백화점 근무라면 단정한 복장이 바람직하다.

41

素早い

イ 재빠르다, 날쌔다

彼女の素早い行動のおかげでけが人を出さずに済んだ。

그녀의 재빠른 행동 덕에 부상자가 나오지 않고 끝났다.

42

情けない

イ 한심하다, 비참하다

こんな簡単な漢字を間違えるなんて、我ながら情けないと思う。

이런 쉬운 한자를 틀리다니, 스스로가 한심하다고 생각한다.

43

ばかばかしい

イ 매우 어리석다, 어이없다,
엄청나다

そんなばかばかしい話、誰が信じるものか。

그런 바보 같은 이야기, 누가 믿을까 보냐!

44

むな
空しい

イ 허무하다, 덧없다

毎日同じことの繰り返しで、時間が空しく過ぎて
いく。

매일 같은 일의 반복으로 시간이 허무하게 지나간다.

45

おぼろげ

ナ 어렴풋함, 아련함

とても眠かったので、おぼろげな記憶しかない。

너무 졸렸기 때문에 어렴풋한 기억밖에 없다.

46

じゅうなん
柔軟

ナ 유연함, 융통성이 있음

新しいものを生み出すには柔軟な思考が必要だ。

새로운 것을 만들어 내려면 유연한 사고가 필요하다.

47

ぞんざい

ナ 난폭함, 무례함, 소홀히 함

最近の若者たちのぞんざいな言葉遣いが気になる。

요즘 젊은이들의 난폭한 말투가 신경 쓰인다.

48

ひそ
密か

ナ 가만히, 몰래 함

会社の帰りにボクシングをするのが私の密かな楽し
みだ。

회사에서 돌아오는 길에 복싱을 하는 것이 나의 은밀한 즐거움이다.

유 こっそり 남몰래, 살짝

1 해당 어휘의 읽는 법을 찾고, 빈칸에 그 의미를 써 넣으세요.

| 보기 | 学生 | ⓥ がくせい | ② がっせい | *학생* |

(1) 落胆　　① らくだん　② らくたん　_____

(2) 回想　　① かいそう　② かいしょう　_____

(3) 軽率　　① けっそつ　② けいそつ　_____

(4) 憤る　　① いきどおる　② ありふれる　_____

(5) 偏る　　① はかどる　② かたよる　_____

2 문맥에 맞는 단어를 보기 에서 골라 알맞은 형태로 바꾸어 써 넣으세요.

(6) 彼は(　　　　)トリックで痕跡を残さず部屋を抜け出した。

(7) 毎日同じことの繰り返しで、時間が(　　　　)過ぎていく。

(8) 彼の言葉には(　　　　)が込められていた。

(9) 春の風が(　　　　)て、ついうとうとしてしまった。

(10) 医者は患者に病名を伝えるのを(　　　　)た。

| 보기 | 心地よい　　巧妙　　ためらう　　空しい　　皮肉 |

단어 퀴즈

✤ 단어를 보고 발음과 의미를 적어 보세요.

선을 따라 접으면 답을 확인할 수 있어요.

단어	발음	의미
改正	かいせい	개정
冷やかす		
潰す		
皮肉		
空しい		
仰天		
浅ましい		
憤る		
無念		
情けない		
閉口		
空ろ		
巧妙		
密か		
勇ましい		
惑わす		
妬む		
痺れる		
懲りる		
偏る		
改まる		
嫌み		
落胆		

※ 한번 더 복습해 봅시다.

읽는 법과 뜻	
□	かいせい 개정
□	ひやかす 놀리다, 희롱하다
□	つぶす 찌부러뜨리다
□	ひにく 빈정거림, 비꼼
□	むなしい 허무하다
□	ぎょうてん 몹시 놀람, 기겁
□	あさましい 비열하다
□	いきどおる 분개하다, 분노하다
□	むねん 원통함, 분함
□	なさけない 한심하다, 비참하다
□	へいこう 질림, 말문이 막힘
□	うつろ 공허함, 텅 빔
□	こうみょう 교묘
□	ひそか 가만히, 몰래 함
□	いさましい 용감하다
□	まどわす 현혹하다
□	ねたむ 질투하다
□	しびれる 저리다, 황홀해지다
□	こりる 질리다
□	かたよる 치우치다, 기울다
□	あらたまる 새로워지다
□	いやみ 비아냥거림
□	らくたん 낙담

한자	발음	의미
예 改正	かいせい	개정
冷やかす		
潰す		
皮肉		
空しい		
仰天		
浅ましい		
憤る		
無念		
情けない		
閉口		
空ろ		
巧妙		
密か		
勇ましい		
惑わす		
妬む		
痺れる		
懲りる		
偏る		
改まる		
嫌み		
落胆		

음성듣기

DAY 05

모양·디자인·패션

얼마나
알고 있나요?

사전 체크

☐ 01 粋	☐ 02 色合い	☐ 03 大柄	☐ 04 外観
☐ 05 柄	☐ 06 生地	☐ 07 軽装	☐ 08 結晶
☐ 09 豪華	☐ 10 構想	☐ 11 新築	☐ 12 裾
☐ 13 精巧	☐ 14 正装	☐ 15 対比	☐ 16 中途半端
☐ 17 陳列	☐ 18 縁	☐ 19 粉末	☐ 20 見た目
☐ 21 身なり	☐ 22 無造作	☐ 23 紫	☐ 24 模型
☐ 25 様相	☐ 26 類似	☐ 27 枠	☐ 28 優れる
☐ 29 そびえる	☐ 30 染める	☐ 31 たるむ	☐ 32 垂れる
☐ 33 繕う	☐ 34 滲む	☐ 35 縫う	☐ 36 はまる
☐ 37 はめる	☐ 38 生やす	☐ 39 膨れる	☐ 40 乱れる
☐ 41 そぐわない	☐ 42 分厚い	☐ 43 みすぼらしい	☐ 44 細やか
☐ 45 爽やか	☐ 46 円ら	☐ 47 稀	☐ 48 だぶだぶ

01
いき
粋
名 ナ 세련됨, 배려심이 있음

友人がくれた粋な誕生日プレゼントに感動した。
친구가 준 세련된 생일 선물에 감동했다.

02
いろあ
色合い
名 색조, 성격, 경향

このドレスは色合いが素晴らしい。
이 드레스는 색상이 훌륭하다.
유 色彩 색채

03
おおがら
大柄
名 ナ 몸집이 큼, 큼직함

彼は大柄だが、顔だけはとても小さい。
그는 몸집이 크지만 얼굴만은 매우 작다.
반 小柄 몸집이 작음, 자잘함

04
がいかん
外観
名 외관

あのビルは外観が格好いい。
저 빌딩은 외관이 멋있다.
유 外見 외견, 외관　見た目 겉보기, 외견

05
がら
柄
名 성품, 무늬, 격, 분수, 품위

彼はそんな大胆なことを言う柄ではない。
그는 그런 대담한 말을 할 성품이 못 된다.
春には花柄のワンピースを着て出かけたい。
봄에는 꽃무늬 원피스를 입고 외출하고 싶다.

06
きじ
生地
名 천(옷감), 본바탕, 반죽

母がカーテンの生地を買いに市場へ出かけた。
어머니가 커튼 천을 사러 시장에 나갔다.

07
けいそう
軽装
名 する 가벼운 차림

かしこまった雰囲気ではないので、軽装でお越し
ください。
딱딱한 분위기가 아니므로, 가벼운 복장으로 와 주세요.

08
けっしょう
結晶
名 する 결정, 결정체

雪の結晶を見るために虫眼鏡を用意した。
눈의 결정을 보기 위해서 돋보기를 준비했다.

09
ごうか
豪華
名 ナ 호화

そのカフェは豪華できらびやかな装飾が目を引く。
그 카페는 호화롭고 화려한 장식이 눈길을 끈다.

10
こうそう
構想
名 する 구상

役所は商店街の活性化のために構想を練っている。
관공서는 상점가 활성화를 위해 여러모로 구상을 하고 있다.

11
しんちく
新築
名 する 신축

来週、新築祝いのパーティーをしようと思っている。
다음 주에 신축 축하 파티를 하려고 생각하고 있다.

12
すそ
裾
名 옷자락, 옷단

雨のせいで、ズボンの裾が濡れてしまった。
비 때문에 바지 밑단이 젖어 버렸다.

13

せいこう
精巧

명 ナ 정교

この時計は約300年前のものだが、とても精巧に作られている。

이 시계는 약 300년 전의 물건이지만, 매우 정교하게 만들어져 있다.

14

せいそう
正装

명 する 정장

いつもはカジュアルな格好の社長も今日は正装で出社した。

평소에는 캐주얼한 모습의 사장님도 오늘은 정장으로 출근했다.

15

たいひ
対比

명 する 대비, 대조

このドレスは、白と黒の色の対比が際立っている。

이 드레스는 흑백의 색 대비가 두드러진다.

유 コントラスト 콘트라스트, 대비, 대조

16

ちゅうとはんぱ
中途半端

명 ナ 어중간함, 흐지부지함

髪が中途半端に伸びてセットするのが難しい。

머리가 어중간하게 자라서 세팅하기가 어렵다.

17

ちんれつ
陳列

명 する 진열

この棚に陳列されている商品は全て3割引です。

이 선반에 진열되어 있는 상품은 전부 30% 할인입니다.

18

ふち
縁

명 가장자리, 테두리

私は縁がない眼鏡が好きです。

나는 무테 안경을 좋아합니다.

19

ふんまつ
粉末

名 분말, 가루

肥料を砕いて粉末にして、庭にまいた。
비료를 부숴 가루로 만들어 정원에 뿌렸다.

유 粉・粉 가루

20

み め
見た目

名 겉보기, 눈에 비치는 모양

彼女は見た目のイメージと性格が真逆である。
그녀는 겉모습의 이미지와 성격이 정반대이다.

유 外見 외견　外観 외관

21

み
身なり

名 옷차림, 복장

彼はかっこいいのに身なりをあまり気にしない。
그는 멋있는데도 옷차림을 별로 신경 쓰지 않는다.

22

む ぞう さ
無造作

名 ナ 아무렇게나 함,
대수롭지 않음

無造作に描いた絵が高値で売れた。
아무렇게나 그린 그림이 비싼 값에 팔렸다.

23

むらさき
紫

名 자색, 보라색

父の誕生日に紫色のネクタイを贈った。
아버지의 생신날 보라색 넥타이를 선물했다.

24

も けい
模型

名 모형

夫の趣味は鉄道の模型を作ることです。
남편의 취미는 철도 모형을 만드는 것입니다.

25
ようそう
様相
명 양상, 모양, 모습, 상태

クリスマスが近づくと、光で街の様相が一変する。
크리스마스가 다가오면 빛으로 거리의 모습이 확 바뀐다.

26
るい じ
類似
명 する 유사

最近、類似する商品が多いので、必ずロゴマークを確認してください。
최근에 유사한 상품이 많으니까 반드시 로고 마크를 확인해 주세요.

27
わく
枠
명 테두리, 테, 범위의 제한

答えはこの枠の中に書いてください。
정답은 이 테두리 안에 써 주세요.

28
すぐ
優れる
동 뛰어나다, 우수하다

どちらの製品が優れているか簡単に決められない。
어느 쪽 제품이 우수한지 간단히 결정할 수 없다.

29
そびえる
동 우뚝 솟다, 치솟다

都会には高層ビルがそびえている。
도회지에는 고층 빌딩이 우뚝 솟아 있다.

30
そ
染める
동 물들이다, 염색하다

最近、白髪が目立つので黒く染めることにした。
최근 흰머리가 눈에 띄어서 검게 염색하기로 했다.

자 染まる 물들다, 염색되다

31

たるむ

동 느슨해지다, 풀어지다

ロープがたるむと危険ですから、しっかり持ってください。

로프가 느슨해지면 위험하니까 단단히 잡아 주세요.

32

た
垂れる

동 늘어지다, 늘어뜨리다

屋上から垂れた横断幕が風で揺れていた。

옥상에서 늘어뜨린 현수막이 바람에 흔들리고 있었다.

＋ 垂らす 늘어뜨리다, 드리우다

33

つくろ
繕う

동 고치다, 수선하다,
가다듬다, 얼버무리다

母は破れた私のワンピースを繕ってくれた。

어머니는 찢어진 내 원피스를 수선해 주었다.

유 直す 고치다

34

にじ
滲む

동 번지다, 스미다, 배다,
드러나다

雨に濡れて書類の文字が滲んでしまった。

비에 젖어서 서류의 글자가 번지고 말았다.

35

ぬ
縫う

동 꿰매다, (옷을) 짓다,
자수하다

この着物は祖母が私のために縫ってくれたものだ。

이 기모노는 할머니가 나를 위해 지어 준 것이다.

36

はまる

동 (구멍·틀·조건 등에)
꼭 맞다, 빠지다

太ってしまって服のボタンがはまらない。

살이 쪄 버려서 옷의 단추가 잠기지 않는다.

37

はめる

동 끼다, 끼우다, 빠뜨리다

窓が割れて新しいガラスを窓にはめた。

창문이 깨져서 새로운 유리를 창문에 끼웠다.

38

生やす

동 (수염·초목 등을) 자라게 하다, 기르다

彼は最近ひげを生やしている。

그는 요즘 수염을 기르고 있다.

39

膨れる

동 부풀다, 불룩해지다

ご飯を食べ過ぎてお腹が膨れた。

밥을 너무 많이 먹어서 배가 불룩했다(불렀다).

40

乱れる

동 흐트러지다, 어지러워지다

せっかくセットした髪が強風で乱れてしまった。

모처럼 세팅한 머리가 강풍으로 흐트러지고 말았다.

타 乱す 흩뜨리다, 어지럽히다

41

そぐわない

イ 어울리지 않다, 적합하지 않다

その服装は、パーティーにはそぐわない。

그 복장은 파티에는 어울리지 않는다.

42

分厚い

イ 두껍다, 두툼하다

彼は目がとても悪くて分厚い眼鏡をかけている。

그는 눈이 매우 나빠서 두꺼운 안경을 쓰고 있다.

43

みすぼらしい

イ 초라하다, 빈약하다,
볼품없다

彼はいつもみすぼらしい格好をしているが、実は
大金持ちだ。

그는 언제나 볼품없는 행색을 하고 있지만, 사실은 자산가이다.

44
こま
細やか

ナ 자세함, 아기자기함,
자상함, 세심함

彼女の細やかな心遣いにはいつも感謝しています。

그녀의 자상한 마음 씀씀이에는 항상 감사하고 있습니다.

45
さわ
爽やか

ナ 시원함, 상쾌함

白いワンピースは爽やかな印象を与える。

하얀 원피스는 시원한 인상을 준다.

유 清々しい 상쾌하다, 시원하다

46
つぶ
円ら

ナ 둥근 모양,
둥글고 귀여운 모양

野良猫は黒くて円らな瞳でこちらを見ていた。

길고양이는 검고 동그란 눈동자로 이쪽을 보고 있었다.

47
まれ
稀

ナ 드묾, 희소함

彼がスーツで出勤するとは、稀なことだ。

그가 정장 차림으로 출근하다니, 드문 일이다.

유 珍しい 드물다, 희귀하다

48
だぶだぶ

부 **ナ** **する**
헐렁헐렁, 출렁출렁,
뒤룩뒤룩, 듬뿍

だぶだぶな服よりぴったりした服が好きです。

헐렁한 옷보다 딱 맞는 옷을 좋아합니다.

1 해당 어휘의 읽는 법을 찾고, 빈칸에 그 의미를 써 넣으세요.

보기	学生	ⓥ がくせい	② がっせい	학생

(1) 縁 　　① みどり 　　② ふち 　　_____

(2) 陳列 　　① ちんれつ 　　② じんれつ 　　_____

(3) 繕う 　　① つくろう 　　② うるおう 　　_____

(4) 枠 　　① わく 　　② いき 　　_____

(5) 爽やか 　　① ゆるやか 　　② さわやか 　　_____

2 문맥에 맞는 단어를 보기 에서 골라 알맞은 형태로 바꾸어 써 넣으세요.

(6) (　　　　)描いた絵が高値で売れた。

(7) 屋上から(　　　　)横断幕が風で揺れていた。

(8) 彼はいつも(　　　　)格好をしているが、実は大金持ちだ。

(9) 野良猫は黒くて(　　　　)瞳でこちらを見ていた。

(10) 友人がくれた(　　　　)誕生日プレゼントに感動した。

보기	粋	無造作	垂れる	みすぼらしい	円ら

단어 퀴즈

✖ 단어를 보고 발음과 의미를 적어 보세요.

단어	발음	의미
改正	かいせい	개정
細やか		
繕う		
乱れる		
優れる		
染める		
生やす		
縫う		
紫		
色合い		
類似		
縁		
精巧		
豪華		
爽やか		
分厚い		
膨れる		
滲む		
稀		
中途半端		
陳列		
構想		
結晶		

선을 따라 접으면 답을 확인할 수 있어요.

※ 한번 더 복습해 봅시다.

읽는 법과 뜻
□ かいせい 개정
□ こまやか 자세함, 세심함
□ つくろう 수선하다
□ みだれる 흐트러지다
□ すぐれる 뛰어나다
□ そめる 물들이다, 염색하다
□ はやす 자라게 하다
□ ぬう 꿰매다, (옷을) 짓다
□ むらさき 자색, 보라색
□ いろあい 색조, 성격, 경향
□ るいじ 유사
□ ふち 가장자리, 테두리
□ せいこう 정교
□ ごうか 호화
□ さわやか 시원함, 상쾌함
□ ぶあつい 두껍다
□ ふくれる 부풀다
□ にじむ 번지다, 드러나다
□ まれ 드묾, 희소함
□ ちゅうとはんぱ 어중간함
□ ちんれつ 진열
□ こうそう 구상
□ けっしょう 결정, 결정체

한자	발음	의미
예 改正	かいせい	개정
細やか		
繕う		
乱れる		
優れる		
染める		
生やす		
縫う		
紫		
色合い		
類似		
縁		
精巧		
豪華		
爽やか		
分厚い		
膨れる		
滲む		
稀		
中途半端		
陳列		
構想		
結晶		

DAY 06

가사와 식생활

음성 듣기

얼마나
알고 있나요?

사전 체크

☐ 01 稲	☐ 02 彩り	☐ 03 飲料	☐ 04 器
☐ 05 腕前	☐ 06 衛生	☐ 07 殻	☐ 08 缶切り
☐ 09 香辛料	☐ 10 酵素	☐ 11 小麦	☐ 12 献立
☐ 13 左右	☐ 14 炊事	☐ 15 炭	☐ 16 折衷
☐ 17 膳	☐ 18 繊維	☐ 19 束	☐ 20 茶碗
☐ 21 調達	☐ 22 調和	☐ 23 粒	☐ 24 手際
☐ 25 点検	☐ 26 流し台	☐ 27 風味	☐ 28 蓋
☐ 29 不用品	☐ 30 密集	☐ 31 揚げる	☐ 32 炙る
☐ 33 炒める	☐ 34 刻む	☐ 35 濯ぐ	☐ 36 注ぐ
☐ 37 研ぐ	☐ 38 とろける	☐ 39 なめる	☐ 40 倣う
☐ 41 浸す	☐ 42 召し上がる	☐ 43 もてなす	☐ 44 盛る
☐ 45 生ぬるい	☐ 46 平たい	☐ 47 巧み	☐ 48 濃厚

01
いね
稲
명 벼

_{いま}ごろ_{こきょう}では_{いね か}りの_{さいちゅう}です。
今ごろ故郷では稲刈りの最中です。
이맘때 고향에서는 벼 베기가 한창입니다.

02
いろど
彩り
명 채색, 배색, 구색

サラダに_{いろいろ}な_{や さい}を_いれて_{いろど}りを_よくした。
サラダに色々な野菜を入れて彩りを良くした。
샐러드에 다양한 채소를 넣어서 색의 배합을 좋게 했다.

03
いんりょう
飲料
명 음료

_{なつ}は_{いんりょうぎょうかい}の_{きょうそう}が_{はげ}しくなる。
夏は飲料業界の競争が激しくなる。
여름은 음료 업계의 경쟁이 치열해진다.

04
うつわ
器
명 그릇, 용기

パスタをガラスの_{うつわ}に_もってみた。
パスタをガラスの器に盛ってみた。
파스타를 유리 그릇에 담아 보았다.

05
うでまえ
腕前
명 솜씨, 역량, 기량

_{はは}は_{りょう り}の_{うでまえ}がプロ_{きゅう}だ。
母は料理の腕前がプロ級だ。
엄마는 요리 솜씨가 프로급이다.

06
えいせい
衛生
명 위생

レストランでは_{えいせい}の_{かん り}を_{てってい}するよう_{ぎ む づ}け
られている。
レストランでは衛生の管理を徹底するよう義務付け
られている。
레스토랑에서는 위생 관리를 철저히 하도록 의무화 되어 있다.

07

から
殻

📖 껍질, 껍데기, 허물, 외피

<ruby>卵<rt>たまご</rt></ruby>の<ruby>殻<rt>から</rt></ruby>が<ruby>割<rt>わ</rt></ruby>れないように<ruby>注意<rt>ちゅうい</rt></ruby>して<ruby>運<rt>はこ</rt></ruby>んだ。
달걀의 껍질이 깨지지 않도록 주의해서 운반했다.

08

かん き
缶切り

📖 깡통 따개

<ruby>缶切<rt>かんき</rt></ruby>りは<ruby>危<rt>あぶ</rt></ruby>ないから<ruby>子供<rt>こども</rt></ruby>には<ruby>使<rt>つか</rt></ruby>わせない。
깡통 따개는 위험하니까 아이가 사용하게 하지 않는다.

09

こうしんりょう
香辛料

📖 향신료

<ruby>外国<rt>がいこく</rt></ruby>のスーパーには、<ruby>見<rt>み</rt></ruby>たこともない<ruby>香辛料<rt>こうしんりょう</rt></ruby>がずらりと<ruby>並<rt>なら</rt></ruby>んでいた。
외국 슈퍼에는 본 적도 없는 향신료가 즐비하게 진열되어 있었다.

10

こう そ
酵素

📖 효소

<ruby>酵素<rt>こうそ</rt></ruby>には<ruby>脂肪<rt>しぼう</rt></ruby>や<ruby>炭水化物<rt>たんすいかぶつ</rt></ruby>の<ruby>消化<rt>しょうか</rt></ruby>を<ruby>促<rt>うなが</rt></ruby>す<ruby>作用<rt>さよう</rt></ruby>がある。
효소에는 지방이나 탄수화물의 소화를 촉진하는 작용이 있다.

11

こ むぎ
小麦

📖 소맥, 밀

<ruby>小麦粉<rt>こむぎこ</rt></ruby>アレルギーの<ruby>人<rt>ひと</rt></ruby>のために<ruby>米粉<rt>こめこ</rt></ruby>でパンを<ruby>作<rt>つく</rt></ruby>った。
밀가루 알레르기인 사람을 위해 쌀가루로 빵을 만들었다.

＋ <ruby>麦<rt>むぎ</rt></ruby> 보리

12

こんだて
献立

📖 식단, 메뉴, 준비

<ruby>給食<rt>きゅうしょく</rt></ruby>の<ruby>献立<rt>こんだて</rt></ruby>は<ruby>栄養<rt>えいよう</rt></ruby>のバランスが<ruby>取<rt>と</rt></ruby>れている。
급식의 식단은 영양 균형이 잡혀 있다.

13

さゆう
左右

명 する 좌우

しょくじ　　　　　　　　　けんこう　　さゆう
食事のバランスが健康を左右する。
식사 균형이 건강을 좌우한다.

14

すいじ
炊事

명 する 취사

わたし　ぐんたい　　すいじ　　たんとう
私は軍隊で炊事を担当していた。
나는 군대에서 취사를 담당했었다.

15

すみ
炭

명 숯, 목탄

すみ　や　　　にく　　こう
炭で焼いた肉は香ばしくておいしい。
숯으로 구운 고기는 향이 좋고 맛있다.

　　　すみ
➕ **墨** 먹, 먹물, 검댕

16

せっちゅう
折衷

명 する 절충

きょう　　　　すす　　　わようせっちゅう
今日のお勧めは和洋折衷のコースでございます。
오늘의 추천은 일식과 양식을 절충한 코스입니다.

17

ぜん
(お)膳

명 밥상

ちょうかんたん　　　ぼん　　そな　ぜん　つく　かた　しら
ネットで超簡単なお盆のお供え膳の作り方を調べて
みた。
인터넷으로 초간단 오봉 제사상 차리는 법을 찾아보았다.

18

せんい
繊維

명 섬유

しょくもつせんい　おお　ふく
セロリには食物繊維が多く含まれている。
샐러리에는 식물(식이) 섬유가 많이 함유되어 있다.

19
たば
束
명 다발, 뭉치,
단 (묶음을 세는 단위)

ネギが一束100円で売られていた。
ひとたば えん う
파가 한 단에 100엔에 팔리고 있었다.

20
ちゃわん
茶碗
명 밥공기

家族の茶碗は私が作った陶器を使っている。
か ぞく ちゃわん わたし つく とうき つか
가족의 밥공기는 내가 만든 도자기 그릇을 쓰고 있다.

21
ちょうたつ
調達
명 する 조달

当店は店長が食材を市場で直接調達します。
とうてん てんちょう しょくざい いち ば ちょくせつちょうたつ
우리 가게는 점장님이 식재료를 시장에서 직접 조달합니다.

22
ちょう わ
調和
명 する 조화, 잘 어울림

この料理はソースと野菜がよく調和している。
りょう り や さい ちょう わ
이 요리는 소스와 채소가 잘 어우러져 있다.

23
つぶ
粒
명 알갱이, 낱알

粒が少し残っているあんこの方が好きだ。
つぶ すこ のこ ほう す
알갱이가 조금 남아 있는 팥소 쪽을 좋아한다.

24
て ぎわ
手際
명 솜씨, 수완, 수법

彼女は30分で手際よく、料理を3品作った。
かのじょ ぶん て ぎわ りょう り ぴんつく
그녀는 30분 만에 솜씨 좋게 세 가지 요리를 만들었다.

25
てんけん
点検
명 する 점검

ガスの点検のために、業者が訪れた。
가스 점검을 위해 업자(업체)가 방문했다.

26
なが　　だい
流し台
명 싱크대, 개수대

流し台の排水口に油を流してはいけない。
싱크대 배수구에 기름을 흘려보내면 안 된다.

27
ふうみ
風味
명 풍미

このうどんは冷凍しても風味を失いません。
이 우동은 냉동해도 풍미를 잃지 않습니다.

28
ふた
蓋
명 뚜껑, 덮개

ペットボトルの蓋をなくしてしまった。
페트병의 뚜껑을 잃어버렸다.

29
ふ　ようひん
不用品
명 불용품, 쓰지 않는 물건

不用品を回収してくれる業者を探しています。
안 쓰는 물건을 수거해 주는 업자(업체)를 찾고 있습니다.

30
みっしゅう
密集
명 する 밀집

この辺りにはみかんを栽培する農家が密集している。
이 근처에는 귤을 재배하는 농가가 밀집해 있다.

31
あ
揚げる
동 튀기다, 올리다

油で揚げる時には温度に注意しなければならない。
기름으로 튀길 때에는 온도에 주의해야 한다.

+ 揚げ物 튀김

32
あぶ
炙る
동 (불에 쬐어) 굽다, 말리다

海苔を火で炙るとおいしそうな匂いがした。
김을 불로 구웠더니 맛있는 냄새가 났다.

33
いた
炒める
동 볶다, 지지다

刻んだ材料は強火でさっと炒めてください。
잘게 썬 재료는 센불에 가볍게 볶아 주세요.

34
きざ
刻む
동 잘게 썰다, 쪼개다, 새기다

野菜を細かく刻んで鍋に入れます。
채소를 잘게 썰어 냄비에 넣습니다.

35
すす
濯ぐ
동 (물로) 씻다, 헹구다

食器を濯ぐ時はお湯を使った方がいい。
식기를 씻을 때는 뜨거운 물을 사용하는 편이 좋다.

유 濯ぐ 헹구다, (입을) 가시다

36
そそ
注ぐ
동 붓다, 따르다, 정신을 쏟다,
집중하다

カップラーメンにお湯を注いだら３分待つ。
컵라면에 뜨거운 물을 부었으면 3분 기다린다.

+ 注ぐ (액체를) 쏟다, 붓다, 따르다

37
と
研ぐ

동 (칼 따위를) 갈다, (물에 비벼서) 씻다, 닦아서 윤을 내다

切れにくくなった包丁を研いだら新品のように
よく切れる。
잘 들지 않게 된 식칼을 갈았더니 새것처럼 잘 잘린다.

38
とろける

동 녹다, 황홀해지다, 넋을 빼앗기다

このチョコレートは口の中でとろけてすぐなくなる。
이 초콜릿은 입안에서 금방 녹아 없어진다.

39
なめる

동 핥다, 맛보다, 깔보다

授業中、飴をなめてはいけません。
수업 중에 사탕을 먹으면 안 됩니다.

40
なら
倣う

동 모방하다, 따르다

レシピに倣って料理を作ってみた。
레시피를 따라 요리를 만들어 보았다.

41
ひた
浸す

동 (액체에) 담그다, 잠그다, 흠뻑 적시다

汚れたお皿をお湯に浸しておく。
더러워진 접시를 뜨거운 물에 담가 둔다.

＋ 浸ける 담그다, 잠그다　浸る (물 등에) 잠기다, 빠지다

42
め　　あ
召し上がる

동 '먹다, 마시다'의 존경 표현

デザートは食後に召し上がってください。
디저트는 식후에 드세요.

＋ 召す '먹다, 마시다, 입다'의 존경 표현

先生は結婚式で着物をお召しになるそうだ。
선생님은 결혼식에서 기모노를 입으신다고 한다.

43

もてなす

動 대접하다, 환대하다

親^{した}しい友^{とも}達^{だち}を家^{いえ}に呼^よんで手^て料^{りょう}理^りでもてなした。

친한 친구를 집으로 불러 직접 만든 요리로 대접했다.

44

盛^もる

動 쌓아 올리다, 그릇에 담다

前^{まえ}もって作^{つく}っておいたおかずを盛^もるだけで食^{しょく}事^じの
支^し度^{たく}が終^おわった。

미리 만들어 둔 반찬을 담는 것만으로 식사 준비가 끝났다.

45

生^{なま}ぬるい

イ 미적지근하다, 미온적이다

この居^い酒^{ざか}屋^やはビールが生^{なま}ぬるくておいしくない。

이 선술집은 맥주가 미지근해서 맛이 없다.

46

平^{ひら}たい

イ 평평하다, 납작하다,
알기 쉽다

クッキーの生^き地^じを平^{ひら}たく伸^のばす。

쿠키의 반죽을 평평하게 펼친다.

47

巧^{たく}み

ナ 교묘함, 능수능란함

彼^{かれ}は包^{ほう}丁^{ちょう}を巧^{たく}みに使^{つか}って、マグロをさばいた。

그는 식칼을 능숙하게 사용해서 참치를 해체했다.

48

濃^{のうこう}厚

ナ 농후, (색·맛 등이) 진함

このカレーは濃^{のうこう}厚で、本^{ほん}場^ばの味^{あじ}がする。

이 카레는 아주 진해서 본고장의 맛이 난다.

1 해당 어휘의 읽는 법을 찾고, 빈칸에 그 의미를 써 넣으세요.

보기	学生	☑ がくせい	② がっせい	학생

(1) 炭 　　① はい 　　② すみ 　　_____

(2) 彩り 　　① いろどり 　　② いきどおり 　　_____

(3) 密集 　　① みしゅう 　　② みっしゅう 　　_____

(4) 調達 　　① ちょうたつ 　　② ちょたつ 　　_____

(5) 濯ぐ 　　① すすぐ 　　② しのぐ 　　_____

2 문맥에 맞는 단어를 보기 에서 골라 알맞은 형태로 바꾸어 써 넣으세요.

(6) 彼女は30分で(　　　　　)よく、料理を3品作った。

(7) 野菜を細かく(　　　　　)鍋に入れます。

(8) 海苔を火で(　　　　　)とおいしそうな匂いがした。

(9) 母は料理の(　　　　　)がプロ級だ。

(10) 親しい友達を家に呼んで手料理で(　　　　　)た。

보기	腕前 　　手際 　　刻む 　　もてなす 　　炙る

단어 퀴즈

✤ 단어를 보고 발음과 의미를 적어 보세요.

단어	발음	의미
改正	かいせい	개정
研ぐ		
手際		
繊維		
濃厚		
巧み		
注ぐ		
倣う		
炭		
折衷		
衛生		
平たい		
生ぬるい		
揚げる		
炒める		
炊事		
献立		
召す		
彩り		
稲		
器		
殻		
酵素		

선을 따라 접으면 답을 확인할 수 있어요.

✖ 한번 더 복습해 봅시다.

읽는 법과 뜻	한자	발음	의미
かいせい 개정	예 改正	かいせい	개정
とぐ (칼 따위를) 갈다	研ぐ		
てぎわ 솜씨, 수완	手際		
せんい 섬유	繊維		
のうこう 농후	濃厚		
たくみ 교묘함, 능수능란함	巧み		
そそぐ 붓다, 따르다	注ぐ		
ならう 모방하다, 따르다	倣う		
すみ 숯, 목탄	炭		
せっちゅう 절충	折衷		
えいせい 위생	衛生		
ひらたい 평평하다	平たい		
なまぬるい 미적지근하다	生ぬるい		
あげる 튀기다, 올리다	揚げる		
いためる 볶다, 지지다	炒める		
すいじ 취사	炊事		
こんだて 식단, 메뉴	献立		
めす '입다·먹다'의 존경 표현	召す		
いろどり 채색, 배색	彩り		
いね 벼	稲		
うつわ 그릇, 용기	器		
から 껍질, 껍데기	殻		
こうそ 효소	酵素		

DAY 07

일상생활 (1)

얼마나
알고 있나요?

사전 체크

☐ **01** 憩い	☐ **02** 起床	☐ **03** 基盤	☐ **04** 吟味
☐ **05** 幸運	☐ **06** 小言	☐ **07** 飼育	☐ **08** しつけ
☐ **09** 清掃	☐ **10** 葬式	☐ **11** 通常	☐ **12** 手分け
☐ **13** 同居	☐ **14** 苗	☐ **15** 廃棄	☐ **16** 恥
☐ **17** 必需品	☐ **18** 風習	☐ **19** 平凡	☐ **20** 身の上
☐ **21** 無縁	☐ **22** 物まね	☐ **23** 優雅	☐ **24** 路地
☐ **25** 歩む	☐ **26** 潤す	☐ **27** 傾ける	☐ **28** くっつく
☐ **29** 寛ぐ	☐ **30** さびる	☐ **31** 沈める	☐ **32** 染みる
☐ **33** 散らかす	☐ **34** 抓る	☐ **35** つぶる	☐ **36** 整える
☐ **37** 馴染む	☐ **38** ねじれる	☐ **39** 剥ぐ	☐ **40** 弾く
☐ **41** ばら撒く	☐ **42** 塞ぐ	☐ **43** 解ける	☐ **44** 彫る
☐ **45** 丸める	☐ **46** 目覚める	☐ **47** 慌ただしい	☐ **48** 煙たい

01
いこ
憩い
명 휴식, 푹 쉼

近所の公園は老人たちの憩いの場として利用されている。
근처 공원은 노인들의 휴식처로서 이용되고 있다.

02
き しょう
起床
명 する 기상

目覚まし時計をセットして毎朝6時に起床している。
알람 시계를 세팅하여 매일 아침 6시에 기상하고 있다.

03
き ばん
基盤
명 기반, 토대

震災により、多くの人々が生活の基盤を失った。
지진 재해로 인해, 많은 사람들이 생활의 기반을 잃었다.

04
ぎん み
吟味
명 する 음미, 자세히 조사하는 것

ウェディングドレスは何度も試着して吟味する女性が多い。
웨딩드레스는 몇 번이나 입어 보며 자세히 알아보는 여성이 많다.

05
こううん
幸運
명 ナ 행운

この壺は幸運を引き寄せると言われている。
이 항아리는 행운을 불러들인다고 일컬어지고 있다.

06
こ ごと
小言
명 잔소리, 불평

部屋を散らかして母に小言を言われた。
방을 어질러서 엄마에게 잔소리를 들었다.

07
しいく
飼育
명 する 사육

カブトムシの飼育方法について店員に説明して
もらった。
장수풍뎅이 사육 방법에 대해 점원이 설명해 주었다.

08
しつけ
명 예의범절을 가르침,
예절 교육, 훈육

あの子は家庭のしつけがよく、行儀がいい。
저 아이는 가정의 교육이 잘 되어 있어 예의가 바르다.

09
せいそう
清掃
명 する 청소

駅前のビルで清掃員を募集していた。
역 앞 빌딩에서 청소 직원을 모집하고 있었다.

유 掃除 청소

10
そうしき
葬式
명 장례식

葬式には友人を始め、多くの人が参列してくれた。
장례식에는 친구를 비롯해 많은 사람이 참석해 주었다.

11
つうじょう
通常
명 통상, 보통

来週からは通常通り営業致します。
다음 주부터는 정상 영업합니다.

12
て わ
手分け
명 する 분담

家族みんなで手分けして大掃除をした。
가족 모두가 분담하여 대청소를 했다.

유 分担 분담

13
どうきょ
同居
명 する 동거

かれ　いま　　　けっこん　　　　　　おや　どうきょ
彼は今でも結婚しないで親と同居している。
그는 지금도 결혼하지 않고 부모와 함께 살고 있다.

14
なえ
苗
명 모종

か ていさいえん　そだ　　なえ　　　　　　　　か
家庭菜園で育てる苗をたくさん買った。
텃밭에서 키울 모종을 잔뜩 샀다.

15
はい き
廃棄
명 する 폐기

よ　　　　　　　　ふる　ざっし　はい き
読まなくなった古い雑誌を廃棄したい。
읽지 않게 된 오래된 잡지를 폐기하고 싶다.

16
はじ
恥
명 부끄러움, 수치, 치욕

かれ　おお　　ひと　まえ　ころ　　　　はじ
彼は多くの人の前で転んで、恥をかいた。
그는 많은 사람들 앞에서 넘어져 창피를 당했다.

17
ひつじゅひん
必需品
명 필수품

ひ がさ　なつ　ひつじゅひん
日傘は夏の必需品です。
양산은 여름의 필수품입니다.

18
ふうしゅう
風習
명 풍습

まち　　むかし　　　　ふうしゅう　だい じ　まも
この町では昔からの風習を大事に守っている。
이 마을에서는 옛 풍습을 소중하게 지키고 있다.

19
へいぼん
平凡
명 ナ 평범

いちばん　しあわ　　　いっしょうへいぼん　く
一番の幸せは一生平凡に暮らすことかもしれない。
가장 큰 행복은 평생 평범하게 사는 것일지도 모른다.

20
み　うえ
身の上
명 신상, 일신상, 운명

かのじょ　くち　かた　　　まわ　　　み　うえそうだん
彼女は口が堅いから周りから身の上相談をよく受け
る。
그녀는 입이 무거워서 주위에서 신상 상담을 자주 받는다.

21
む　えん
無縁
명 ナ 무연, 인연이 없음,
무관함

いま　　えいこう　めいよ　　　むえん　じんせい　おく
今まで栄光や名誉とは無縁の人生を送ってきた。
지금까지 영광이나 명예와는 무관한 인생을 보내 왔다.

22
もの
物まね
명 する 흉내, 성대모사

ともだち　げいのうじん　もの　　　たいかい　ゆうしょう
友達が芸能人の物まね大会で優勝した。
친구가 연예인 성대모사 대회에서 우승했다.

23
ゆうが
優雅
명 ナ 우아

ぎんざ　　　　　　　ゆうが　ちょうしょく　と
銀座のホテルで優雅に朝食を取った。
긴자의 호텔에서 우아하게 아침 식사를 했다.

24
ろじ
路地
명 골목(길)

きょう　　ろじうら　かく　めいてん　たず
今日は路地裏の隠れた名店を訪ねてみます。
오늘은 뒷골목의 숨은 맛집을 찾아가 보겠습니다.

25
あゆ
歩む
통 걷다, 전진하다

<ruby>父<rt>ちち</rt></ruby>の<ruby>歩<rt>あゆ</rt></ruby>んできた<ruby>人生<rt>じんせい</rt></ruby>は<ruby>苦難<rt>くなん</rt></ruby>の<ruby>連続<rt>れんぞく</rt></ruby>だった。
아버지가 걸어온 인생은 고난의 연속이었다.

26
うるお
潤す
통 적시다, 윤택하게 하다

<ruby>健全<rt>けんぜん</rt></ruby>な<ruby>趣味<rt>しゅみ</rt></ruby>は<ruby>人生<rt>じんせい</rt></ruby>を<ruby>潤<rt>うるお</rt></ruby>してくれる。
건전한 취미는 인생을 윤택하게 해 준다.

자 <ruby>潤<rt>うるお</rt></ruby>う 축축해지다, 윤택해지다

27
かたむ
傾ける
통 기울이다, 비스듬히
하다

<ruby>韓国<rt>かんこく</rt></ruby>では<ruby>目上<rt>めうえ</rt></ruby>の<ruby>人<rt>ひと</rt></ruby>にお<ruby>酒<rt>さけ</rt></ruby>を<ruby>注<rt>そそ</rt></ruby>いでもらう<ruby>時<rt>とき</rt></ruby>、グラスを<ruby>傾<rt>かたむ</rt></ruby>ける。
한국에서는 윗사람이 술을 따라 줄 때 잔을 기울인다.

28
くっつく
통 붙다, 달라붙다, 매달리다

<ruby>瞬間接着剤<rt>しゅんかんせっちゃくざい</rt></ruby>を<ruby>用<rt>もち</rt></ruby>いたら、<ruby>二枚<rt>にまい</rt></ruby>の<ruby>板<rt>いた</rt></ruby>がすぐにくっついた。
순간접착제를 썼더니 두 장의 판자가 바로 붙었다.

타 **くっつける** (꼭) 붙이다, 자기편으로 만들다

29
くつろ
寛ぐ
통 편안히 지내다,
느슨해지다

<ruby>彼女<rt>かのじょ</rt></ruby>はまるで<ruby>自分<rt>じぶん</rt></ruby>の<ruby>家<rt>いえ</rt></ruby>のように<ruby>寛<rt>くつろ</rt></ruby>いでいた。
그녀는 마치 자신의 집인 듯 편히 쉬고 있었다.

30
さびる
통 녹슬다

<ruby>自転車<rt>じてんしゃ</rt></ruby>を<ruby>外<rt>そと</rt></ruby>に<ruby>止<rt>と</rt></ruby>めていたら、サドルがさびてしまった。
자전거를 밖에 세웠더니 안장이 녹슬어 버렸다.

31

しず
沈める

통 가라앉히다, 빠뜨리다,
자세를 낮추다,
깊숙히 담그다

疲れて帰ってきて、浴槽に体を沈めた。

지쳐서 돌아와서 욕조에 몸을 푹 담갔다.

타 沈む 가라앉다

32

し
染みる

통 배다, 번지다, 스며들다,
물들다, 아리다

外回りから帰る途中、汗が染みたシャツを着替えた。

외근에서 돌아오는 길에 땀이 밴 셔츠를 갈아 입었다.

彼の気遣いがじいんと心に染みた。

그의 마음 씀씀이가 찡하고 마음에 스며들었다.

33

ち
散らかす

통 흩뜨리다, 어지르다

ごみ箱を倒して、部屋を散らかしてしまった。

쓰레기통을 쓰러뜨려서 방을 어지르고 말았다.

자 散らかる 흐트러지다, 어질러지다

34

つね
抓る

통 꼬집다

夢かと思って、頬を抓ってみた。

꿈인가 싶어서 뺨을 꼬집어 보았다.

35

つぶる

통 눈을 감다

目をつぶって将来の自分を想像してみた。

눈을 감고 장래의 나를 상상해 보았다.

36

ととの
整える

통 정돈하다, 조정하다,
가지런히 하다

彼女はデートの前に髪型を整えた。

그녀는 데이트 전에 머리 모양을 정리했다.

자 整う 갖추어지다, 정돈되다

37
なじ
馴染む

통 친숙해지다, 익숙해지다,
　잘 섞이다

かれ とうきょう ひ こ き と かい せいかつ なじ
彼は東京に引っ越して来てすぐに都会の生活に馴染
んだ。
그는 도쿄로 이사오고 바로 도시 생활에 익숙해졌다.

38
ねじれる

통 비틀어지다, 뒤틀리다,
　꼬이다

もと もど
ねじれたロープが元に戻らない。
꼬인 줄이 원래대로 돌아가지 않는다.

타 ねじる 비틀다, 뒤틀다

39
は
剥ぐ

통 벗기다, 박탈하다

くるま と そう は しゅう り だ
車の塗装が剥がれて修理に出した。
자동차 도장이 벗겨져서 수리를 보냈다(맡겼다).

＋ 剥く (과일 껍질을) 깎다, 벗기다

40
はじ
弾く

통 튀기다, (주판을) 놓다,
　겉돌게 하다

かみ みず はじ
この紙は水を弾く。
이 종이는 물을 튕겨 낸다.

41
ま
ばら撒く

통 (흩)뿌리다, 선심 쓰다

ひと まいにちこうえん とり ま
あの人は毎日公園で鳥のえさをばら撒いている。
저 사람은 매일 공원에서 새 모이를 뿌리고 있다.

42
ふさ
塞ぐ

통 막다, 가리다, 우울해지다

となり へや みみ ふさ ね
隣の部屋がうるさくて、耳を塞ぎながら寝た。
옆방이 시끄러워서 귀를 막고 잤다.

자 塞がる 막히다, 닫히다

43
ほど
解ける
图 풀어지다, 풀리다

くつ
靴ひもが解けてしまったので、結び直した。
신발 끈이 풀려 버려서 고쳐 묶었다.

他 解く (묶이거나 꼬인 것을) 풀다

44
ほ
彫る
图 새기다, 파다

かのじょ　なまえ　ほ　　ゆびわ
彼女に名前を彫った指輪をプレゼントした。
여자 친구에게 이름을 새긴 반지를 선물했다.

45
まる
丸める
图 둥글게 하다, 뭉치다,
삭발하다

さむ　　　ねこ　からだ　まる
寒いのか、猫が体を丸めていた。
추운 것인지, 고양이가 몸을 웅크리고 있었다.

46
め ざ
目覚める
图 눈뜨다, 잠을 깨다,
깨닫다, 각성하다

そうおん　めざ　　　　そと　よ　ぱら　けんか
騒音で目覚めると、外で酔っ払いが喧嘩していた。
소음으로 눈을 뜨니, 밖에서 취객이 싸우고 있었다.

47
あわ
慌ただしい
ｲ 어수선하다, 분주하다

きのう　きゅう　らいきゃく　たいおう　お　　あわ　　　　いちにち
昨日は急な来客の対応に追われ、慌ただしい一日
だった。
어제는 갑작스러운 방문객 대응에 쫓겨, 분주한 하루였다.

48
けむ
煙たい
ｲ 냅다, 매캐하다, 거북하다

きつえんじょ　となり　　　　けむ
喫煙所の隣はいつも煙たい。
흡연실 옆은 언제나 매캐하다.

유 煙い 냅다, 매캐하다

1 해당 어휘의 읽는 법을 찾고, 빈칸에 그 의미를 써 넣으세요.

보기	学生	☑ がくせい	② がっせい	학생

(1) 基盤　　① きばん　　② きはん　　_____

(2) 吟味　　① きんみ　　② ぎんみ　　_____

(3) 清掃　　① せいそう　　② そうじ　　_____

(4) 解ける　　① ほどける　　② ぼける　　_____

(5) 平凡　　① へいぼん　　② ひょうぼん　　_____

2 문맥에 맞는 단어를 보기에서 골라 알맞은 형태로 바꾸어 써 넣으세요.

(6) 近所の公園は老人たちの(　　　　)の場として利用されている。

(7) 自転車を外に止めていたら、サドルが(　　　　)しまった。

(8) 家族みんなで(　　　　)大掃除をした。

(9) 彼女はまるで自分の家のように(　　　　)いた。

(10) 外回りから帰る途中、汗が(　　　　)シャツを着替えた。

보기	憩い　　染みる　　さびる　　寛ぐ　　手分け

단어 퀴즈

※ 단어를 보고 발음과 의미를 적어 보세요.

단어	발음	의미
改正	かいせい	개정
憩い		
煙たい		
慌ただしい		
整える		
寛ぐ		
染みる		
解ける		
塞ぐ		
馴染む		
潤す		
吟味		
廃棄		
しつけ		
剥ぐ		
弾く		
散らかす		
歩む		
傾ける		
優雅		
路地		
葬式		
基盤		

선을 따라 접으면 답을 확인할 수 있어요.

✖ 한번 더 복습해 봅시다.

읽는 법과 뜻
☐ かいせい 개정
☐ いこい 휴식
☐ けむたい 냅다, 매캐하다
☐ あわただしい 분주하다
☐ ととのえる 정돈하다
☐ くつろぐ 편안히 지내다
☐ しみる 번지다, 스며들다
☐ ほどける 풀어지다, 풀리다
☐ ふさぐ 막다, 가리다
☐ なじむ 친숙해지다
☐ うるおす 윤택하게 하다
☐ ぎんみ 자세히 조사함
☐ はいき 폐기
☐ しつけ 예절 교육, 훈육
☐ はぐ 벗기다
☐ はじく 튀기다
☐ ちらかす 어지르다
☐ あゆむ 걷다, 전진하다
☐ かたむける 기울이다
☐ ゆうが 우아
☐ ろじ 골목(길)
☐ そうしき 장례식
☐ きばん 기반

한자	발음	의미
예 改正	かいせい	개정
憩い		
煙たい		
慌ただしい		
整える		
寛ぐ		
染みる		
解ける		
塞ぐ		
馴染む		
潤す		
吟味		
廃棄		
しつけ		
剥ぐ		
弾く		
散らかす		
歩む		
傾ける		
優雅		
路地		
葬式		
基盤		

DAY 08

일상생활 (2)

얼마나
알고 있나요?

사전 체크

☐ 01 生い立ち	☐ 02 簡素	☐ 03 奇数	☐ 04 蛍光
☐ 05 下水道	☐ 06 倹約	☐ 07 衣	☐ 08 情緒
☐ 09 蒸発	☐ 10 相応	☐ 11 遭遇	☐ 12 喪失
☐ 13 陶器	☐ 14 同伴	☐ 15 斜め	☐ 16 軒
☐ 17 はけ口	☐ 18 鉢	☐ 19 一言	☐ 20 平常
☐ 21 並列	☐ 22 余裕	☐ 23 了解	☐ 24 割り当て
☐ 25 生ける	☐ 26 織る	☐ 27 嵩張る	☐ 28 絡める
☐ 29 軋む	☐ 30 削る	☐ 31 仕込む	☐ 32 漂う
☐ 33 仕える	☐ 34 呟く	☐ 35 摘む	☐ 36 慣らす
☐ 37 剥がす	☐ 38 老ける	☐ 39 耽る	☐ 40 綻びる
☐ 41 舞う	☐ 42 蒔く	☐ 43 見つめる	☐ 44 群がる
☐ 45 捲る	☐ 46 安らぐ	☐ 47 儚い	☐ 48 滑らか

01

お た
生い立ち

명 성장함, 성장 내력

じぶん お た はな すこ は
自分の生い立ちについて話すのは少し恥ずかしい。

자신의 성장 내력에 대해 이야기하는 것은 조금 부끄럽다.

02

かん そ
簡素

명 ナ 간소

い か かん そ せいかつ
要らないものは買わない簡素な生活をしている。

필요 없는 것은 사지 않는 간소한 생활을 하고 있다.

유 シンプル 심플, 간단, 소박함

03

き すう
奇数

명 홀수

か ぞく たんじょうび き すうづき
家族の誕生日はすべて奇数月にある。

우리 가족의 생일은 모두 홀수 달에 있다.

반 偶数 짝수

04

けいこう
蛍光

명 형광

げん ば さ ぎょういん せいふく けいこうしょく と い
現場の作業員の制服に蛍光色を取り入れた。

현장 작업원의 유니폼에 형광색을 도입했다.

05

げ すいどう
下水道

명 하수도

となりまち げ すいどう かん り じ む しょ
隣町には下水道の管理事務所がある。

이웃 마을에는 하수도 관리 사무소가 있다.

06

けんやく
倹約

명 する 검약, 절약

ぶっか たか けんやくせいかつ はじ
物価が高いので倹約生活を始めた。

물가가 비싸서 절약 생활을 시작했다.

07
ころも
衣
명 옷, 의복, 튀김옷

夏服から冬服へ衣替えの時期が来た。
하복에서 동복으로 갈아입는 시기가 왔다.

08
じょうちょ　じょうしょ
情緒・情緒
명 정서

ここは50年前と変わらず、情緒あふれる地域だ。
여기는 50년 전과 다름없이 정서 넘치는 지역이다.

유 趣 정취

09
じょうはつ
蒸発
명 する 증발

あまりの暑さで、水がすぐに蒸発してしまう。
너무 더워서 물이 금방 증발해 버린다.

10
そうおう
相応
명 ナ する 상응, 걸맞음

見栄を張らないで、収入に相応な暮らしをしましょう。
허세 부리지 말고 수입에 걸맞는 생활을 합시다.

유 相当 상당, 걸맞음

11
そうぐう
遭遇
명 する 조우, 우연한 만남

山道を歩いていたらシカに遭遇した。
산길을 걸어가다가 사슴을 우연히 맞닥뜨렸다.

12
そうしつ
喪失
명 する 상실

事故で記憶喪失だったが、三日後元に戻った。
사고로 기억 상실이었지만 3일 후 원래대로 돌아왔다.

13

とう き
陶器

명 도기, 도자기

陶器は割れやすいので注意してください。
도자기는 깨지기 쉬우므로 주의해 주십시오.

유 瀬戸物・焼き物 도자기, 사기 그릇

14

どうはん
同伴

명 する 동반

このパーティーは夫婦同伴で参加してください。
이 파티는 부부 동반으로 참석해 주십시오.

15

なな
斜め

명 ナ 경사짐, 비스듬함

引っ越す家の床が斜めになっていないか、確認する
べきだ。
이사 갈 집의 바닥이 기울지 않았는지 확인해야 한다.

16

のき
軒

명 처마, 차양

この通りにはたくさんの店が軒を並べている。
이 길에는 많은 가게가 즐비하게 늘어서 있다.

17

ぐち
はけ口

명 배출구, 판로

私にはストレスのはけ口がどこにもない。
나에게는 스트레스 배출구가 어디에도 없다.

18

はち
鉢

명 사발, 화분

家で植物を育てるために大きな鉢を買った。
집에서 식물을 키우기 위해 큰 화분을 샀다.

19
ひとこと
一言

명 일언, 한마디 말

私の夫はいつも一言が多い。
내 남편은 언제나 한마디가 많다(한마디 더 한다).

20
へいじょう
平常

명 평상

いくら腹が立っても平常心を保てるよう、普段から努力している。
아무리 화가 나도 평상심을 유지할 수 있도록 평소부터 노력하고 있다.

21
へいれつ
並列

명 する 병렬,
나란히 늘어섬

狭い道を並列で歩くのは迷惑です。
좁은 길에서 나란히 서서 걷는 것은 민폐입니다.

22
よ ゆう
余裕

명 여유

この映画はまだ席に余裕があるから、予約しなくてもよさそうだ。
이 영화는 아직 자리에 여유가 있으니까, 예약하지 않아도 될 것 같다.

유 ゆとり 여유

23
りょうかい
了解

명 する 양해, 이해

本人が了解している事なのか、確認する必要がある。
본인이 이해하고 있는 일인지 확인할 필요가 있다.

24
わ あ
割り当て

명 할당, 배당, 배정

大学の寮では、部屋の割り当てが発表された。
대학 기숙사에서는 방 배정이 발표되었다.

25

い
生ける

동 꽂다, 흙에 심다, 살리다

知り合いからもらった花を鉢に生けて飾っている。
지인으로부터 받은 꽃을 화분에 심어서 장식해 두고 있다.

＋ 生け花 꽃꽂이

26

お
織る

동 (옷감·자리 등을) 짜다

祖母が絹糸を織って布を作っている。
할머니가 명주실을 짜서 천을 만들고 있다.

27

かさ ば
嵩張る

동 부피가 커지다(늘다)

邪魔になるので、嵩張る荷物は持って行かないこと
にした。
거추장스러워서 부피가 큰 물건은 가지고 가지 않기로 했다.

28

から
絡める

동 휘감다, 고루 묻히다,
관련시키다

息子は揚げパンに砂糖を絡めて食べるのが好きだ。
우리 아들은 튀김 빵에 설탕을 묻혀 먹는 것을 좋아한다.

＋ 絡む 휘감기다, 얽히다, 트집 잡다

29

きし
軋む

동 삐걱거리다

風で戸が軋み、音を立てている。
바람으로 문이 삐걱거리며 소리를 내고 있다.

30

けず
削る

동 깎다, 삭감하다

睡眠時間を削って受験勉強をしている。
수면 시간을 줄여 입시 공부를 하고 있다.

31

しこ
仕込む

동 가르치다, 장치하다,
준비하여 갖추다,
(술·간장을) 담그다

おやつを用いて犬に芸を仕込んだ。
간식을 이용하여 개에게 재주를 가르쳤다.

今日仕込んだ味噌は6か月後には食べられるらしい。
오늘 담근 된장은 6개월 후에는 먹을 수 있다고 한다.

32

ただよ
漂う

동 떠돌다, 감돌다, 표류하다

市場には新鮮な魚のにおいが漂っていた。
시장에는 신선한 물고기 냄새가 감돌고 있었다.

33

つか
仕える

동 시중들다, 봉사하다,
섬기다

彼は牧師で、一生神に仕えてきた。
그는 목사로, 평생 신을 섬겨 왔다.

34

つぶや
呟く

동 중얼거리다, 투덜대다

彼は消えるような声で呟いた。
그는 사그라들 듯한 목소리로 중얼거렸다.

＋ ささやく 속삭이다

35

つ
摘む

동 뜯다, 따다

庭に咲いていた花を摘んで、母にプレゼントした。
정원에 피어 있는 꽃을 따서 어머니께 선물했다.

36

な
慣らす

동 길들이다, 순응시키다

暗い映画館の中では目を慣らしてから席を探す。
어두운 영화관 안에서는 눈을 길들인 후에(눈이 적응된 후에) 자리를 찾는다.

＋ 鳴らす 소리를 내다, 울리다

37
は
剥がす
图 벗기다, 떼다

彼女は部屋に貼ってあったポスターを全て剥がした。
그녀는 방에 붙어 있던 포스터를 전부 떼었다.

＋剥ぐ 벗기다, 박탈하다

38
ふ
老ける
图 나이를 먹다, 늙다

彼は年齢よりも10歳くらい老けて見える。
그는 나이보다도 10살 정도 늙어 보인다.

유 老いる 늙다, 노쇠하다, 쇠약해지다

39
ふけ
耽る
图 열중하다, 빠지다, 골몰하다

雑談に耽っていて客が来たのに気付かなかった。
잡담하는데 빠져서 손님이 왔는데도 알아차리지 못했다.

40
ほころ
綻びる
图 (실밥이) 풀리다, (꽃이) 피기 시작하다, 굳은 표정이 풀리다

10年前に買ったコートの袖が綻び始めた。
10년 전에 산 코트의 소매가 터지기 시작했다.

41
ま
舞う
图 흩날리다, 떠돌다, 춤추다

古いアルバムを取り出すと、ほこりが舞った。
낡은 앨범을 꺼내자 먼지가 흩날렸다.

42
ま
蒔く
图 (씨를) 뿌리다, 파종하다

この時期に種を蒔けば、来年収穫できるらしい。
이 시기에 씨를 뿌리면 내년에 수확할 수 있다고 한다.

43
み
見つめる
동 응시하다, 주시하다

彼女は黙って相手の目を見つめていた。
그녀는 잠자코 상대의 눈을 응시하고 있었다.

44
むら
群がる
동 떼 지어 모이다

人気歌手のファンが空港の到着ロビーに群がっていた。
인기 가수의 팬들이 공항 도착 로비에 무리 짓고 있었다.

+ **群れ** 떼, 무리, 동아리

45
めく
捲る
동 넘기다, 젖히다

今月も終わったので、カレンダーを捲った。
이번 달도 끝났으므로 달력을 넘겼다.

46
やす
安らぐ
동 편안해지다, 평온해지다

心が一番安らぐのは家族と一緒にいる時だ。
마음이 가장 편안해지는 것은 가족과 함께 있을 때이다.

47
はかな
儚い
イ 덧없다, 허무하다

人生とは、儚いものだ。
인생이란 덧없는 것이다.

유 **空しい** 허무하다, 공허하다

48
なめ
滑らか
ナ 매끈매끈함, 순조로움,
막히지 않음

年を取っても彼女の肌は滑らかですね。
나이를 먹어도 그녀의 피부는 매끈매끈하군요.

유 **つるつる** 표면이 매끈매끈한 모양, 반들반들

1 해당 어휘의 읽는 법을 찾고, 빈칸에 그 의미를 써 넣으세요.

보기 学生	✓ がくせい	② がっせい	학생

(1)	衣	① がら	② ころも	___
(2)	漂う	① ただよう	② おぎなう	___
(3)	簡素	① かんそ	② かんそう	___
(4)	削る	① さえずる	② けずる	___
(5)	滑らか	① きよらか	② なめらか	___

2 문맥에 맞는 단어를 보기 에서 골라 알맞은 형태로 바꾸어 써 넣으세요.

(6) 息子は揚げパンに砂糖を(　　　　)食べるのが好きだ。

(7) ここは50年前と変わらず、(　　　　)あふれる地域だ。

(8) 睡眠時間を(　　　　)受験勉強をしている。

(9) 彼女は部屋に貼ってあったポスターを全て(　　　　)た。

(10) 人生とは、(　　　　)ものだ。

보기	情緒	絡める	儚い	削る	剥がす

단어 퀴즈

✤ 단어를 보고 발음과 의미를 적어 보세요.

단어	발음	의미
改正	かいせい	개정
綻びる		
軋む		
遭遇		
滑らか		
蒔く		
織る		
絡める		
耽る		
剥がす		
削る		
割り当て		
陶器		
相応		
蒸発		
倹約		
奇数		
儚い		
安らぐ		
群がる		
慣らす		
呟く		
生い立ち		

선을 따라 접으면 답을 확인할 수 있어요.

✽ 한번 더 복습해 봅시다.

읽는 법과 뜻
□ かいせい 개정
□ ほころびる 풀리다, 터지다
□ きしむ 삐걱거리다
□ そうぐう 우연히 만남
□ なめらか 매끄러운 모양
□ まく (씨를) 뿌리다
□ おる (옷감 등을) 짜다
□ からめる 휘감다, 묻히다
□ ふける 빠지다, 열중하다
□ はがす 벗기다, 떼다
□ けずる 깎다, 삭감하다
□ わりあて 할당, 배당, 배정
□ とうき 도기, 도자기
□ そうおう 상응, 걸맞음
□ じょうはつ 증발
□ けんやく 검약, 절약
□ きすう 홀수
□ はかない 덧없다, 허무하다
□ やすらぐ 편안해지다
□ むらがる 떼 지어 모이다
□ ならす 순응시키다
□ つぶやく 중얼거리다
□ おいたち 성장함, 성장 내력

한자	발음	의미
예 改正	かいせい	개정
綻びる		
軋む		
遭遇		
滑らか		
蒔く		
織る		
絡める		
耽る		
剥がす		
削る		
割り当て		
陶器		
相応		
蒸発		
倹約		
奇数		
儚い		
安らぐ		
群がる		
慣らす		
呟く		
生い立ち		

학교생활과 교육

얼마나
알고 있나요?

사전 체크

☐ 01 証	☐ 02 大筋	☐ 03 加味	☐ 04 肝心
☐ 05 貴重	☐ 06 教訓	☐ 07 権威	☐ 08 公立
☐ 09 心得	☐ 10 採択	☐ 11 志願	☐ 12 実践
☐ 13 修飾	☐ 14 妥当	☐ 15 月並み	☐ 16 手配
☐ 17 当面	☐ 18 独占	☐ 19 念願	☐ 20 発揮
☐ 21 抜粋	☐ 22 微妙	☐ 23 並行	☐ 24 放棄
☐ 25 補充	☐ 26 見込み	☐ 27 名簿	☐ 28 免除
☐ 29 網羅	☐ 30 戒める	☐ 31 入れ替わる	☐ 32 うつむく
☐ 33 競う	☐ 34 志す	☐ 35 悟る	☐ 36 仕切る
☐ 37 背く	☐ 38 逸らす	☐ 39 束ねる	☐ 40 貫く
☐ 41 育む	☐ 42 励む	☐ 43 化ける	☐ 44 乏しい
☐ 45 紛らわしい	☐ 46 和やか	☐ 47 濃密	☐ 48 直向き

01
あかし
証

명 증거, 증명

けっか ひび どりょく あかし い
この結果は日々の努力の証とも言える。
이 결과는 평소 노력의 증거라고도 할 수 있다.

02
おおすじ
大筋

명 대략적, 대강, 요점

かのじょ せつめい はなし おおすじ りかい
彼女の説明で話の大筋を理解することができた。
그녀의 설명으로 이야기의 대략적인 줄거리를 이해할 수 있었다.

03
か み
加味

명 する 가미, 추가로 넣음

つうちひょう てんすう じゅぎょうちゅう たいど
通知表にはテストの点数だけでなく授業中の態度も
か み
加味されている。
통지표에는 시험 점수뿐만 아니라 수업 중의 태도도 가미되어 있다.

04
かんじん
肝心

명 ナ 가장 중요함, 긴요함

かんじん わす
肝心なことは忘れないようにメモしてください。
중요한 것은 잊지 않도록 메모해 주세요.
じゅうよう
유 重要 중요

05
き ちょう
貴重

명 ナ 귀중

りゅうがく わたし き ちょう けいけん
留学は私にとって貴重な経験になった。
유학은 나에게 있어서 귀중한 경험이 되었다.

06
きょうくん
教訓

명 교훈

こんかい しっぱい こん ご きょうくん
今回の失敗を今後の教訓にしなければならない。
이번 실패를 앞으로의 교훈으로 삼지 않으면 안 된다.

07
けんい
権威
명 권위

教師は権威と権力を間違えてはいけない。
교사는 권위와 권력을 착각해서는 안 된다.

08
こうりつ
公立
명 공립

今年の剣道の県大会では公立高校が優勝した。
올해 검도 현대회에서는 공립 고등학교가 우승했다.

09
こころえ
心得
명 마음가짐, 소양, 수칙

仕事をする上での心得は、大学の先生から教わった。
일을 하는데 있어서의 마음가짐은 대학 교수님께 배웠다.

유 こころ
心がけ 마음가짐

10
さいたく
採択
명 **する** 채택

文化祭の出し物は多数決でカフェが採択された。
문화제 참가 종목은 다수결로 카페가 채택되었다.

11
しがん
志願
명 **する** 지원

30人の募集に対し、志願者は500人を超えた。
30명 모집에 지원자는 500명을 넘었다.

12
じっせん
実践
명 **する** 실천

あの専門学校は実践を重んじる校風だ。
저 전문학교는 실천을 중시하는 교풍이다.

13
しゅうしょく
修飾
명　する　수식, 꾸밈

どう し　しゅうしょく　　　たん ご　ふく し
動詞を修飾する単語を副詞という。
동사를 수식하는 단어를 부사라고 한다.

14
だ とう
妥当
명　ナ　する　타당, 적절

べんきょう　　　　　　　　　　　　　ふ ごうかく　　　　　だ とう　けっ
勉強をしなかったので、不合格というのは妥当な結
か
果だ。
공부를 하지 않았기 때문에 불합격이라는 것은 타당한 결과이다.

15
つき な
月並み
명　ナ　매월, 월례,
평범함, 진부함

つき な　　　　　　　い　　　　　　　いっしょうけんめいがん ば
月並みなことを言いますが、一生懸命頑張ろうと
おも
思います。
진부한 말이지만, 열심히 분발할 생각입니다.

16
て はい
手配
명　する　수배, 준비, 절차

えんげき ぶ　　はっぴょうかい　　　　　　がっこうがわ　　おお　　げきじょう　て はい
演劇部の発表会のために学校側は大きい劇場を手配
しておいた。
연극부의 발표회를 위해 학교측은 큰 극장을 준비해 두었다.

17
とうめん
当面
명　する　당면, 현재 직면함,
우선

かれ　　とうめん　もくひょう　に ほん ご　し けん　ごうかく
彼の当面の目標は日本語の試験に合格することだ。
그의 현재 목표는 일본어 시험에 합격하는 것이다.

18
どくせん
独占
명　する　독점, 독차지

かれ　がっこう　おんな　こ　にん き　どくせん
彼は学校で女の子の人気を独占している。
그는 학교에서 여자아이들의 인기를 독차지하고 있다.

19
ねんがん
念願
명 する 염원, 소원

ついに彼女は医学部に進学するという念願を果たした。
마침내 그녀는 의학부에 진학하겠다는 염원을 이루었다.

20
はっき
発揮
명 する 발휘

彼は試験で実力を発揮できなかった。
그는 시험에서 실력을 발휘하지 못했다.

21
ばっすい
抜粋
명 する 발췌

本から重要な部分を抜粋してレポートを書いた。
책에서 중요한 부분을 발췌하여 보고서를 썼다.

22
びみょう
微妙
명 ナ 미묘

言葉の微妙な違いを外国人が理解するのは難しい。
말의 미묘한 차이를 외국인이 이해하는 것은 어렵다.

23
へいこう
並行
명 する 병행, 나란히 감

兄は日本語と韓国語を並行して学んでいる。
형은(오빠는) 일본어와 한국어를 병행하여 배우고 있다.

24
ほうき
放棄
명 する 포기

最近育児を放棄する親のニュースをよく見る。
최근 육아를 포기하는 부모의 뉴스를 자주 본다.

25
ほ じゅう
補充
[명] [する] 보충

欠員が出たので改めて人員を補充した。
けついん で あらた じんいん ほ じゅう
결원이 생겼기 때문에 새로 인원을 보충했다.

26
み こ
見込み
[명] 전망, 예상, 장래성, 가망

このまま頑張れば、志望校に合格する見込みがある。
がん ば し ぼうこう ごうかく み こ
이대로 노력하면, 지망 학교에 합격할 가능성이 있다.

[유] 予想 예상
よ そう

27
めい ぼ
名簿
[명] 명부

同窓会の名簿を作るために住所と電話番号を提出し
どうそうかい めい ぼ つく じゅうしょ でん わ ばんごう ていしゅつ
てください。
동창회 명부를 만들기 위해 주소와 전화번호를 제출해 주세요.

28
めんじょ
免除
[명] [する] 면제

娘は成績が優秀なため、授業料を免除された。
むすめ せいせき ゆうしゅう じゅぎょうりょう めんじょ
우리 딸은 성적이 우수해서 수업료를 면제받았다.

29
もう ら
網羅
[명] [する] 망라

このテキストはテストの出題内容を網羅していると
しゅつだいないよう もう ら
聞いた。
き
이 교재는 시험 출제 내용을 망라하고 있다고 들었다.

30
いまし
戒める
[동] 훈계하다, 징계하다,
경고하다, 제지하다

彼の行動を戒めるために1週間の謹慎処分が
かれ こうどう いまし しゅうかん きんしんしょぶん
出された。
だ
그의 행동을 징계하기 위해 일주일간의 근신 처분이 내려졌다.

31

入れ替わる
い　　か

동 교대하다, 교체하다

この小説は生徒会長と不良の魂 が入れ替わるという
しょうせつ　せいとかいちょう　ふりょう　たましい　い　か
内容だ。
ないよう

이 소설은 학생회장과 불량아의 영혼이 서로 뒤바뀐다는 내용이다.

32

うつむく

동 머리를 숙이다,
아래쪽으로 기울다

先生の質問にうまく答えられなくて、ついうつむいて
せんせい　しつもん　　　　　こた
しまった。

선생님의 질문에 제대로 대답할 수 없어서, 그만 고개를 숙이고 말았다.

33
きそ

競う

동 다투다, 겨루다

学生同士を競わせることで学力向上を図っている。
がくせいどうし　きそ　　　　　　　　　がくりょくこうじょう　はか

학생들을 서로 경쟁시킴으로써 학력 향상을 도모하고 있다.

34
こころざ

志す

동 뜻하다, 뜻을 두다

医者を 志 すまで、私の生活には勉強の「べ」の字も
いしゃ　こころざ　　　　　わたし　せいかつ　　　べんきょう　　　　　じ
なかった。

의사를 목표로 하기까지 내 생활에는 공부의 'ㄱ'자도 없었다.

35
さと

悟る

동 깨닫다, 터득하다

大学に合格した先輩が勉強のコツを悟った話を聞か
だいがく　ごうかく　せんぱい　べんきょう　　　　さと　　　はなし　き
せてくれた。

대학에 합격한 선배가 공부 요령을 터득한 이야기를 들려 주었다.

36
し　き

仕切る

동 구획하다, 관장하다,
결산하다

高校の文化祭を仕切るのは、生徒会のメンバーだ。
こうこう　ぶんかさい　しき　　　　　せいとかい

고등학교 문화제를 주관하는 것은 학생회 멤버이다.

37
そむ
背く
통 등지다, 어기다, 거역하다

こうそく　　　じぶん　　　　　　　　　　そむ
校則でも、自分のポリシーに背くことはできない。
교칙이라도 자신의 주관(방침)을 거스를 수는 없다.

38
そ
逸らす
통 (방향을) 돌리다,
빗나가게 하다, 피하다

かれ　あわ　　　はなし　　そ
彼は慌てて話を逸らそうとした。
그는 황급히 이야기를 돌리려고 했다.

자 **逸れる** 빗나가다, 벗어나다, 일탈하다
そ
いつだつ
+ **逸脱** 일탈, 벗어남

39
たば
束ねる
통 묶다, 통솔하다, 통괄하다

かれ　　　こうはい　　　　　たば
彼には後輩たちを束ねるリーダーシップがある。
그에게는 후배들을 통솔하는 리더십이 있다.

40
つらぬ
貫く
통 관통하다, 관철하다

じぶん　いし　さいご　　つらぬ　　　むずか
自分の意志を最後まで貫くのは難しいことだ。
자신의 의지를 마지막까지 관철하는 것은 어려운 일이다.

41
はぐく
育む
통 기르다, 키우다

がっこう　ゆた　　そうぞうりょく　も　　こども　はぐく
この学校は豊かな想像力を持つ子供を育むことを
もくひょう
目標にしている。
이 학교는 풍부한 상상력을 가진 아이를 육성하는 것을 목표로 하고
있다.

42
はげ
励む
통 힘쓰다, 노력하다

かのじょ　だいがく　ごうかく　　　　　　まいにちべんきょう　はげ
彼女は大学に合格するために毎日勉強に励んでいる。
그녀는 대학에 합격하기 위해 매일 공부에 힘쓰고 있다.

はげ
+ **励ます** 격려하다, 북돋우다

43
ば
化ける
통 둔갑하다, 가장하다

日本には、きつねが人間に化けるという昔話がある。
일본에는 여우가 인간으로 둔갑한다는 옛날이야기가 있다.

＋ お化け 도깨비

44
とぼ
乏しい
イ 부족하다

想像力が乏しいと言われる学生たちに読書を勧めた。
상상력이 부족하다는 말을 듣는 학생들에게 독서를 권장했다.

45
まぎ
紛らわしい
イ 혼동하기 쉽다, 헷갈리다

日本語は似ている漢字が多くて紛らわしいです。
일본어는 비슷한 한자가 많아서 헷갈립니다.

46
なご
和やか
ナ (기색·공기가) 부드러움,
온화함

このクラスは、いつも和やかな雰囲気だ。
이 반은 언제나 화기애애한 분위기이다.

47
のうみつ
濃密
ナ 농밀, 밀도가 높음

大学時代は毎日忙しかったが、濃密な4年間だった。
대학 시절에는 매일 바빴지만, 알찬 4년간이었다.

48
ひた む
直向き
ナ 열심히, 외곬으로,
한결같이

彼は法学部に合格するまで、直向きに頑張ってきた。
그는 법학부에 합격하기까지 한결같이 노력해 왔다.

1 해당 어휘의 읽는 법을 찾고, 빈칸에 그 의미를 써 넣으세요.

보기 学生	ⓥ がくせい	② がっせい	학생

(1) 肝心　　① かんしん　　② かんじん　　_____

(2) 免除　　① めんじょ　　② めんぜい　　_____

(3) 貫く　　① つらぬく　　② はぶく　　_____

(4) 念願　　① ねんがん　　② えんがん　　_____

(5) 網羅　　① もうら　　② もら　　_____

2 문맥에 맞는 단어를 보기 에서 골라 알맞은 형태로 바꾸어 써 넣으세요.

(6) 兄は日本語と韓国語を(　　　　)学んでいる。

(7) 今回の失敗を今後の(　　　　)にしなければならない。

(8) 彼女は大学に合格するために毎日勉強に(　　　　)いる。

(9) このまま頑張れば、志望校に合格する(　　　　)がある。

(10) 日本語は似ている漢字が多くて(　　　　)です。

보기	教訓　　見込み　　並行　　紛らわしい　　励む

단어 퀴즈

✖ 단어를 보고 발음과 의미를 적어 보세요.

단어	발음	의미
改正	かいせい	개정
網羅		
独占		
並行		
抜粋		
念願		
肝心		
加味		
紛らわしい		
励む		
貫く		
戒める		
免除		
補充		
放棄		
微妙		
月並み		
妥当		
悟る		
貴重		
和やか		
育む		
背く		

설을 따라 접으면 답을 확인할 수 있어요.

✖ 한번 더 복습해 봅시다.

읽는 법과 뜻		한자	발음	의미
□	かいせい 개정	예 改正	かいせい	개정
□	もうら 망라	網羅		
□	どくせん 독점	独占		
□	へいこう 병행, 나란히 감	並行		
□	ばっすい 발췌	抜粋		
□	ねんがん 염원, 소원	念願		
□	かんじん 가장 중요함	肝心		
□	かみ 가미	加味		
□	まぎらわしい 헷갈리다	紛らわしい		
□	はげむ 힘쓰다, 노력하다	励む		
□	つらぬく 관철하다	貫く		
□	いましめる 훈계하다, 징계하다	戒める		
□	めんじょ 면제	免除		
□	ほじゅう 보충	補充		
□	ほうき 포기	放棄		
□	びみょう 미묘	微妙		
□	つきなみ 평범함, 진부함	月並み		
□	だとう 타당, 적절	妥当		
□	さとる 깨닫다, 터득하다	悟る		
□	きちょう 귀중	貴重		
□	なごやか 부드러움, 온화함	和やか		
□	はぐくむ 기르다, 키우다	育む		
□	そむく 등지다, 어기다	背く		

DAY 10

일과 사회생활 (1)

얼마나
알고 있나요?

사전 체크

- [ ] **01** 斡旋
- [ ] **02** 異論
- [ ] **03** 上書き
- [ ] **04** 大口
- [ ] **05** 解雇
- [ ] **06** 合致
- [ ] **07** 軌道
- [ ] **08** 恐縮
- [ ] **09** 苦言
- [ ] **10** 経歴
- [ ] **11** 考慮
- [ ] **12** 指図
- [ ] **13** 視点
- [ ] **14** 従業員
- [ ] **15** 職務
- [ ] **16** 遂行
- [ ] **17** 対抗
- [ ] **18** 訂正
- [ ] **19** 適性
- [ ] **20** 手数
- [ ] **21** 手違い
- [ ] **22** 熱意
- [ ] **23** 匹敵
- [ ] **24** 頻繁
- [ ] **25** 不備
- [ ] **26** 補足
- [ ] **27** 発端
- [ ] **28** 目先
- [ ] **29** 厄介
- [ ] **30** 余地
- [ ] **31** 了承
- [ ] **32** 労力
- [ ] **33** 意気込む
- [ ] **34** 威張る
- [ ] **35** 劣る
- [ ] **36** かしこまる
- [ ] **37** 逆らう
- [ ] **38** 携わる
- [ ] **39** 継ぐ
- [ ] **40** 積む
- [ ] **41** 遂げる
- [ ] **42** 罵る
- [ ] **43** 諮る
- [ ] **44** 謙る
- [ ] **45** 紛れる
- [ ] **46** 雇う
- [ ] **47** 重々しい
- [ ] **48** 円満

01
あっせん
斡旋
[名] [する] 알선, 주선

学生課では就職率をあげるため、就職先の斡旋を
行っている。
학생과에서는 취업률을 높이기 위해 일자리 알선을 하고 있다.

02
い ろん
異論
[名] 이론, 이의

彼は会議で出された計画案に異論を唱えた。
그는 회의에서 나온 계획안에 이의를 제기했다.

유 **異議** 이의

03
うわ が
上書き
[名] [する] 덮어쓰기

ファイルを上書き保存した。
파일을 덮어쓰기 저장했다.

+ **下書き** 초고, 초안, 스케치

04
おおぐち
大口
[名] 호언장담, 큰소리, 거액

彼はできそうもないことでも大口を叩いてできると
言い張る。
그는 할 수 없을 것 같은 일이라도 큰소리를 치며 할 수 있다고 우긴다.

05
かい こ
解雇
[名] [する] 해고

彼は会社の業績の悪化により解雇された。
그는 회사 실적 악화로 인해 해고되었다.

+ **首になる** 해고되다

06
がっ ち
合致
[名] [する] 합치, 꼭 맞음

彼の提案は我が社の目標に完全に合致するものだ。
그의 제안은 우리 회사의 목표와 완전히 일치하는 것이다.

07

き どう
軌道

명 궤도

今の事業が軌道に乗るまでは気が抜けない。

지금 사업이 궤도에 오를 때까지는 긴장을 늦출 수 없다.

08

きょうしゅく
恐縮

명 する 죄송함, 황송함,
송구함

そんなお言葉をいただけるなんて、恐縮です。

그런 말씀을 해주시다니 황송합니다.

⛔ 恐れ入る 송구하다

ご多忙のところお越しいただき、恐れ入ります。

바쁘신 와중에 와 주셔서 송구합니다.

09

く げん
苦言

명 고언, 직언

プロジェクトの失敗に関して、部長に苦言を呈した。

프로젝트의 실패에 관해 부장님께 직언을 했다.

10

けいれき
経歴

명 경력

彼女は経歴こそ立派だが、印象はいまいちだった。

그녀는 경력은 훌륭하지만 인상은 조금 아쉬웠다.

11

こうりょ
考慮

명 する 고려

家庭の事情を考慮して今回の異動は見送られた。

집안 사정을 고려해서 이번 이동은 보류되었다.

12

さし ず
指図

명 する 지시, 지휘

誰かに指図するのも、されるのも好きじゃない。

누군가에게 지시하는 것도 받는 것도 좋아하지 않는다.

⛔ 指示 지시

13
し てん
視点
명 시점, 관점

こんかい　かい ぎ　　　　　　　　　　し てん　　　さまざま　　い けん　　で
今回の会議で、あらゆる視点から様々な意見が出た。
이번 회의에서 온갖 시점에서 다양한 의견이 나왔다.

14
じゅうぎょういん
従業員
명 종업원

じゅうぎょういん　　　　　たいぐう　かいぜん　　もと
従業員たちは待遇の改善を求めて、ストライキを
お
起こした。
종업원들은 대우 개선을 요구하며 파업을 일으켰다.

15
しょく む
職務
명 직무

しょく む　　かんけい　　　　　　でん わ　　ひか
職務と関係のない電話は控えるべきだ。
직무와 관계없는 전화는 삼가야 한다.

유 役目 역할, 책임, 직책

16
すいこう
遂行
명 する 수행

わたし　にん む　　すいこう　　　　　　　　　ぜんりょく　そそ
私の任務を遂行することに全力を注いだ。
내 임무를 수행하는 데에 전력을 쏟았다.

17
たいこう
対抗
명 する 대항

しゃ　たいこう　　　　わ　しゃ　あたら　　　　　　　　　　かんが
A社に対抗して、我が社も新しいサービスを考えねば
ならない。
A사에 대항하여 우리 회사도 새로운 서비스를 생각하지 않으면 안
된다.

18
ていせい
訂正
명 する 정정

まちが　　ぶ ぶん　ていせい　　　　あらた　　　　おく　いた
間違えた部分を訂正して、改めてお送り致します。
잘못된 부분을 정정하여 다시 보내드리겠습니다.

19
てきせい
適性
명 적성

にゅうしゃ し けん　　　　　 てきせいけん さ　　う
入社試験では、適性検査も受けることになっている。
입사 시험에서는 적성 검사도 받게 되어 있다.

20
て すう
手数
명 수고, 귀찮음, 폐

て すう　　　　　　　　　　　　　 ねが
お手数ですが、どうぞよろしくお願いします。
수고스럽겠지만, 아무쪼록 잘 부탁드립니다.

유 　て ま
手間 수고, 노력

21
て ちが
手違い
명 착오, 차질, 어긋남

て ちが　　　　 きゃく　　 ま ちが　　　　　 おく
手違いで、客に間違ったメールを送ってしまった。
착오가 생겨서 고객에게 잘못된 메일을 보내고 말았다.

＋ 　く
狂い 차질, 고장

22
ねつ い
熱意
명 열의, 열성

かれ　 ことば　　　　　　 ねつ い　　 つた
彼の言葉からはいつも熱意が伝わってくる。
그의 말에서는 언제나 열의가 전해져 온다.

23
ひってき
匹敵
명 する 필적

そんがいばいしょうきん　 わたし　　　 げつぶん　 きゅうりょう　　 ひってき　　　きんがく
損害賠償金は私の１か月分の給料に匹敵する金額
だった。
손해 배상금은 나의 한 달치 월급에 필적하는 금액이었다.

24
ひんぱん
頻繁
명 ナ 빈번, 잦음

しょくば　 の　 かい　 ひんぱん　　　　　　　 しょうじき い
職場の飲み会が頻繁にあるが、正直行きたくない。
직장 회식이 빈번하게 있지만, 솔직히 가고 싶지 않다.

유 　しき　　　　　　　　　　　　 たびたび
頻りに 자주, 빈번히　度々 자주

25
ふ び
不備
명 ナ 미비, 충분히 갖추지
않음

しょるい ふ び　　　しんせい　じゅ り
書類に不備があり、申請が受理されなかった。
서류가 불충분하여 신청이 수리되지 않았다.

26
ほ そく
補足
명 する 보충

し りょう せつめい　ほ そく　　あたら　　　つく　なお
資料に説明を補足して新しく作り直した。
자료에 설명을 보충하여 새로 만들었다.

유 補う 보충하다
　おぎな

27
ほったん
発端
명 발단

わたし ひとこと　　ほったん　に ほん　しゅっちょう
私の一言が発端で日本へ出張することになった。
내 한마디가 발단이 되어 일본으로 출장을 가게 되었다.

28
め さき
目先
명 눈앞, 목전

しゃちょう　め さき　り えき　　　ついきゅう　　　　　しゃいん　ふ まん
社長が目先の利益だけを追求したため、社員の不満
たか
が高まった。
사장이 눈앞의 이익만을 추구했기 때문에 사원들의 불만이 고조되었다.

29
やっかい
厄介
명 ナ 귀찮음, 폐,
신세, 돌봄

じょう し　　　やっかい　し ごと　お　　つ
上司から厄介な仕事を押し付けられている。
상사로부터 귀찮은 업무를 강요당하고 있다.

とも　　　いえ　やっかい
いつまでも友だちの家に厄介になるわけにはいかない。
언제까지나 친구 집에 신세를 질 수는 없다.

유 面倒 귀찮음, 번거로움　煩わしい 귀찮다
　めんどう　　　　　　　　　　　　わずら

30
よ ち
余地
명 여지

かい しりょう　　　　　　かいりょう　よ ち
この資料はまだまだ改良の余地がありそうだ。
이 자료는 아직 개량의 여지가 있어 보인다.

31
りょうしょう
了承

名 する 승낙, 양해

かいしゃ　　　かね　つか　とき　　じょうし　りょうしょう　え
会社のお金を使う時は、上司の了承を得なければならない。
회삿돈을 사용할 때는 상사의 승인을 받아야 한다.

32
ろうりょく
労力

名 노동력, 수고, 일손

しごと　こうりつ　あ　　　　　　　　　じかん　ろうりょく　はぶ　ひつよう
仕事の効率を上げるためには時間と労力を省く必要がある。
업무 효율을 올리기 위해서는 시간과 수고를 줄일 필요가 있다.

33
い き ご
意気込む

동 분발하다, 단단히 마음
먹다, 의욕에 불타다

こん ど　　　　　せいこう　　　　　い き ご　　　ちょうせん
今度こそは成功させようと意気込んで挑戦した。
이번에야말로 성공시키려고 각오를 단단히 하고 도전했다.

유 張り切る 힘이 넘치다, 기운이 넘치다

は き　　　　しんせいひん　かいはつ　つと
みんな張り切って新製品の開発に努めている。
모두 의욕 넘치게 신제품 개발에 힘쓰고 있다.

34
い ば
威張る

동 뽐내다, 거만하게 굴다,
으스대다

ぶちょう　しごと　　　　　　　　　　ぶか　いば
部長は仕事もろくにせずに部下に威張ってばかりいる。
부장님은 일도 제대로 하지 않고 부하에게 으스대기만 한다.

35
おと
劣る

동 뒤떨어지다, 못하다

しゃ　しょうひん　　せいのう　おと　　　ねだん　やす
これはA社の商品より性能は劣るが、値段が安い。
이것은 A사의 상품보다 성능은 떨어지지만 가격이 저렴하다.

36
かしこまる

동 황공하여 삼가다,
정좌하다, 딱딱한 느낌이
들다

ひょうじょう　にゅうさつ　けっか　ま
みんなかしこまった表情で入札の結果を待っていた。
다들 경직된 표정으로 입찰 결과를 기다리고 있었다.

37
さか
逆らう

동 거스르다, 거역하다

しんじん　ぶんざい　　せんぱい　さか
新人の分際で、先輩に逆らうとはけしからん。
신참 주제에 선배에게 거역하다니 괘씸하다.

38
たずさ
携わる

동 관계하다, 종사하다

わたし　ねんかん　びょういん　けいえい　たずさ
私は25年間、病院の経営に携わってきた。
나는 25년간 병원 경영에 종사해 왔다.

타 携える 휴대하다, 거느리다, 제휴하다

39
つ
継ぐ

동 잇다, 계승하다

せんぱい　いし　つ　　　　　かなら　　　　　　　　　　　せいこう
先輩の意思を継いで、必ずこのプロジェクトを成功
させます。
선배의 뜻을 이어 반드시 이 프로젝트를 성공시키겠습니다.

40
つ
積む

동 쌓다, (차·배 등에) 싣다

かれ　いろいろ　　　　　　　　　　はたら　けいけん　つ
彼は色々なホテルで働いて経験を積んだ。
그는 다양한 호텔에서 일해 경험을 쌓았다.

유 重ねる 거듭하다, 포개다, 쌓아올리다

41
と
遂げる

동 이루다, 얻다, 성취하다, 끝내다

かいしゃ　すうねんかん　おお　　せいちょう　と
この会社は数年間で大きな成長を遂げた。
이 회사는 몇 년 동안 큰 성장을 이루었다.

42
ののし
罵る

동 욕을 퍼부으며 떠들다, 매도하다

ぶか　ののし　　　　げんどう　　　　　　　　　　がいとう
部下を罵るなどの言動はパワハラに該当します。
부하에게 욕을 퍼붓는 등의 언동은 직장내 괴롭힘에 해당합니다.

43
はか
諮る

동 의견을 묻다, 상의하다, 자문하다

この問題については会議に諮る必要がある。
이 문제에 대해서는 회의에서 상의할 필요가 있다.

44
へりくだ
謙る

동 겸양하다, 자기를 낮추다

必要以上に謙った態度を取ると相手になめられるよ。
필요 이상으로 겸손한 태도를 취하면 상대방이 얕잡아 볼 거야.

45
まぎ
紛れる

동 헷갈리다, 뒤섞이다, 틈타다

契約書は他の書類と紛れないように、引き出しの中に入れておいてください。
계약서는 다른 서류와 뒤섞이지 않도록 서랍 안에 넣어 두세요.

＋ まぎ 紛らわしい 혼동하기 쉽다, 헷갈리다

46
やと
雇う

동 고용하다

誰を雇うかは店長が決めることだ。
누구를 고용할지는 점장님이 결정할 일이다.

유 こよう 雇用 고용

47
おもおも
重々しい

イ 엄숙하다, 위엄이 있다

会議室には重々しい空気が流れていた。
회의실에는 무거운 공기가 흐르고 있었다.

반 かるがる 軽々しい 가볍다, 경솔하다

48
えんまん
円満

ナ 명 원만

問題が円満に解決されたようでよかったです。
문제가 원만하게 해결된 듯 해서 다행입니다.

확인 문제

1 해당 어휘의 읽는 법을 찾고, 빈칸에 그 의미를 써 넣으세요.

| 보기 | 学生 | ①がくせい | ②がっせい | 학생 |

(1) 遂行　　　① すいぎょう　② すいこう　_____

(2) 合致　　　① ごうち　　　② がっち　　　_____

(3) 携わる　　① たずさわる　② かかわる　　_____

(4) 考慮　　　① こうりょ　　② こうりょう　_____

(5) 軌道　　　① きどう　　　② きゅうどう　_____

2 문맥에 맞는 단어를 보기 에서 골라 알맞은 형태로 바꾸어 써 넣으세요.

(6) 社長が(　　　　)の利益だけを追求したため、社員の不満が倍増した。

(7) お(　　　　)ですが、どうぞよろしくお願いします。

(8) 上司から(　　　　)仕事を押し付けられている。

(9) 誰を(　　　　)かは店長が決めることだ。

(10) そんなお言葉をいただけるなんて、(　　　　)です。

| 보기 | 恐縮　　目先　　厄介　　雇う　　手数 |

정답 --

(1) ② 수행　(2) ② 합치, 꼭 맞음　(3) ① 관계하다, 종사하다　(4) ① 고려　(5) ① 궤도
(6) 目先(めさき)　(7) 手数(てすう)　(8) 厄介(やっかい)な　(9) 雇(やと)う　(10) 恐縮(きょうしゅく)

단어 퀴즈

✽ 단어를 보고 발음과 의미를 적어 보세요.

단어	발음	의미
改正	かいせい	개정
紛れる		
厄介		
遂行		
軌道		
斡旋		
円満		
重々しい		
威張る		
発端		
補足		
匹敵		
熱意		
経歴		
恐縮		
合致		
解雇		
雇う		
諮る		
遂げる		
携わる		
逆らう		
劣る		

선을 따라 접으면 답을 확인할 수 있어요.

❋ 한번 더 복습해 봅시다.

읽는 법과 뜻		한자	발음	의미
	かいせい 개정	예 改正	かいせい	개정
	まぎれる 헷갈리다, 뒤섞이다	紛れる		
	やっかい 귀찮음, 폐	厄介		
	すいこう 수행	遂行		
	きどう 궤도	軌道		
	あっせん 알선, 주선	斡旋		
	えんまん 원만	円満		
	おもおもしい 엄숙하다	重々しい		
	いばる 뽐내다, 으스대다	威張る		
	ほったん 발단	発端		
	ほそく 보충	補足		
	ひってき 필적	匹敵		
	ねつい 열의, 열성	熱意		
	けいれき 경력	経歴		
	きょうしゅく 죄송함, 황송함	恐縮		
	がっち 합치, 꼭 맞음	合致		
	かいこ 해고	解雇		
	やとう 고용하다	雇う		
	はかる 상의하다	諮る		
	とげる 이루다, 성취하다	遂げる		
	たずさわる 종사하다	携わる		
	さからう 거스르다	逆らう		
	おとる 뒤떨어지다	劣る		

普遍的な原理

　遠くのものは美しく見える。友人でも、恋人でもいい。じかに鼻を突き合わせているのもいいが、思いきって離れて、遠くから彼らのことを考えている時のほうが、いっそう美しく彼らを眺めていられるような気がする。これは普遍的な原理だと思う。いつの時代にも、海を越えて運ばれて来た香辛料や宝石は、高貴な物と見なされてきた。絵画や流行についても同じことが言えるはずだ。すぐ手に取れる場所にいくらでも転がっている事物は、月並みで価値をもたないように見える。それに比べて未知のかなたから到来するものは、常に魅惑的で魅力に満ちている。それは人を安全な場所にいながらも、空想の冒険の旅へと連れ出す力を備えているのだ。

해석

보편적 원리

　멀리 있는 것은 아름답게 보인다. 친구도 연인이라도 좋다. 직접 대면하는 것도 좋지만, 과감히 떨어져서 멀리서 그들에 대해 생각하고 있을 때가 한층 더 아름답게 그들을 바라보고 있을 수 있는 듯한 기분이 든다. 이것은 보편적인 원리라고 생각한다. 어느 시대에도 바다를 넘어 운반되어 온 향신료나 보석은 고귀한 것으로 인식되어 왔다. 그림이나 유행에 대해서도 마찬가지라고 할 수 있을 것이다. 금방 손에 잡을 수 있는 장소에 얼마든지 널려 있는 사물은 진부하고, 가치를 가지지 않은 듯이 보인다. 그에 비해 미지의 저편에서 도래한 것은 항상 매혹적이고 매력으로 가득 차 있다. 그것은 사람을 안전한 장소에 있으면서도 공상 모험의 여정으로 데려가는 힘을 갖추고 있는 것이다.

MEMO

DAY 11

일과 사회생활 (2)

얼마나
알고 있나요?

사전 체크

☐ 01 委託	☐ 02 印刷	☐ 03 円滑	☐ 04 折り返し
☐ 05 貴社	☐ 06 寄与	☐ 07 口調	☐ 08 堅実
☐ 09 在庫	☐ 10 実情	☐ 11 下半期	☐ 12 謝罪
☐ 13 従事	☐ 14 職種	☐ 15 人材	☐ 16 先方
☐ 17 提携	☐ 18 手順	☐ 19 でたらめ	☐ 20 入手
☐ 21 納品	☐ 22 把握	☐ 23 人手	☐ 24 赴任
☐ 25 膨大	☐ 26 没収	☐ 27 密封	☐ 28 旨
☐ 29 目下	☐ 30 要領	☐ 31 利益	☐ 32 労働
☐ 33 挑む	☐ 34 承る	☐ 35 重んじる	☐ 36 庇う
☐ 37 急かす	☐ 38 賜る	☐ 39 慎む	☐ 40 咎める
☐ 41 唱える	☐ 42 捗る	☐ 43 踏まえる	☐ 44 設ける
☐ 45 指差す	☐ 46 斬新	☐ 47 まちまち	☐ 48 にわか

01
いたく
委託
명 する 위탁

今回A社に業務を委託することになった。
이번에 A사에 업무를 위탁하게 되었다.

유 委ねる 맡기다, 위임하다

02
いんさつ
印刷
명 する 인쇄

会議の資料を印刷した。
회의 자료를 인쇄했다.

유 刷る 인쇄하다 プリントアウト 프린트 아웃, 인쇄, 인쇄물

03
えんかつ
円滑
명 ナ 원활

契約をめぐる交渉は円滑に進んでいます。
계약을 둘러싼 교섭은 원활하게 진행되고 있습니다.

04
お かえ
折り返し
명 부 즉시, 곧, 반환,
되돌아옴

担当者が戻り次第、折り返しご連絡いたします。
담당자가 돌아오는 대로, 즉시 연락드리겠습니다.

仕事で留守電をもらったら折り返し電話をかけるのがマナーだ。
업무로 부재중 전화를 받으면 바로 전화하는 것이 매너이다.

05
き しゃ
貴社
명 (편지·메일에서) 귀사
('상대의 회사'의 존경
표현)

貴社の資料を拝見いたしました。
귀사의 자료를 삼가 보았습니다.

유 御社 (전화·대화에서) 귀사

반 弊社 폐사 ('자기 회사'의 겸양 표현)

06
き よ
寄与
명 する 기여, 이바지함,
공헌

この賞は、売り上げに寄与した職員に贈られる。
이 상은 매출(매상)에 기여한 직원에게 수여된다.

07
く ちょう
口調
명 어조, 말투

じょうし　めいれい く ちょう
上司の命令口調にはもううんざりだ。
상사의 명령 말투에는 이제 진절머리가 난다.

08
けんじつ
堅実
명 ナ 견실

ぶんさん　　　　けんじつ　あんてい　　けいえい　め ざ
リスクの分散により堅実で安定した経営を目指す。
리스크 분산으로 견실하고 안정된 경영을 지향한다.

09
ざい こ
在庫
명 재고

しんねん　　　　　　む　　ざいこ　かんり　てってい
新年のセールに向けて在庫の管理を徹底した。
신년 세일을 위해 재고 관리를 철저히 했다.

10
じつじょう
実情
명 실정(실제 사정),
진정, 진심

き ぎょう　けいき　　　　き　　　じつじょう　ちが
IT企業の景気がいいと聞いたが、実情は違った。
IT 기업의 경기가 좋다고 들었는데 실정은 달랐다.

11
しもはん き
下半期
명 하반기

しもはん き　もくひょう　たっせい
下半期の目標を達成すればボーナスがもらえる。
하반기 목표를 달성하면 보너스를 받을 수 있다.

かみはん き
반 上半期 상반기

12
しゃざい
謝罪
명 する 사죄

せいひん　けっかん　　　　　　き しゃかいけん　ひら　しゃざい
製品の欠陥について、記者会見を開いて謝罪した。
제품 결함에 대해 기자 회견을 열고 사죄했다.

13

じゅうじ
従事

명 する 종사

ちち ぼうえきぎょう じゅうじ
父は貿易業に従事しています。
아버지는 무역업에 종사하고 있습니다.

유 携わる 종사하다, 관계하다

14

しょくしゅ
職種

명 직종

かれ かいしゃ はい さまざま しょくしゅ けいけん
彼はこの会社に入るまで、様々な職種を経験した。
그는 이 회사에 들어오기까지 다양한 직종을 경험했다.

15

じんざい
人材

명 인재

きぎょう ねんれい と じんざい もと
企業は年齢を問わず、いい人材を求めている。
기업은 연령을 불문하고 좋은 인재를 원하고 있다.

16

せんぽう
先方

명 상대편, 상대방

のうき いちにちはや せんぽう き
納期を一日早めることができるか、先方に聞いて
みます。
납기를 하루 앞당길 수 있는지 상대측에 물어보겠습니다.

유 相手 상대

17

ていけい
提携

명 する 제휴

がいしゃ ていけい ぎょうかい い たっせい
ライバル会社と提携することで業界1位を達成した。
라이벌 회사와 제휴함으로써 업계 1위를 달성했다.

18

て じゅん
手順

명 수순, 순서, 절차

てじゅん き しごと はじ
まず手順を決めてから、仕事を始めましょう。
우선 순서를 정하고 나서 일을 시작합시다.

19

でたらめ

명 ナ 엉터리, 함부로 함

その会社に関する噂は全てでたらめだった。
그 회사에 관한 소문은 전부 엉터리였다.

20

にゅうしゅ
入手

명 する 입수

市場で、珍しい生地のサンプルを入手した。
시장에서 희귀한 옷감의 샘플을 입수했다.

유 手に入れる 손에 넣다, 입수하다

21

のうひん
納品

명 する 납품

4月からうちの商品をデパートに納品することに
なりました。
4월부터 우리 상품을 백화점에 납품하게 되었습니다.

22

は あく
把握

명 する 파악

社内のことを把握するのは責任者として当然のこと
だ。
회사 내부의 일을 파악하는 것은 책임자로서 당연한 것이다.

23

ひと で
人手

명 일손, 일꾼

アルバイトが急に辞めてしまって、人手が足りない。
아르바이트가 갑자기 그만둬 버려서 일손이 부족하다.

유 働き手 일꾼

24

ふ にん
赴任

명 する 부임

仕事の事情で韓国に単身赴任することになった。
업무 사정 상 한국에 단신 부임하게 되었다.

유 着任 착임, 부임

25
ぼうだい
膨大
명 ナ 방대

1週間仕事を休んだら、膨大な書類が溜まっていた。
일주일간 일을 쉬었더니 방대한 서류가 쌓여 있었다.

26
ぼっしゅう
没収
명 する 몰수

税金の調査により、彼女は隠していた財産を没収
された。
세금 조사로 인해, 그녀는 숨기고 있던 재산을 몰수당했다.

유 取り上げる 빼앗다, 탈취하다, 몰수하다, 채택하다

27
みっぷう
密封
명 する 밀봉

重要な書類は密封して事務所の金庫に保管してくだ
さい。
중요한 서류는 밀봉해서 사무실 금고에 보관해 주세요.

28
むね
旨
명 취지, 뜻

会議の時間を変更するという旨のメールをみんなに
送った。
회의 시간을 변경한다는 취지의 메일을 모두에게 보냈다.

유 趣旨 취지

29
もっか
目下
명 부 목하, 눈앞(코앞),
현재

契約については、目下検討中だ。
계약에 관해서는 현재 검토 중이다.

株式市場は目下のところは安定しています。
주식 시장은 지금으로서는 안정되어 있습니다.

유 現在 현재

30
ようりょう
要領
명 요령

先輩のように要領よく仕事ができるようになりたい
です。
선배처럼 요령 좋게 일을 할 수 있게 되고 싶습니다.

유 コツ 요령

31
りえき
利益
图 이익

りえき しゃいん あんぜん ゆうせん
利益より社員の安全が優先です。
이익보다 사원의 안전이 우선입니다.

32
ろうどう
労働
图 する 노동

きゅうけい じかん ろうどう じかん ふく
休憩時間は労働時間には含まれません。
휴게 시간은 노동 시간에는 포함되지 않습니다.

33
いど
挑む
图 도전하다, 덤벼들다

かいしゃ や あたら ぶんや いど
会社を辞めて新しい分野に挑みたい。
회사를 그만두고 새로운 분야에 도전하고 싶다.

34
うけたまわ
承る
图 '듣다·전해 듣다·받다'의
겸양 표현

とうてん しんしょうひん よやく うけたまわ
当店では新商品の予約を承っております。
우리 지점에서는 신상품 예약을 받고 있습니다.

35
おも
重んじる・
おも
重んずる
图 중요시하다, 존중하다

せいひん しゃちょう いこう おも かいはつ
この製品は社長の意向を重んじて開発された。
이 제품은 사장님의 의향을 중시하여 개발되었다.

36
かば
庇う
图 감싸다, 두둔하다

しんじん ころ せんぱい わたし かば
新人の頃、先輩が私のミスを庇ってくれた。
신입 때, 선배가 내 실수를 감싸 주었다.

37
せ
急かす

图 재촉하다, 독촉하다,
서두르게 하다

しゃいん せ しょうひん かいはつ
社員を急かしても、よい商品が開発できるわけではない。
사원을 재촉해도 좋은 상품을 개발할 수 있는 것은 아니다.

い そ
㊅ 急がせる 서두르게 하다

38
たまわ
賜る

图 윗사람에게서 받다,
내려 주시다, 하사하다

き ちょう い けん たまわ ゆう い ぎ じ かん
貴重なご意見を賜ることができて、有意義な時間になりました。
귀중한 의견을 들을 수 있어서 뜻깊은 시간이 되었습니다.

39
つつし
慎む

图 삼가하다, 조심하다,
절제하다

しゃちょう まえ くち つつし
社長の前です。口を慎みなさい。
사장님 앞입니다. 말을 삼가세요.

40
とが
咎める

图 나무라다, 책망하다,
비난하다

じょうし し ごと つよ とが
上司に仕事のミスを強く咎められた。
상사에게 업무 실수를 심하게 타박받았다.

41
とな
唱える

图 소리 내어 읽다, 외치다,
주창하다, 주장하다

かい ぎ い ろん とな かれ ひとり
会議で異論を唱えたのは彼一人だった。
회의에서 이의를 제기한 것은 그 혼자였다.

42
はかど
捗る

图 일이 순조롭게 되어 가다,
진척되다

きょう しゅうちゅう し ごと まった はかど
今日は集中できなくて仕事が全く捗らない。
오늘은 집중이 되지 않아 일이 전혀 진척되지 않는다.

はこ
㊅ 運ぶ 진행되다, 진척되다, 추진하다, 옮기다

43
ふ
踏まえる

동 근거하다, 입각하다,
고려하다, 밟다

せんぱい　じ しん　けいけん　ふ
先輩は自身の経験を踏まえてアドバイスをしてくれ
た。
선배는 자신의 경험을 토대로 조언을 해 주었다.

44
もう
設ける

동 마련하다, 설치하다

しゃいんたち　い けん　い　　き かい　もう
社員達が意見を言える機会を設けることにした。
사원들이 의견을 말할 수 있는 기회를 마련하기로 했다.

＋ 儲ける (돈을) 벌다, 이익을 보다
　 もう

45
ゆび さ
指差す

동 가리키다, 손가락질하다

きゃく　ゆび さ　　　　　　　いちにちじゅう ふ ゆ かい
客に指差されて、一日中不愉快だった。
손님에게 손가락질 당해서 하루 종일 불쾌했다.

46
ざんしん
斬新

ナ 참신

かのじょ　ざんしん　　　　　　　　　　　　　　　　　　ゆうしょう
彼女は斬新なアイデアでビジネスコンテストで優勝
した。
그녀는 참신한 아이디어로 비즈니스 콘테스트(공모전)에서 우승했다.

47
まちまち

ナ 각기 다름, 구구

い けん　　　　　　　　　けつろん　で
みんなの意見がまちまちで、結論が出ない。
모두의 의견이 제각각이라서 결론이 나지 않는다.

48
にわか

ナ 갑작스러움, 별안간, 곧,
즉시

しつもん　　　　　　　　　　　こた
この質問は、にわかには答えられません。
이 질문은 바로는 대답할 수 없습니다.

＋ にわか雨 소나기
　 　　あめ

1 해당 어휘의 읽는 법을 찾고, 빈칸에 그 의미를 써 넣으세요.

| 보기 | 学生 | ⓥ がくせい | ② がっせい | 학생 |

(1) 急かす　　　① あかす　　② せかす　　　_____

(2) 円滑　　　　① えんかつ　② えんこつ　　_____

(3) 下半期　　　① しもはんき② かはんき　　_____

(4) 実情　　　　① じっちょう② じつじょう　_____

(5) 把握　　　　① はあく　　② はき　　　　_____

2 문맥에 맞는 단어를 보기에서 골라 알맞은 형태로 바꾸어 써 넣으세요.

(6) 上司に仕事のミスを強く(　　　　)た。

(7) この質問は、(　　　　)には答えられません。

(8) 仕事の事情で韓国に単身(　　　　)することになった。

(9) 今日は集中できなくて仕事が全く(　　　　)ない。

(10) 会議で異論を(　　　　)のは彼一人だった。

| 보기 | 咎める　　唱える　　にわか　　捗る　　赴任 |

정답 --

(1) ② 재촉하다, 서두르게 하다　(2) ① 원활　(3) ① 하반기　(4) ② 실정, 진정, 진심　(5) ① 파악
(6) 咎(とが)められ　(7) にわか　(8) 赴任(ふにん)　(9) 捗(はかど)ら　(10) 唱(とな)えた

단어 퀴즈

✤ 단어를 보고 발음과 의미를 적어 보세요.

단어	발음	의미
改正	かいせい	개정
踏まえる		
捗る		
唱える		
膨大		
赴任		
実情		
設ける		
咎める		
急かす		
承る		
挑む		
要領		
把握		
納品		
提携		
従事		
堅実		
円滑		
慎む		
庇う		
委託		
没収		

선을 따라 접으면 답을 확인할 수 있어요.

❋ 한번 더 복습해 봅시다.

읽는 법과 뜻	
☐	かいせい 개정
☐	ふまえる 입각하다, 밟다
☐	はかどる 진척되다
☐	となえる 외치다, 주창하다
☐	ぼうだい 방대
☐	ふにん 부임
☐	じつじょう 실정(실제 사정)
☐	もうける 마련하다, 설치하다
☐	とがめる 책망하다
☐	せかす 재촉하다
☐	うけたまわる '받다·듣다'의 겸양 표현
☐	いどむ 도전하다
☐	ようりょう 요령
☐	はあく 파악
☐	のうひん 납품
☐	ていけい 제휴
☐	じゅうじ 종사
☐	けんじつ 견실
☐	えんかつ 원활
☐	つつしむ 조심하다, 삼가다
☐	かばう 감싸다, 두둔하다
☐	いたく 위탁
☐	ぼっしゅう 몰수

한자	발음	의미
改正	かいせい	개정
踏まえる		
捗る		
唱える		
膨大		
赴任		
実情		
設ける		
咎める		
急かす		
承る		
挑む		
要領		
把握		
納品		
提携		
従事		
堅実		
円滑		
慎む		
庇う		
委託		
没収		

음성듣기

정보 통신과 언론

얼마나
알고 있나요?

사전 체크

☐ **01** ありきたり	☐ **02** 閲覧	☐ **03** 概説	☐ **04** 完結
☐ **05** 刊行	☐ **06** 観点	☐ **07** 脚本	☐ **08** 検索
☐ **09** 公言	☐ **10** 広報	☐ **11** 誇大	☐ **12** 誇張
☐ **13** 錯誤	☐ **14** 下火	☐ **15** 実況	☐ **16** 釈明
☐ **17** 趣旨	☐ **18** 出現	☐ **19** 消息	☐ **20** 世論
☐ **21** 相互	☐ **22** 大衆	☐ **23** 重宝	☐ **24** 著作権
☐ **25** 提供	☐ **26** 電波	☐ **27** 匿名	☐ **28** 配布
☐ **29** 暴露	☐ **30** 反響	☐ **31** 描写	☐ **32** 偏向
☐ **33** 冒頭	☐ **34** 本筋	☐ **35** 名実	☐ **36** 有益
☐ **37** 連載	☐ **38** 朗報	☐ **39** 促す	☐ **40** 切り替える
☐ **41** 添える	☐ **42** 務める	☐ **43** 繋がる	☐ **44** 途絶える
☐ **45** 翻す	☐ **46** 広まる	☐ **47** 報じる	☐ **48** 催す

01
ありきたり

명 ナ 흔히 있음,
얼마든지 있음

あのドラマはありきたりの展開で面白みに欠ける。
저 드라마는 흔해빠진 전개라서 재미가 없다.

유 平凡 평범

02
えつらん
閲覧

명 する 열람

この図書館では、自分の閲覧履歴をネットで確認
できる。
이 도서관에서는 자신의 열람 이력을 인터넷으로 확인할 수 있다.

03
がいせつ
概説

명 する 개설, 줄거리만
대강 설명함

ニュースで今回の事件の経緯を概説している。
뉴스에서 이번 사건의 경위를 대략적으로 설명하고 있다.

04
かんけつ
完結

명 する 완결

今人気のドラマの原作小説はすでに完結している。
지금 인기인 드라마의 원작 소설은 이미 완결되어 있다.

05
かんこう
刊行

명 する 간행

この番組では80年代に刊行された本を紹介している。
이 방송에서는 80년대에 간행된 책을 소개하고 있다.

06
かんてん
観点

명 관점

観点を変えれば、新たな発見ができるかもしれない。
관점을 바꾸면 새로운 발견을 할 수 있을지도 모른다.

07
きゃくほん
脚本
명 각본

人気脚本家が手掛けた新作の映画が、今週ついに
公開される。

인기 각본가가 직접 쓴 신작 영화가 이번 주에 드디어 공개된다.

08
けんさく
検索
명 する 검색

分からない単語をネットで検索してみた。

모르는 단어를 인터넷에서 검색해 보았다.

09
こうげん
公言
명 する 공언

愛妻家を公言していた俳優が離婚した。

애처가를 공언하던 배우가 이혼했다.

10
こうほう
広報
명 する 홍보

妹は会社で広報の仕事をしている。

여동생은 회사에서 홍보 업무를 하고 있다.

11
こだい
誇大
명 ナ 과대

この製品は誇大広告で一週間の販売中止となった。

이 제품은 과대광고로 일주일간 판매 중지가 되었다.

12
こちょう
誇張
명 する 과장

彼は物事を誇張して言う癖がある。

그는 매사를 과장해서 말하는 버릇이 있다.

유 おおげさ 과장됨

13
さく ご
錯誤
명 する 착오

政治家たるものがそんな発言をするなんて、時代錯誤も甚だしい。

정치가라는 사람이 그런 발언을 하다니, 시대착오도 유분수이다.

14
した び
下火
명 불기운이 약해짐,
(인기 등이) 시들해짐

あの俳優の人気も下火になってきた。

저 배우의 인기도 한풀 꺾였다.

15
じっきょう
実況
명 する 실황, 실제 상황

プロ野球の試合の実況中継でドラマが延期になった。

프로 야구 시합의 실황 중계로 드라마가 연기되었다.

16
しゃくめい
釈明
명 する 해명

明日の記者会見で釈明させていただきます。

내일 기자 회견에서 해명하겠습니다.

17
しゅ し
趣旨
명 취지

今回の研究会の趣旨をご説明致します。

이번 연구회의 취지를 설명하겠습니다.

유 旨 뜻, 취지

18
しゅつげん
出現
명 する 출현, 나타남

新しいアイコンが画面上に出現した。

새로운 아이콘이 화면상에 나타났다.

19
しょうそく
消息
🏷 소식

アメリカに向かっていた飛行機が太平洋の上空で
消息を絶ったそうです。

미국으로 향하던 비행기가 태평양 상공에서 소식이 끊겼다고 합니다.

🔄 便り 알림, 편지 知らせ 알림, 통지

20
せ ろん ・ よ ろん
世論 ・ 世論
🏷 세론, 여론

彼は世論を味方にして、政治家たちを強く批判した。

그는 여론을 자기편으로 끌어들여 정치가들을 강하게 비판했다.

21
そう ご
相互
🏷 상호

コミュニケーションとは、相互理解のための手段で
ある。

커뮤니케이션이란 상호 이해를 위한 수단이다.

22
たいしゅう
大衆
🏷 대중

彼のスピーチは大衆の心をつかんだようだ。

그의 연설은 대중의 마음을 사로 잡은 듯 하다.

23
ちょうほう
重宝
🏷 する 소중히 여김,
요긴함, 편리함

このアプリは交通情報が簡単に確認できて、重宝し
ている。

이 앱은 교통 정보를 쉽게 확인할 수 있어 요긴하게 쓰고 있다.

24
ちょさくけん
著作権
🏷 저작권

ニュースで著作権の問題から映画の場面がモザイク
をかけて流された。

뉴스에서 저작권 문제로 영화 장면이 모자이크 처리하여 나왔다.

25
ていきょう
提供
명 する 제공

この番組はご覧のスポンサーの提供でお送りいたします。
이 방송은 보고 계시는 스폰서의 제공(협찬)으로 보내 드립니다.

26
でん ぱ
電波
명 전파

電波が良いところでもう一度電話をかけ直してください。
전파가 좋은(잘 터지는) 곳에서 다시 한번 전화를 걸어 주십시오.

27
とくめい
匿名
명 익명

彼は毎年、母校に匿名でたくさんのお金を寄付している。
그는 매년 모교에 익명으로 많은 돈을 기부하고 있다.

28
はい ふ
配布
명 する 배포

街で焼き肉屋のチラシを配布していた。
거리에서 불고기집의 전단지를 배포하고 있었다.

29
ばく ろ
暴露
명 する 폭로

彼は企業秘密を暴露した小説を書いた。
그는 기업 비밀을 폭로한 소설을 썼다.

30
はんきょう
反響
명 する 반향, 메아리, 반응

この映画は日本で大きな反響を呼んだ。
이 영화는 일본에서 큰 반향을 불러일으켰다.

31
びょうしゃ
描写
名 する 묘사

えいが じじつ ちゅうじつ びょうしゃ
この映画は事実を忠実に描写している。
이 영화는 사실을 충실히 묘사하고 있다.

32
へんこう
偏向
名 する 편향

しんぶんしゃ へんこう きじ か ゆうめい
あの新聞社は偏向した記事を書くことで有名だ。
저 신문사는 편향된 기사를 쓰는 것으로 유명하다.

33
ぼうとう
冒頭
名 서두, 전제

ぼうとう ちゅうい じこう せつめい はっぴょうかい はじ
冒頭で注意事項を説明してから発表会を始めた。
서두에서 주의 사항을 설명한 후에 발표회를 시작했다.

34
ほんすじ
本筋
名 줄거리, 본론

かれ はなし ほんすじ そ
彼がいるといつも話が本筋から逸れてしまう。
그가 있으면 늘 이야기가 본론에서 벗어나고 만다.

35
めいじつ
名実
名 명실

せいじ うご ほうどう めいじつ だい けんりょく
政治を動かす報道でマスコミは名実ともに第4の権力
となった。
정치를 움직이는 보도로, 언론은 명실공히 제4의 권력이 되었다.

36
ゆうえき
有益
名 ナ 유익

ゆうえき じょうほう ていきょう しんぶんきしゃ きほん おも
「有益な情報の提供」は新聞記者の基本だと思う。
'유익한 정보 제공'은 신문 기자의 기본이라고 생각한다.

37
れんさい
連載
명 する 연재

わたし か ざっし れんさい
私が書いたコラムが雑誌に連載されることになった。
내가 쓴 칼럼이 잡지에 연재되게 되었다.

38
ろうほう
朗報
명 낭보, 기쁜 소식

むすこ ないてい ろうほう つま う
息子が内定をもらったとの朗報を妻から受けた。
아들이 (취업) 내정을 받았다는 기쁜 소식을 아내로부터 받았다.

39
うなが
促す
통 재촉하다, 촉구하다,
촉진하다

きょか え けいじばん は ひと ちゅうい
許可を得ずに掲示板にポスターを貼った人に注意を
うなが
促した。
허가를 받지 않고 게시판에 포스터를 붙인 사람에게 주의를 촉구했다.

ぶっしつ たいない しょうか うなが けんきゅうけっか はっぴょう
この物質が体内で消化を促すという研究結果が発表
された。
이 물질이 체내에서 소화를 촉진한다는 연구 결과가 발표되었다.

유 催促 さいそく 재촉

40
き か
切り替える
통 전환하다, 바꾸다

しゃない じょうほう あたら き か
社内の情報システムを新しいものに切り替えた。
사내 정보 시스템을 새로운 것으로 바꿨다.

41
そ
添える
통 첨부하다, 곁들이다

はなたば かんしゃ てがみ そ せんせい わた
花束に感謝の手紙を添えて、先生に渡した。
꽃다발에 감사 편지를 첨부하여 선생님께 전달했다.

자 添う そ 따르다, 부합하다, 부응하다
유 添付 てんぷ 첨부

42
つと
務める
통 임무를 맡다,
역할을 다하다

とくばん しかい つと
特番で司会を務めることになった。
특별 방송에서 사회를 맡게 되었다.

43
つな
繋がる
동 이어지다, 연결되다

SNSを<ruby>通<rt>とお</rt></ruby>して<ruby>世界中<rt>せかいじゅう</rt></ruby>の<ruby>人<rt>ひと</rt></ruby>と<ruby>繋<rt>つな</rt></ruby>がることが<ruby>可能<rt>かのう</rt></ruby>だ。
SNS를 통해 전 세계 사람들과 연결되는 것이 가능하다.

타 <ruby>繋<rt>つな</rt></ruby>ぐ 묶다, 잇다, 연결하다

44
と　だ
途絶える
동 끊어지다, 두절되다

<ruby>外国<rt>がいこく</rt></ruby>へ<ruby>留学<rt>りゅうがく</rt></ruby>した<ruby>彼氏<rt>かれし</rt></ruby>からの<ruby>連絡<rt>れんらく</rt></ruby>が<ruby>途絶<rt>とだ</rt></ruby>えてしまった。
외국으로 유학 간 남자 친구로부터의 연락이 두절되고 말았다.

45
ひるがえ
翻す
동 뒤집다, 번복하다

<ruby>記者会見<rt>きしゃかいけん</rt></ruby>で<ruby>彼<rt>かれ</rt></ruby>は<ruby>昨日<rt>きのう</rt></ruby><ruby>言<rt>い</rt></ruby>ったことを<ruby>翻<rt>ひるがえ</rt></ruby>しました。
기자 회견에서 그는 어제 말한 것을 번복했습니다.

46
ひろ
広まる
동 퍼지다, 넓히다

その<ruby>事故<rt>じこ</rt></ruby>のニュースはすぐ<ruby>全国<rt>ぜんこく</rt></ruby>に<ruby>広<rt>ひろ</rt></ruby>まった。
그 사고 뉴스는 금세 전국으로 퍼졌다.

47
ほう
報じる
동 보도하다, 보답하다, 갚다

<ruby>先週<rt>せんしゅう</rt></ruby><ruby>起<rt>お</rt></ruby>きた<ruby>事件<rt>じけん</rt></ruby>が<ruby>毎日<rt>まいにち</rt></ruby>ニュースで<ruby>報<rt>ほう</rt></ruby>じられている。
지난주 일어난 사건이 매일 뉴스에서 보도되고 있다.

유 <ruby>報道<rt>ほうどう</rt></ruby> 보도

48
もよお
催す
동 개최하다, 열다,
불러일으키다

<ruby>新商品<rt>しんしょうひん</rt></ruby>の<ruby>発表会<rt>はっぴょうかい</rt></ruby>が<ruby>催<rt>もよお</rt></ruby>されて、<ruby>多<rt>おお</rt></ruby>くの<ruby>取材<rt>しゅざい</rt></ruby>を<ruby>受<rt>う</rt></ruby>けた。
신상품 발표회가 개최되어 많은 취재를 받았다.

1   해당 어휘의 읽는 법을 찾고, 빈칸에 그 의미를 써 넣으세요.

보기	学生	ⓥ がくせい	② がっせい	학생

(1) 誇張   ① こちょう   ② こうちょう   _____

(2) 閲覧   ① えつらん   ② かんらん   _____

(3) 重宝   ① じゅうほう   ② ちょうほう   _____

(4) 趣旨   ① しゅうし   ② しゅし   _____

(5) 催す   ① もよおす   ② うるおす   _____

2   문맥에 맞는 단어를 보기 에서 골라 알맞은 형태로 바꾸어 써 넣으세요.

(6) 彼は企業秘密を(　　　　)した小説を書いた。

(7) 先週起きた事件が毎日ニュースで(　　　　)いる。

(8) あのドラマは(　　　　)の展開で面白みに欠ける。

(9) 今人気のドラマの原作小説はすでに(　　　　)している。

(10) 彼がいるといつも話が(　　　　)から逸れてしまう。

보기	完結	暴露	報じる	ありきたり	本筋

단어 퀴즈

✖ 단어를 보고 발음과 의미를 적어 보세요.

단어	발음	의미
改正	かいせい	개정
催す		
報じる		
促す		
反響		
重宝		
趣旨		
検索		
釈明		
誇張		
誇大		
閲覧		
翻す		
途絶える		
朗報		
本筋		
冒頭		
暴露		
匿名		
錯誤		
広報		
脚本		
概説		

정답을 따라 접으면 답을 확인할 수 있어요.

✤ 한번 더 복습해 봅시다.

읽는 법과 뜻
☐ かいせい 개정
☐ もよおす 개최하다, 열다
☐ ほうじる 보도하다, 갚다
☐ うながす 재촉하다, 촉진하다
☐ はんきょう 반향, 반응
☐ ちょうほう 편리함, 요긴함
☐ しゅし 취지
☐ けんさく 검색
☐ しゃくめい 해명
☐ こちょう 과장
☐ こだい 과대
☐ えつらん 열람
☐ ひるがえす 뒤집다, 번복하다
☐ とだえる 끊어지다
☐ ろうほう 낭보, 기쁜 소식
☐ ほんすじ 줄거리, 본론
☐ ぼうとう 서두, 전제
☐ ばくろ 폭로
☐ とくめい 익명
☐ さくご 착오
☐ こうほう 홍보
☐ きゃくほん 각본
☐ がいせつ 개설

한자	발음	의미
改正	かいせい	개정
催す		
報じる		
促す		
反響		
重宝		
趣旨		
検索		
釈明		
誇張		
誇大		
閲覧		
翻す		
途絶える		
朗報		
本筋		
冒頭		
暴露		
匿名		
錯誤		
広報		
脚本		
概説		

DAY 13

과학과 기술

음성 듣기

얼마나
알고 있나요?

사전 체크

☐ 01 裏打ち	☐ 02 開拓	☐ 03 核	☐ 04 革新
☐ 05 化繊	☐ 06 鑑別	☐ 07 究極	☐ 08 駆使
☐ 09 向上	☐ 10 細工	☐ 11 細分化	☐ 12 錯覚
☐ 13 察知	☐ 14 酸化	☐ 15 磁気	☐ 16 遮断
☐ 17 習性	☐ 18 従来	☐ 19 手法	☐ 20 手腕
☐ 21 照合	☐ 22 新素材	☐ 23 進展	☐ 24 推測
☐ 25 推理	☐ 26 製造	☐ 27 装備	☐ 28 素材
☐ 29 耐久性	☐ 30 端末	☐ 31 燃焼	☐ 32 燃料
☐ 33 歪み	☐ 34 復元	☐ 35 沸騰	☐ 36 弊害
☐ 37 未知	☐ 38 臨床	☐ 39 冷却	☐ 40 惑星
☐ 41 ありふれる	☐ 42 築く	☐ 43 覆す	☐ 44 試みる
☐ 45 廃れる	☐ 46 混ざる	☐ 47 厳密	☐ 48 顕著

01
うら う
裏打ち
[명] [する] 뒷받침, 다른 측면에서의 보강

かれ りろん じっけんけっか うらう
彼の理論は実験結果に裏打ちされている。
그의 이론은 실험 결과로 뒷받침되고 있다.

유 うら
裏づけ 뒷받침, 증거

02
かいたく
開拓
[명] [する] 개척

ねんまえ あ とち かいたく むら
100年前に荒れた土地を開拓したことが、この村の
はじ
始まりだった。
100년 전에 황무지를 개척한 것이 이 마을의 시작이었다.

유 き ひら
切り開く 개척하다, 개간하다

03
かく
核
[명] 핵, 핵심, 주축

けんきゅう かく そざい
ダイヤモンドはこの研究の核となる素材だ。
다이아몬드는 이 연구의 핵심이 되는 소재이다.

04
かくしん
革新
[명] [する] 혁신

じんこうちのう ぎじゅつかくしん しんか めざ
人工知能の技術革新や進化は目覚ましいものがある。
인공 지능의 기술 혁신과 진화는 상당히 눈부시다.

05
か せん
化繊
[명] 화학 섬유

かせん ふく き はだ あ
化繊でできた服を着ると肌が荒れることがある。
화학 섬유로 만들어진 옷을 입으면 피부가 거칠어지는 경우가 있다.

06
かんべつ
鑑別
[명] [する] 감별

かんべつ
ひよこがオスなのか、メスなのかを鑑別した。
병아리가 수컷인지 암컷인지를 감별했다.

07
きゅうきょく
究極
🈔 궁극

か がくしゃ　きゅうきょく　もくひょう　か がく　しん ぽ　　　　かねもう
科学者の究極の目標は科学の進歩であり、金儲け
ではない。
과학자의 궁극의 목표는 과학의 진보이며, 돈벌이가 아니다.

08
く し
駆使
🈔 する 구사
(능숙하게 잘 다룸)

さいしん ぎ じゅつ　く し　　　　こわ
最新技術を駆使して、壊れたブラックボックスの
　　　　　ふくげん
データを復元した。
최신 기술을 구사해서 망가진 블랙박스의 데이터를 복원했다.

09
こうじょう
向上
🈔 する 향상

ぎ じゅつ　こうじょう　　　　　かんれん
技術の向上のために、関連するセミナーには
　　　　　さん か
なるべく参加するようにしている。
기술 향상을 위해, 관련된 세미나에는 가능한 한 참가하도록 하고 있다.

10
さい く
細工
🈔 する 세공, 농간, 잔꾀

かれ　　　　　いちばん き よう　　　ちい　　さい く　とく い
彼はクラスで一番器用で、小さな細工が得意だ。
그는 클래스에서 가장 재주가 있어 세밀한 세공을 잘한다.

11
さいぶん か
細分化
🈔 する 세분화

り けい　　けんきゅう　　　　　　　　　さいぶん か
理系の研究テーマはどんどん細分化されつつある。
이과의 연구 테마는 점점 세분화되고 있다.

12
さっかく
錯覚
🈔 する 착각

め　さっかく　り よう　　　　　　　　　　さくひん　にん き
目の錯覚を利用したトリックアートの作品が人気
です。
눈의 착각을 이용한 트릭 아트 작품이 인기입니다.

13
さっち
察知
명 する 헤아려 앎

うんてんしゃ　　き けん　　さっ ち　　とき　　じ どうてき
運転者が危険を察知した時、自動的にブレーキが
くるま　　かいはつ
かかる車が開発された。
운전자가 위험을 감지했을 때 자동적으로 브레이크가 걸리는 자동차
가 개발되었다.

14
さん か
酸化
명 する 산화

さん か　　あぶら　　からだ　　わる　　　　りょう り　　つか
酸化した油は体に悪いから、料理に使ってはいけな
い。
산화된 기름은 몸에 나쁘기 때문에 요리에 사용해서는 안 된다.

15
じ　き
磁気
명 자기

じ き ふ りょう
クレジットカードが磁気不良になり、使えなくなっ
つか
た。
신용 카드가 자기(자성) 불량이 되어 사용할 수 없게 되었다.

16
しゃだん
遮断
명 する 차단

じっけん　　　　　　　　でん ぱ　　しゃだん
実験のために、電波を遮断した。
실험을 위해 전파를 차단했다.

17
しゅうせい
習性
명 습성, 습관

わたし　　ながねん　　　どうぶつ　　しゅうせい　　　　　　けんきゅう
私は長年、動物の習性について研究してきた。
나는 오랫동안 동물의 습성에 대해 연구해 왔다.

18
じゅうらい
従来
명 종래

あたら　　　　　　　　　　　じゅうらい　　　　　　　よ やく　　　　　　じ かん
新しいシステムは従来のものより予約にかかる時間
みじか
が短い。
새 시스템은 종래의 것보다 예약에 걸리는 시간이 짧다.

19

しゅほう
手法

명 수법, 기법, 기교

この皿は伝統的な手法を用いて作られました。
이 접시는 전통적인 기법을 사용하여 만들어졌습니다.

유 技法 기법

20

しゅわん
手腕

명 수완

会社の成長は経営者の手腕にかかっている。
회사의 성장은 경영자의 수완에 달려 있다.

유 手際 솜씨, 수완, 수법

21

しょうごう
照合

명 する 조합, 대조하여
확인함

保安のため、事前に登録した指紋の照合を行って
からご使用になれます。
보안을 위해 사전에 등록한 지문 대조를 한 후 사용하실 수 있습니다.

22

しん そ ざい
新素材

명 신소재

これは、プラスチックに似ている新素材です。
이것은 플라스틱과 비슷한 신소재입니다.

23

しんてん
進展

명 する 진전

この研究は長い間進展がないので、研究費が減らさ
れた。
이 연구는 오랫동안 진전이 없기 때문에 연구비가 삭감되었다.

24

すいそく
推測

명 する 추측

科学者たちはこの辺りに昔の都市が眠っていると
推測している。
과학자들은 이 주변에 옛 도시가 잠들어 있다고 추측하고 있다.

25
すいり
推理
🔲 **する** 추리

彼は物理学者だった自身の経験を生かして推理小説を書いている。

그는 물리학자였던 자신의 경험을 살려 추리 소설을 쓰고 있다.

26
せいぞう
製造
🔲 **する** 제조

うちの会社ではスマホのケースを製造している。

우리 회사에서는 스마트폰 케이스를 제조하고 있다.

27
そうび
装備
🔲 **する** 장비

山に登る時は、事故を防ぐためにそれなりの装備が必要だ。

산에 올라갈 때는 사고를 방지하기 위해 그에 맞는 장비가 필요하다.

28
そざい
素材
🔲 소재

この素材は軽くて丈夫なため、注目されている。

이 소재는 가볍고 튼튼해서 주목받고 있다.

29
たいきゅうせい
耐久性
🔲 내구성

家電製品は、発売前に耐久性のテストをしている。

가전제품은 발매 전에 내구성 테스트를 하고 있다.

30
たんまつ
端末
🔲 단말

同じアカウントでログインすると、別の端末でもサービスを利用できます。

같은 계정으로 로그인 하면, 다른 단말기에서도 서비스를 이용할 수 있습니다.

31
ねんしょう
燃焼
명 する 연소

ガスが燃焼するには十分な酸素が必要だ。
가스가 연소하려면 충분한 산소가 필요하다.

32
ねんりょう
燃料
명 연료, 땔감

車の燃料としては主にガソリンが使われる。
차의 연료로는 주로 가솔린이 사용된다.

33
ひず
歪み
명 (물리적·정책적) 비뚤어짐,
일그러짐, 뒤틀림

地震の原因はプレートの歪みだと言われている。
지진의 원인은 플레이트(지판)의 뒤틀림이라고 일컬어지고 있다.

＋ 歪み (물리적·심리적) 비뚤어짐, 일그러짐

34
ふくげん
復元
명 する 복원

現在知られている恐竜の姿は、化石を基に予想した
復元例に過ぎない。
현재 알려져 있는 공룡의 모습은 화석을 토대로 예상한 복원 예에 불
과하다.

35
ふっとう
沸騰
명 する
비등,
(물 등 액체가) 끓어 오름

水は100度で沸騰する。
물은 100℃에서 끓는다.

유 沸く 끓다

36
へいがい
弊害
명 폐해, 해

IT技術の発達による弊害はかなり多いとされている。
IT 기술의 발달에 따른 폐해는 꽤 많다고 여겨지고 있다.

37

みち
未知

명 미지

世界にはまだ発見されていない未知の生物がいる。
세상에는 아직 발견되지 않은 미지의 생물이 있다.

반 既知 기지(이미 알고 있음)

38

りんしょう
臨床

명 임상

臨床検査の結果を見て、今後の治療のことを考えましょう。
임상 검사 결과를 보고 앞으로의 치료에 대해 생각합시다.

39

れいきゃく
冷却

명 する 냉각

形が整ってから、こちらの冷却装置で冷やすと製品の完成です。
형태가 잡힌 후 이쪽의 냉각 장치로 식히면 제품 완성입니다.

40

わくせい
惑星

명 혹성, 행성

研究者がまた新しい惑星を発見したそうだ。
연구자가 또 새로운 행성을 발견했다고 한다.

41

ありふれる

동 흔하다, 신기하지 않다

彼女はありふれた材料だけでその場でラジオを作って見せた。
그녀는 흔한 재료만으로 그 자리에서 라디오를 만들어 보였다.

42

きず
築く

동 쌓다, 구축하다,
쌓아 올리다

現場では新しいシステムを築くためにみんなで頑張っている。
현장에서는 새로운 시스템을 구축하기 위해 다 함께 노력하고 있다.

43
くつがえ
覆す
동 뒤집다, 뒤집어 엎다

彼の論文の内容は今までの常識を 覆 すものだった。
그의 논문 내용은 지금까지의 상식을 뒤엎는 것이었다.

＋ 覆う 덮다, 씌우다, 막다

44
こころ
試みる
동 시험해 보다, 시도하다

宇宙船の中で植物を育てることを試みた。
우주선 안에서 식물을 키우는 것을 시도해 보았다.

유 試す (기능·성능 등을) 시험해 보다, 실제로 해 보다

45
すた
廃れる
동 사용하지 않게 되다, 한물가다, 쇠퇴하다

インターネットの発達により、廃れてしまった産業が多々ある。
인터넷의 발달로 인해 쇠퇴해 버린 산업이 많이 있다.

46
ま
混ざる
동 섞이다

この物質は水に混ざると硬くなる。
이 물질은 물에 섞이면 딱딱해진다.

타 混ぜる 섞다
유 混じる 섞이다, 그룹에 끼이다

47
げんみつ
厳密
ナ 엄밀

次回は数値を洗い出し、厳密に検討します。
다음 번에는 수치를 철저히 확인하여 엄밀히 검토하겠습니다.

48
けんちょ
顕著
ナ 현저

強度の実験では、材料の価格による差が顕著に表れた。
강도 실험에서는 재료의 가격에 따른 차이가 현저하게 나타났다.

1 해당 어휘의 읽는 법을 찾고, 빈칸에 그 의미를 써 넣으세요.

보기 学生	Ⓥ がくせい	② がっせい	학생

(1) 察知   ① さつじ   ② さっち   _____

(2) 廃れる   ① すたれる   ② のがれる   _____

(3) 推理   ① すいり   ② すうり   _____

(4) 覆す   ① おびやかす   ② くつがえす   _____

(5) 錯覚   ① さっかく   ② さつがく   _____

2 문맥에 맞는 단어를 보기에서 골라 알맞은 형태로 바꾸어 써 넣으세요.

(6) 彼女は(　　　　　)材料だけでその場でラジオを作って見せた。

(7) 100年前に荒れた土地を(　　　　　)ことが、この村の始まりだった。

(8) 水は100度で(　　　　　)する。

(9) 最新技術を(　　　　　)て、壊れたブラックボックスのデータを復元した。

(10) 強度の実験では、材料の価格による差が(　　　　　)表れた。

보기	開拓	ありふれる	沸騰	駆使	顕著

✂ 단어를 보고 발음과 의미를 적어 보세요.

단어	발음	의미
改正	かいせい	개정
細工		
究極		
臨床		
弊害		
遮断		
錯覚		
鑑別		
裏打ち		
燃焼		
素材		
推理		
照合		
酸化		
察知		
革新		
端末		
耐久性		
惑星		
沸騰		
装備		
推測		
手腕		

선을 따라 접으면 답을 확인할 수 있어요.

✖ 한번 더 복습해 봅시다.

읽는 법과 뜻	한자	발음	의미
かいせい 개정	예 改正	かいせい	개정
さいく 세공, 잔꾀	細工		
きゅうきょく 궁극	究極		
りんしょう 임상	臨床		
へいがい 폐해, 해	弊害		
しゃだん 차단	遮断		
さっかく 착각	錯覚		
かんべつ 감별	鑑別		
うらうち 뒷받침	裏打ち		
ねんしょう 연소	燃焼		
そざい 소재	素材		
すいり 추리	推理		
しょうごう 조합, 대조	照合		
さんか 산화	酸化		
さっち 헤아려 앎	察知		
かくしん 혁신	革新		
たんまつ 단말	端末		
たいきゅうせい 내구성	耐久性		
わくせい 혹성, 행성	惑星		
ふっとう 비등, 물이 끓음	沸騰		
そうび 장비	装備		
すいそく 추측	推測		
しゅわん 수완, 솜씨	手腕		

음성듣기

DAY 14

사건 · 사고와 대처

얼마나
알고 있나요?

사전 체크

- [ ] **01** 監視
- [ ] **02** 偽造
- [ ] **03** 救援
- [ ] **04** 禁物
- [ ] **05** 愚痴
- [ ] **06** 欠如
- [ ] **07** 強盗
- [ ] **08** 根源
- [ ] **09** 始末
- [ ] **10** 衝突
- [ ] **11** 仕業
- [ ] **12** 捜査
- [ ] **13** 騒動
- [ ] **14** 遭難
- [ ] **15** 台無し
- [ ] **16** 被災
- [ ] **17** 人質
- [ ] **18** 不審
- [ ] **19** 物騒
- [ ] **20** 防災
- [ ] **21** 暴動
- [ ] **22** 密輸
- [ ] **23** 無断
- [ ] **24** 闇
- [ ] **25** 誘導
- [ ] **26** 暴れる
- [ ] **27** 傷める
- [ ] **28** 犯す
- [ ] **29** 陥る
- [ ] **30** 脅す
- [ ] **31** 及ぼす
- [ ] **32** 貶す
- [ ] **33** 遮る
- [ ] **34** 妨げる
- [ ] **35** しくじる
- [ ] **36** 凌ぐ
- [ ] **37** 備える
- [ ] **38** 絶える
- [ ] **39** 練る
- [ ] **40** 葬る
- [ ] **41** 免れる
- [ ] **42** もくろむ
- [ ] **43** もめる
- [ ] **44** 歪む
- [ ] **45** 揺らぐ
- [ ] **46** 夥しい
- [ ] **47** 目覚ましい
- [ ] **48** 速やか

01
かんし
監視
명 する 감시

そのビルには24時間作動する監視カメラが設置されている。

그 빌딩에는 24시간 작동하는 감시 카메라가 설치되어 있다.

02
ぎぞう
偽造
명 する 위조

身分証を偽造して開設した口座が犯罪に使われた。

신분증을 위조하여 개설한 계좌가 범죄에 사용되었다.

＋ 偽る 속이다

03
きゅうえん
救援
명 する 구원

救援物資が届くまで、水だけで耐えるしかなかった。

구호물자가 도착할 때까지 물만으로 견딜 수밖에 없었다.

04
きんもつ
禁物
명 금물

全てが終わるまで油断は禁物だ。

모든 것이 끝날 때까지 방심은 금물이다.

05
ぐち
愚痴
명 푸념

愚痴をこぼす暇があるなら手を動かせ。

푸념할 틈이 있으면 손을 움직여(일을 해).

06
けつじょ
欠如
명 する 결여

壊れた階段を放っておくなんて、危機感が欠如している。

부서진 계단을 방치하다니, 위기감이 결여되어 있다.

＋ 欠陥 결함

07
ごうとう
強盗
명 강도

銀行に強盗が入り、1億円が盗まれる事件が起きました。

은행에 강도가 들어 1억 엔을 도난당하는 사건이 일어났습니다.

＋ 盗難 도난

08
こんげん
根源
명 근원, 근본

この作品の中の悪の根源は主人公の弟である。

이 작품 속 악의 근원은 주인공의 남동생이다.

유 源 근원, 기원

09
しまつ
始末
명 する (나쁜) 결과,
꼴, 처리

事故を起こして車の修理代がかかった上、反則金まで取られる始末だった。

사고를 내서 차 수리비가 든 데다가, 벌칙금까지 내게 되었다.

10
しょうとつ
衝突
명 する 충돌

バスとトラックの衝突事故で3人のけが人が出た。

버스와 트럭의 충돌 사고로 세 명의 부상자가 나왔다.

11
し わざ
仕業
명 소행, 짓

誰の仕業か分からないが、ひどいことをするものだ。

누구의 소행인지 모르겠지만 심한 짓을 하는구나.

12
そう さ
捜査
명 する 수사

警察が懸命に捜査したにも関わらず、犯人は捕まらなかった。

경찰이 열심히 수사했음에도 불구하고 범인은 잡히지 않았다.

＋ 操作 조작

13
そうどう
騒動

名 소동

今回の騒動について、今日、記者会見が行われる。
이번 소동에 대해서 오늘 기자 회견이 열린다.

14
そうなん
遭難

名 する 조난

雪山で遭難したが、何とか下山することができた。
눈 덮힌 산에서 조난 당했지만 간신히 하산할 수 있었다.

15
だい な
台無し

名 ナ 엉망이 됨, 허사

ネットで記事が出てしまって、今までの捜査が
台無しになった。
인터넷으로 기사가 나와 버려서 지금까지의 수사가 허사가 되었다.

16
ひ さい
被災

名 する 재해(피해)를 입음

地震の被災地には全国から支援物資が送られてきた。
지진의 피해지에는 전국으로부터 지원(구호) 물자가 보내져 왔다.

17
ひとじち
人質

名 인질, 볼모

強盗事件で人質になっていた人々が無事解放された。
강도 사건에서 인질이 되어 있던 사람들이 무사히 풀려났다.

18
ふ しん
不審

名 ナ 수상함, 의심스러움

警察官は不審な行動をしている男に話しかけた。
경찰관은 수상한 행동을 하고 있는 남자에게 말을 걸었다.

19

ぶっそう
物騒

명 ナ 뒤숭숭함,
　　위험한 상태

この頃、物騒な事件が多すぎる。
요즘 뒤숭숭한 사건이 너무 많다.

20

ぼうさい
防災

명 방재(재해 방지)

一人一人が防災意識を向上させるべきだ。
한 사람 한 사람이 재해 방지 의식을 향상시켜야 한다.

21

ぼうどう
暴動

명 폭동

あの国は暴動事件が起き、渡航禁止国となった。
저 나라는 폭동 사건이 일어나 도항(여행) 금지국이 되었다.

22

みつゆ
密輸

명 する 밀수

偽のブランド品を密輸した容疑で30代の女性が逮捕
された。
모조 명품을 밀수한 혐의로 30대 여성이 체포되었다.

23

むだん
無断

명 무단

相手の許可なしに無断で録音したものは証拠能力が
ない。
상대방의 허가 없이 무단으로 녹음한 것은 증거 능력이 없다.

24

やみ
闇

명 어둠

この事件の真実はまだ闇に閉ざされたままだ。
이 사건의 진실은 아직 어둠 속에 갇힌 채이다.

25
ゆうどう
誘導
명 する 유도

事故の現場で警官が交通誘導をしていた。
사고 현장에서 경찰관이 교통 유도를 하고 있었다.

➕ 導く 이끌다

26
あば
暴れる
동 난폭하게 굴다, 날뛰다

電車の中で暴れていた男が警察に取り押さえられた。
전철 안에서 난폭하게 굴던 남자가 경찰에게 붙잡혔다.

27
いた
傷める
동 흠내다, 상하게 하다,
다치다

引っ越しの際に家具を乱暴に扱って傷めてしまった。
이사할 때 가구를 난폭하게 다루어서 흠집을 내 버렸다.

28
おか
犯す
동 범하다, 저지르다

罪を犯した者はその罪を償わなければならない。
죄를 지은 자는 그 죄를 속죄하지 않으면 안 된다.

29
おちい
陥る
동 빠지다, 빠져들다

彼はパニックに陥って正常な判断ができなかった。
그는 패닉에 빠져 정상적인 판단을 할 수 없었다.

30
おど
脅す
동 위협하다, 으르다,
협박하다(직접적)

政府は犯人がいくら脅しても屈しなかった。
정부는 범인이 아무리 위협해도 굴하지 않았다.

🔗 脅かす 위협하다, 위태롭게 하다(간접적)

31
およ
及ぼす
图 미치다(일으키다), 끼치다

その地震は町に大きな被害を及ぼした。
그 지진은 마을에 큰 피해를 끼쳤다.

32
けな
貶す
图 폄하하다, 깎아내리다,
비방하다

理由もなく人を貶してはいけない。
이유도 없이 사람을 비방해서는 안 된다.

반 褒める 칭찬하다

33
さえぎ
遮る
图 가리다, (가로)막다

工事が終わり、視界を遮るものは何もなくなった。
공사가 끝나서 시야를 방해하는 것은 아무것도 없어졌다.

34
さまた
妨げる
图 방해하다, 지장을 주다

フェイクニュースが多すぎて捜査を妨げている。
거짓 뉴스가 너무 많아 수사를 방해하고 있다.

35
しくじる
图 실패하다, 실수하다

大事な契約でしくじって、会社に大きな損害をもたらした。
중요한 계약에서 실수해서 회사에 큰 손해를 초래했다.

유 失敗 실패

36
しの
凌ぐ
图 참고 견디다, 헤쳐 나가다

遭難した彼は、雨水を飲んで飢えを凌いだ。
조난 당한 그는 빗물을 마시며 굶주림을 견뎠다.

37
そな
備える

[동] 대비하다, 준비하다,
구비하다, 마련하다

地震に備えて、水や缶詰を買いだめしておいた。
지진에 대비하여 물이랑 통조림을 사재기 해 두었다.

38
た
絶える

[동] 끊어지다, 끊기다

友達の家はいつも笑いが絶えない。
친구네 집은 늘 웃음이 끊이지 않는다.

39
ね
練る

[동] 다듬다, (계획을) 짜다,
반죽하다

事故の原因を知ることで対策を練ることができる。
사고의 원인을 아는 것으로, 대책을 강구할 수 있다.

40
ほうむ
葬る

[동] 매장하다, 숨기다

容疑者の失踪で事件の真相は闇に葬られたままだ。
용의자의 실종으로 사건의 진상은 어둠에 묻힌 채이다.

41
まぬか   まぬが
免れる・免れる

[동] (모)면하다, 피하다

いつもより早く出勤したので、電車の事故を免れた。
평소보다 빨리 출근했기 때문에 전철 사고를 피했다.

42
もくろむ

[동] 계획하다, 기도하다,
꾀하다

ひと儲けしようともくろんで、海外へ進出したが
失敗した。
한밑천 잡으려 계획하고 해외에 진출했지만 실패했다.

[유] 企てる 꾀하다, 시도하다   計画 계획

43
もめる
동 옥신각신하다,
분쟁이 일어나다

契約は未だに予算でもめていて、決着がつきそうに
ない。
계약은 아직까지 예산 문제로 옥신각신하고 있어서 결말이 날 것
같지 않다.

44
ゆが
歪む
동 비뚤어지다, 일그러지다

骨折して、顔が歪むほどの激痛に悩まされた。
뼈가 부러져서 얼굴이 일그러질 정도의 극심한 고통에 시달렸다.

45
ゆ
揺らぐ
동 요동하다, 흔들리다

今回の事件で政府への信頼が揺らぎはじめた。
이번 사건으로 정부에 대한 신뢰가 흔들리기 시작했다.

타 揺るがす 흔들다, 동요하다

46
おびただ
夥しい
イ 엄청나다,
(수량이) 매우 많다

事故の被害者は夥しく出血しており、急いで病院に
運ばれた。
사고 피해자는 엄청나게 피를 흘리고 있어서 서둘러 병원으로 옮겨졌
다.

47
めざ
目覚ましい
イ 눈부시다, 놀랍다

被害者は回復が目覚ましく、直接証人になって証言
してくれた。
피해자는 회복이 빨라서, 직접 증인이 되어 증언해 주었다.

48
すみ
速やか
ナ 빠름, 신속함

速やかに対応させていただきます。
신속하게 대응하도록 하겠습니다.

유 素早い 재빠르다

1 해당 어휘의 읽는 법을 찾고, 빈칸에 그 의미를 써 넣으세요.

보기	学生	ⓥ がくせい	② がっせい	학생

(1) 夥しい　　①めざましい　②おびただしい　＿＿＿＿＿＿＿＿

(2) 仕業　　①しわざ　　②しぎょう　＿＿＿＿＿＿＿＿

(3) 誘導　　①ゆどう　　②ゆうどう　＿＿＿＿＿＿＿＿

(4) 遮る　　①ふさげる　　②さえぎる　＿＿＿＿＿＿＿＿

(5) 練る　　①ねる　　②はる　＿＿＿＿＿＿＿＿

2 문맥에 맞는 단어를 보기 에서 골라 알맞은 형태로 바꾸어 써 넣으세요.

(6) ひと儲けしようと（　　　　）で、海外へ進出したが失敗した。

(7) 理由もなく人を（　　　　）はいけない。

(8) 今回の事件で政府への信頼が（　　　　）はじめた。

(9) 雪山で（　　　　）が、何とか下山することができた。

(10) 被害者は回復が（　　　　）く、直接証人になって証言してくれた。

보기	貶す　　目覚ましい　　遭難する　　揺らぐ　　もくろむ

단어 퀴즈

✖ 단어를 보고 발음과 의미를 적어 보세요.

단어	발음	의미
改正	かいせい	개정
凌ぐ		
妨げる		
遮る		
物騒		
愚痴		
禁物		
目覚ましい		
揺らぐ		
犯す		
夥しい		
脅す		
仕業		
衝突		
根源		
強盗		
欠如		
偽造		
速やか		
葬る		
絶える		
及ぼす		
傷める		

설명을 따라 접으면 답을 확인할 수 있어요.

✽ 한번 더 복습해 봅시다.

읽는 법과 뜻
☐ かいせい 개정
☐ しのぐ 참고 견디다
☐ さまたげる 방해하다
☐ さえぎる 가리다, (가로) 막다
☐ ぶっそう 뒤숭숭함
☐ ぐち 푸념
☐ きんもつ 금물
☐ めざましい 눈부시다, 놀랍다
☐ ゆらぐ 요동하다
☐ おかす 범하다, 저지르다
☐ おびただしい 엄청나다
☐ おどす 위협하다
☐ しわざ 소행, 짓
☐ しょうとつ 충돌
☐ こんげん 근원, 근본
☐ ごうとう 강도
☐ けつじょ 결여
☐ ぎぞう 위조
☐ すみやか 빠름, 신속함
☐ ほうむる 매장하다
☐ たえる 끊어지다
☐ およぼす 미치다, 끼치다
☐ いためる 흠내다

한자	발음	의미
예 改正	かいせい	개정
凌ぐ		
妨げる		
遮る		
物騒		
愚痴		
禁物		
目覚ましい		
揺らぐ		
犯す		
夥しい		
脅す		
仕業		
衝突		
根源		
強盗		
欠如		
偽造		
速やか		
葬る		
絶える		
及ぼす		
傷める		

DAY 15

경제생활과 산업 (1)

얼마나
알고 있나요?

사전 체크

- [ ] 01 安価
- [ ] 02 一括
- [ ] 03 開業
- [ ] 04 格段
- [ ] 05 為替
- [ ] 06 兆し
- [ ] 07 工面
- [ ] 08 交易
- [ ] 09 交渉
- [ ] 10 光熱費
- [ ] 11 財政
- [ ] 12 殺到
- [ ] 13 資産
- [ ] 14 品揃え
- [ ] 15 資本
- [ ] 16 収支
- [ ] 17 出費
- [ ] 18 所有
- [ ] 19 精算
- [ ] 20 大金
- [ ] 21 多額
- [ ] 22 徴収
- [ ] 23 手薄
- [ ] 24 突破
- [ ] 25 問屋
- [ ] 26 納入
- [ ] 27 波及
- [ ] 28 繁盛
- [ ] 29 不利益
- [ ] 30 返済
- [ ] 31 膨張
- [ ] 32 持ち主
- [ ] 33 ゆとり
- [ ] 34 利潤
- [ ] 35 零細
- [ ] 36 値する
- [ ] 37 営む
- [ ] 38 上回る
- [ ] 39 嵩む
- [ ] 40 裂ける
- [ ] 41 蓄える
- [ ] 42 投じる
- [ ] 43 放る
- [ ] 44 賄う
- [ ] 45 儲かる
- [ ] 46 等しい
- [ ] 47 終始
- [ ] 48 やたら

01 あんか **安価** 명 ナ 싼값, 염가	<ruby>服<rt>ふく</rt></ruby> <ruby>安価<rt>あんか</rt></ruby> <ruby>生地<rt>きじ</rt></ruby> <ruby>使<rt>つか</rt></ruby> この服は安価な生地を使っている。 이 옷은 값싼 옷감을 썼다. 반 <ruby>高価<rt>こうか</rt></ruby> 고가	

02 いっかつ **一括** 명 する 일괄	<ruby>万円<rt>まんえん</rt></ruby> <ruby>一括払<rt>いっかつばら</rt></ruby> <ruby>買<rt>か</rt></ruby> 20万円のパソコンを一括払いで買いました。 20만 엔의 컴퓨터를 일시불로 샀습니다. ＋ 〜<ruby>回払<rt>かいばら</rt></ruby>い 〜개월 할부

03 かいぎょう **開業** 명 する 개업, 영업하고 있음	<ruby>彼<rt>かれ</rt></ruby> <ruby>資金<rt>しきん</rt></ruby> <ruby>貯<rt>た</rt></ruby> <ruby>新<rt>あたら</rt></ruby> <ruby>店<rt>みせ</rt></ruby> <ruby>開業<rt>かいぎょう</rt></ruby> 彼は資金を貯めて、新しい店を開業した。 그는 자금을 모아 새로운 가게를 개업했다. ＋ <ruby>開業中<rt>かいぎょうちゅう</rt></ruby> 영업 중

04 かくだん **格段** 명 ナ 현격함	<ruby>店<rt>みせ</rt></ruby> <ruby>改装後<rt>かいそうご</rt></ruby> <ruby>格段<rt>かくだん</rt></ruby> <ruby>客<rt>きゃく</rt></ruby> <ruby>増<rt>ふ</rt></ruby> 店の改装後、格段にお客さんが増えた。 가게 내부 수리 후, 현격하게 손님이 늘었다. 유 <ruby>大幅<rt>おおはば</rt></ruby> 대폭 <ruby>段違<rt>だんちが</rt></ruby>い 매우 다름, 현격한 차이

05 かわせ **為替** 명 환, 외환	<ruby>為替<rt>かわせ</rt></ruby> <ruby>変動<rt>へんどう</rt></ruby> <ruby>経済<rt>けいざい</rt></ruby> <ruby>大<rt>おお</rt></ruby> <ruby>影響<rt>えいきょう</rt></ruby> <ruby>及<rt>およ</rt></ruby> 為替レートの変動が経済に大きな影響を及ぼす。 환율의 변동이 경제에 커다란 영향을 끼친다.

06 きざ **兆し** 명 조짐, 징조, 전조	<ruby>今年<rt>ことし</rt></ruby> <ruby>入<rt>はい</rt></ruby> <ruby>経済回復<rt>けいざいかいふく</rt></ruby> <ruby>兆<rt>きざ</rt></ruby> <ruby>見<rt>み</rt></ruby> 今年に入って経済回復の兆しが見えてきた。 올해 들어 경제 회복의 조짐이 보이기 시작했다.

07
く めん
工面
[명] [する] 돈 마련, 주머니
사정, 수입 형편

なん　　かね　く めん　　　　　　　せいこう
何とか金を工面するのに成功してホッとした。
간신히 돈을 융통하는 데에 성공하여 한숨 돌렸다.

08
こうえき
交易
[명] [する] 교역, 무역

ゆ にゅう　さい　こうえきじょうけん　　み なお
輸入の際の交易条件は見直すべきだ。
수입 시의 교역 조건은 재고해야만 한다.

09
こうしょう
交渉
[명] [する] 교섭, 협상

ろうどうじょうけん　　　　こうしょう　けつれつ
労働条件をめぐる交渉が決裂した。
노동 조건을 둘러싼 교섭이 결렬되었다.

10
こうねつ ひ
光熱費
[명] 광열비

ふゆ　こうねつ ひ　かさ　　せいかつ　あっぱく
冬は光熱費が嵩み、生活を圧迫する。
겨울에는 광열비가 늘어나서 생활을 압박한다.

11
ざいせい
財政
[명] 재정

ざいせいなん　　よ さん　つぎつぎけず
このところ財政難で、予算が次々削られている。
최근에 재정난으로 예산이 잇따라 삭감되고 있다.

12
さっとう
殺到
[명] [する] 쇄도

ふく　たいへん　にんき　　ちゅうもん　さっとう
この服は大変な人気で、注文が殺到している。
이 옷은 상당한 인기라서 주문이 쇄도하고 있다.

13
しさん
資産
명 자산

最近、知人の多くが投資などの資産運用をしている。
최근 대부분의 지인이 투자 등의 자산 운용을 하고 있다.

14
しなぞろえ
品揃え
명 상품을 고루 갖춤,
상품의 구색

店舗により品揃えが異なる場合がございます。
점포에 따라 상품 종류가 다른 경우가 있습니다.

15
しほん
資本
명 자본

たった100万円の資本金で始めた会社が大企業になった。
고작 100만 엔의 자본금으로 시작한 회사가 대기업이 되었다.

16
しゅうし
収支
명 수지, 수입과 지출

あの会社は儲かっているように見えるが、収支の
バランスが良くない。
저 회사는 벌이가 좋은 것처럼 보이지만, 수지의 균형이 좋지 않다.

17
しゅっぴ
出費
명 する 출비, 지출

予想外の出費が嵩んで、しばらく節約しなければ
ならない。
예상 밖의 지출이 늘어나서 당분간 절약하지 않으면 안 된다.

18
しょゆう
所有
명 する 소유

祖父は大阪にビルを4つも所有している。
할아버지는 오사카에 빌딩을 4개나 소유하고 있다.

19
せいさん
精算
名 する 정산

でんしゃ お のりこしうんちん せいさん
電車から降りて、乗越運賃を精算した。
전철에서 내려서 초과 운임을 정산했다.

20
たいきん
大金
名 대금, 큰돈

たいきん ひと せいかく じんせい か
大金は人の性格や人生まで変えてしまう。
큰돈은 사람의 성격이나 인생까지 바꿔 버린다.

21
た がく
多額
名 ナ 다액, 고액,
액수가 많음

た がく とうし み むす
多額の投資がついに実を結んだ。
고액 투자가 마침내 결실을 맺었다.

22
ちょうしゅう
徴収
名 する 징수

ねんかいひ ご じつちょうしゅう
年会費は後日徴収させていただきます。
연회비는 후일 징수하도록 하겠습니다.

23
て うす
手薄
名 ナ 일손이 적음, 허술함,
불충분함

しきち ひろ きたがわ で い ぐち けいび て うす
敷地が広いため、北側の出入り口の警備が手薄に
なっている。
부지가 넓어서 북쪽 출입구의 경비가 허술해져 있다.

24
とっぱ
突破
名 する 돌파

こんげつ みせ う あ まんえん とっぱ
今月の店の売り上げが1,000万円を突破した。
이번 달 가게의 매상이 천만 엔을 돌파했다.

25
とんや
問屋
名 도매상

これは問屋から直接買ったため、とても安かった。
이것은 도매상에게 직접 샀기 때문에 굉장히 저렴했다.

反 小売 소매

26
のうにゅう
納入
名 する 납입

大学の授業料を納入した。
대학 수업료를 납입했다.

類 納める 납입하다, 납부하다

27
はきゅう
波及
名 する 파급

政府は万博の開催による経済波及効果はおよそ
2兆円と見ている。
정부는 엑스포 개최에 따른 경제 파급 효과는 대략 2조 엔으로 보고
있다.

28
はんじょう
繁盛
名 する 번성, 번창

この店は毎日客がたくさん来て、繁盛している。
이 가게는 매일 손님이 많이 와서 번창하고 있다.

類 繁栄 번영

29
ふりえき
不利益
名 ナ 불이익, 불리, 손해

我が社にとって不利益な取引をさせられた。
우리 회사에 있어서 손해인 거래를 하게 되었다.

30
へんさい
返済
名 する 변제, 변상

借金の返済期限が迫っているが、払えそうもない。
빚의 변제 기한이 다가오고 있지만, 갚을 수 있을 것 같지 않다.

31
ぼうちょう
膨張

名 する 팽창, 부피나 수량이 늘어남

くに　よさん　ぼうちょう　いっぽう
国の予算は膨張する一方だ。
국가 예산은 늘어나기만 한다.

32
も　ぬし
持ち主

名 주인, 소유자

こうえん　はっけん　　げんきん　まんえん　も　ぬし　あらわ
公園で発見された現金300万円の持ち主はまだ現れていない。
공원에서 발견된 현금 300만 엔의 주인은 아직 나타나지 않고 있다.

33
ゆとり

名 여유

ろうご　おく　　　せつやく　はじ
ゆとりのある老後を送るために、節約を始めた。
여유 있는 노후를 보내기 위해서 절약을 시작했다.

유 余裕 여유

34
り　じゅん
利潤

名 이윤

り じゅん あ　　　　　　　　　へ　ひつよう
利潤を上げるには、コストを減らす必要がある。
이윤을 올리기 위해서는 원가를 줄일 필요가 있다.

유 儲け 벌이, 이익

35
れいさい
零細

名 ナ 영세

れいさい　けいえい　つづ　　　　　　けっきょくとうさん
零細な経営を続けてきたが、結局倒産してしまった。
영세 경영을 계속해 왔지만, 결국 도산하고 말았다.

36
あたい
値する

동 값을 하다, 가치가 있다

ほうせき　げんきん　かんさん　　おくえん　あたい
この宝石は現金に換算すると1億円に値する。
이 보석은 현금으로 환산하면 1억 엔의 가치가 있다.

37
いとな
営む
동 경영하다, 영위하다

わたし　りょうしん　じもと　ちい　のうじょう　いとな
私の両親は地元で小さい農場を営んでいる。
내 부모는 우리 지역(고향)에서 작은 농장을 경영하고 있다.

38
うわまわ
上回る
동 상회하다, 웃돌다

ことし　う　あ　さくねん　うわまわ　みこ
今年の売り上げは昨年より上回る見込みだ。
올해의 매상은 작년보다 웃돌 전망이다.

반 したまわ
下回る 하회하다, 밑돌다

ことし　う　あ　きょねん　したまわ　かいぎ　ふんいき
今年の売り上げが去年より下回り、会議の雰囲気が
よ
良くない。
올해 매출이 작년보다 밑돌아 회의 분위기가 좋지 않다.

39
かさ
嵩む
동 (부피가) 커지다,
(비용이) 늘어나다

こんげつ　がいしょく　おお　しょくひ　かさ
今月は外食が多く、食費が嵩んだ。
이번 달은 외식이 많아서 식비가 늘었다.

유 ふ
増える 늘다, 증가하다

40
さ
裂ける
동 찢어지다, 터지다,
갈라지다

ほっかいどうさん　さ　にんき　う　き
北海道産の裂けるチーズが人気で、売り切れになっ
ていた。
홋카이도산 찢어지는 치즈가 인기가 많아 품절되어 있었다.

타 さ
裂く 찢다, 쪼개다, 가르다

41
たくわ
蓄える
동 저장하다, 비축하다,
모으다

こども　しょうらい　かね　たくわ
子供の将来のために、お金を蓄えておいた。
아이의 장래를 위해서 돈을 모아 두었다.

42
とう
投じる
동 던지다, 집어넣다,
(비용을) 투입하다

ちち　あたら　しごと　はじ　ざいさん
父は新しい仕事を始めるために、財産のほとんどを
とう
投じた。
아버지는 새로운 일을 시작하기 위해서, 재산의 대부분을 투자했다.

43
ほう
放る
图 멀리 내던지다, 던지다,
단념하다

むすめ べんきょう ほう
娘は勉強は放っておいてアルバイトばかりしている。
우리 딸은 공부는 내팽겨쳐 두고 아르바이트만 하고 있다.

44
まかな
賄う
图 조달하다, 제공하다,
꾸려 가다

がく ひ はら せいかつ ひ つき まんえん まかな
学費を払うために、生活費は月5万円で賄っている。
학비를 내기 위해서 생활비는 한 달에 5만 엔으로 꾸려 가고 있다.

➕ まかな
賄い 음식점 등에서 직원에게 제공되는 식사

まかな めし ゆうめい せいしき
バイトの賄い飯が有名になって、正式メニューに
なった。
아르바이트 식사용 음식이 유명해져서 정식 메뉴가 되었다.

45
もう
儲かる
图 벌이가 되다, 득이 되다

かれ もう なん
彼は儲かりそうなら、とりあえず何でもやってみる。
그는 돈벌이가 될 것 같으면 일단 뭐든지 해 본다.

타 もう
儲ける 벌다, 덕을 보다

46
ひと
等しい
イ 같다, 동등하다

わたし かいしゃ ひと
私の会社のボーナスは、ほとんどないに等しい。
우리 회사의 보너스는 거의 없는 것과 마찬가지이다.

47
しゅう し
終始
부 명 내내, 줄곧, 시종,
처음과 끝

かのじょ きゃく しゅう し え がお せっきゃく
彼女はうるさい客にも終始笑顔で接客していた。
그녀는 까다로운 손님에게도 줄곧 웃는 얼굴로 접객하고 있었다.

48
やたら
부 ナ 함부로, 무턱대고,
마구, 몹시

はは かね つか くせ
母はいらないものにやたらにお金を使う癖がある。
엄마는 필요 없는 것에 무턱대고 돈을 쓰는 버릇이 있다.

さいきん ちゅう は みせ おお
最近「セール中」と貼ってあるお店がやたらと多い。
최근 '세일 중'이라고 붙은 가게가 매우 많다.

확인 문제

1 해당 어휘의 읽는 법을 찾고, 빈칸에 그 의미를 써 넣으세요.

보기	学生	ⓥ がくせい	② がっせい	학생

(1)	工面	① こうめん	② くめん	_____
(2)	兆し	① きざし	② しるし	_____
(3)	収支	① しゅし	② しゅうし	_____
(4)	安価	① あんか	② やすね	_____
(5)	蓄える	① たくわえる	② おびえる	_____

2 문맥에 맞는 단어를 보기 에서 골라 알맞은 형태로 바꾸어 써 넣으세요.

(6)　敷地が広いため、北側の出入り口の警備が(　　　　)なっている。

(7)　(　　　　)レートの変動が経済に大きな影響を及ぼす。

(8)　この宝石は現金に換算すると1億円に(　　　　)。

(9)　(　　　　)のある老後を送るために、節約を始めた。

(10)　この店は毎日客がたくさん来て、(　　　　)いる。

보기	為替　　手薄　　ゆとり　　繁盛　　値する

정답

(1) ② 돈 마련, 수입 형편　(2) ① 조짐, 징조　(3) ② 수지　(4) ① 싼값, 염가　(5) ① 저장하다, 비축하다
(6) 手薄(てうす)に　(7) 為替(かわせ)　(8) 値(あたい)する　(9) ゆとり　(10) 繁盛(はんじょう)して

단어 퀴즈

✖ 단어를 보고 발음과 의미를 적어 보세요.

단어	발음	의미
改正	かいせい	개정
蓄える		
格段		
殺到		
工面		
繁盛		
兆し		
等しい		
営む		
値する		
賄う		
安価		
零細		
利潤		
膨張		
返済		
波及		
手薄		
徴収		
収支		
品揃え		
交渉		
為替		

선을 따라 접으면 답을 확인할 수 있어요.

✂ 한번 더 복습해 봅시다.

읽는 법과 뜻		한자	발음	의미
☐	かいせい 개정	예 改正	かいせい	개정
☐	たくわえる 저장하다	蓄える		
☐	かくだん 현격함	格段		
☐	さっとう 쇄도	殺到		
☐	くめん 돈 마련	工面		
☐	はんじょう 번성, 번창	繁盛		
☐	きざし 조짐, 징조, 전조	兆し		
☐	ひとしい 같다, 동등하다	等しい		
☐	いとなむ 경영하다	営む		
☐	あたいする 가치가 있다	値する		
☐	まかなう 조달하다, 꾸려 가다	賄う		
☐	あんか 싼값, 염가	安価		
☐	れいさい 영세	零細		
☐	りじゅん 이윤	利潤		
☐	ぼうちょう 팽창	膨張		
☐	へんさい 변제, 변상	返済		
☐	はきゅう 파급	波及		
☐	てうす 일손이 적음, 허술함	手薄		
☐	ちょうしゅう 징수	徴収		
☐	しゅうし 수지	収支		
☐	しなぞろえ 상품을 고루 갖춤	品揃え		
☐	こうしょう 교섭	交渉		
☐	かわせ 환, 외환	為替		

경제생활과 산업 (2)

음성 듣기

얼마나
알고 있나요?

사전 체크

☐ 01 幾分	☐ 02 内訳	☐ 03 おまけ	☐ 04 確保
☐ 05 勘定	☐ 06 希少	☐ 07 原価	☐ 08 好機
☐ 09 好転	☐ 10 購入	☐ 11 採算	☐ 12 最良
☐ 13 資金	☐ 14 質素	☐ 15 収益	☐ 16 終息
☐ 17 出品	☐ 18 消費税	☐ 19 進呈	☐ 20 相場
☐ 21 滞納	☐ 22 単価	☐ 23 停滞	☐ 24 手ごろ
☐ 25 動向	☐ 26 富	☐ 27 共稼ぎ	☐ 28 排除
☐ 29 配当	☐ 30 破産	☐ 31 負債	☐ 32 報酬
☐ 33 名義	☐ 34 融通	☐ 35 利子	☐ 36 利息
☐ 37 浪費	☐ 38 有り余る	☐ 39 潤う	☐ 40 奢る
☐ 41 構える	☐ 42 仕入れる	☐ 43 尽きる	☐ 44 滞る
☐ 45 恵む	☐ 46 あくどい	☐ 47 疎ら	☐ 48 突如

01
いくぶん
幾分
[명][부] 일부분, 얼마간, 조금

<ruby>父<rt>ちち</rt></ruby>が<ruby>残<rt>のこ</rt></ruby>した<ruby>財産<rt>ざいさん</rt></ruby>の<ruby>幾分<rt>いくぶん</rt></ruby>かを<ruby>相続<rt>そうぞく</rt></ruby>することになった。
아버지가 남긴 재산의 일부분을 상속하게 되었다.

02
うちわけ
内訳
[명] 내역, 명세

<ruby>毎月<rt>まいつき</rt></ruby>の<ruby>支出<rt>ししゅつ</rt></ruby>の<ruby>内訳<rt>うちわけ</rt></ruby>をメモしてみた。
매달의 지출 내역을 메모해 보았다.

[유] <ruby>明細<rt>めいさい</rt></ruby> 명세

03
おまけ
[명] 덤, 경품

<ruby>商品<rt>しょうひん</rt></ruby>を<ruby>購入<rt>こうにゅう</rt></ruby>するとおまけをくれる<ruby>店<rt>みせ</rt></ruby>がある。
상품을 구입하면 덤을 주는 가게가 있다.

[유] <ruby>付録<rt>ふろく</rt></ruby> 부록

04
かく ほ
確保
[명][する] 확보

<ruby>災害時<rt>さいがいじ</rt></ruby>に<ruby>備<rt>そな</rt></ruby>えて、2<ruby>週間分<rt>しゅうかんぶん</rt></ruby>の<ruby>食糧<rt>しょくりょう</rt></ruby>を<ruby>確保<rt>かくほ</rt></ruby>しておいた。
재해 시에 대비하여 2주일 분의 식량을 확보해 두었다.

05
かんじょう
勘定
[명][する] 계산, 셈

<ruby>上司<rt>じょうし</rt></ruby>が<ruby>先<rt>さき</rt></ruby>に<ruby>勘定<rt>かんじょう</rt></ruby>を<ruby>済<rt>す</rt></ruby>ませておいてくれた。
상사가 먼저 계산을 끝내 놓아 주었다.

06
き しょう
希少
[명][ナ] 희소

この<ruby>商品<rt>しょうひん</rt></ruby>は<ruby>他<rt>ほか</rt></ruby>では<ruby>手<rt>て</rt></ruby>に<ruby>入<rt>はい</rt></ruby>りにくく、<ruby>非常<rt>ひじょう</rt></ruby>に<ruby>希少価値<rt>きしょうかち</rt></ruby>が<ruby>高<rt>たか</rt></ruby>い。
이 상품은 다른 곳에서는 손에 넣기 힘들어서 매우 희소가치가 높다.

07
げん か
原価
명 원가

げん か　　　し　　　　　てい か　　か　　　　　ば か
原価を知ったら、定価で買うのが馬鹿らしくなる。
원가를 알면, 정가로 사는 것이 바보 같아진다.

08
こう き
好機
명 호기

いま　せんざいいちぐう　こう き　　と ら　　　とう し
今を千載一遇の好機と捉え、投資することにした。
지금을 천재일우의 호기라고 판단하여 투자하기로 했다.

09
こうてん
好転
명 する 호전,
상황이 좋아짐

へいしゃ　ぎょうせき　　しもはん き　　　こうてん
弊社の業績も、下半期には好転するはずです。
저희 회사의 업적도 하반기에는 호전될 것입니다.

あっ か
반 悪化 악화

10
こうにゅう
購入
명 する 구입

ほん　こうにゅう　　つぎ　ひ　　　とど
ネットで本を購入したら次の日には届いていた。
인터넷에서 책을 구입했더니 다음 날에는 도착해 있었다.

11
さいさん
採算
명 채산, 수입과 지출을
맞추어 계산함

しん き　じぎょう　た　あ　　　　さいさん　あ　　　てったい
新規の事業を立ち上げたが、採算が合わず撤退を
よ ぎ
余儀なくされた。
신규 사업을 시작하였으나, 채산이 맞지 않아 어쩔 수 없이 철수하였다.

12
さいりょう
最良
명 최선

しょうひん　さいりょう　う　こ　かた　かんが
この商品の最良の売り込み方を考えてみよう。
이 상품의 최선의 판매 방법을 생각해 보자.

さいぜん
유 最善 최선
さいあく
반 最悪 최악

13
しきん
資金
명 자금

事業を始めるための資金を集めている。
사업을 시작하기 위한 자금을 모으고 있다.

14
しっそ
質素
명 ナ 검소

彼は決して贅沢はせず、質素に暮らしていた。
그는 결코 사치하지 않고 검소하게 살고 있었다.

반 贅沢 사치

15
しゅうえき
収益
명 수익

今年度の収益は前年度を下回ったそうだ。
금년도 수익은 전년도를 밑돌았다고 한다.

유 利益 이익

16
しゅうそく
終息
명 する 종식

長かった不況も終息に向かっているそうだ。
길었던 불황도 종식으로 향하고 있다고 한다.

17
しゅっぴん
出品
명 する 출품

オークションに出品されたものは、ほとんどが偽物だった。
옥션에 출품된 물건은 대부분이 모조품이었다.

18
しょうひぜい
消費税
명 소비세

消費税は今後何パーセントまで上がるのでしょう。
소비세는 향후 몇 퍼센트까지 올라갈까요?

19
しんてい
進呈
名 する 증정, 드림

シンポジウムの参加者には記念品を進呈します。
심포지엄 참가자에게는 기념품을 증정합니다.

유 差し上げる 드리다

20
そう ば
相場
名 시세, 시가

ネットで買い物をする時は、予め相場を調べて
おいた方がいい。
인터넷으로 쇼핑을 할 때는 미리 시세를 알아봐 두는 편이 좋다.

21
たいのう
滞納
名 する 체납

会社を首になって収入がなくなり、家賃を滞納して
いる。
회사에서 해고되어 수입이 없어져서, 집세를 체납하고 있다.

22
たん か
単価
名 단가

20個で一万円ということは、単価は500円ですね。
20개에 만 엔이라는 것은 단가는 500엔이군요.

23
ていたい
停滞
名 する 정체

国民の収入と消費が減り、景気が停滞している。
국민의 수입과 소비가 줄어 경기가 정체되고 있다.

24
て
手ごろ
名 ナ 알맞음, 적당함

このお店では手ごろな値段でおいしいステーキが食
べられる。
이 가게에서는 적당한 가격으로 맛있는 스테이크를 먹을 수 있다.

25
どうこう
動向
명 동향

市場の動向は絶えずチェックしなければならない。
시장의 동향은 끊임없이 체크해야 한다.

26
とみ
富
명 부, 재산, 재화

彼は巨大な富を手に入れた。
그는 거대한 부를 손에 넣었다.

27
ともかせ
共稼ぎ
명 する 맞벌이

子供が生まれるまでは、共稼ぎの予定だ。
아이가 태어날 때까지는 맞벌이를 할 예정이다.
유 共働き 맞벌이

28
はいじょ
排除
명 する 배제, 제거

会社から少数者を排除しようとする風潮が見られる。
회사에서 소수자를 배제하려고 하는 풍조가 보인다.
유 取り除く 제거하다

29
はいとう
配当
명 する 배당

この株の配当は一人1万円である。
이 주식의 배당은 1인 만 엔이다.

30
は さん
破産
명 する 파산

彼は事業に失敗して破産した。
그는 사업에 실패하여 파산했다.
유 倒産 도산

31
ふさい
負債
명 부채, 빚

こうがく ふさい そうぞく   べんごし そうだん
高額の負債を相続することになり、弁護士に相談した。
고액의 부채를 상속하게 되어 변호사에게 상담했다.

32
ほうしゅう
報酬
명 보수

しごと てつだ   こうはい ほうしゅう しはら
仕事を手伝ってくれた後輩に報酬を支払った。
일을 도와준 후배에게 보수를 지불했다.

유 手当て 수당, 처치　ギャラ 개런티, 보수

33
めいぎ
名義
명 명의

へや ちち めいぎ か
この部屋は父の名義で借りている。
이 방(집)은 아버지 명의로 빌렸다.

34
ゆうずう・ゆうづう
融通・融通
명 する 융통, 융통성

じぎょう はじ   あ   しきん ゆうずう
事業を始めるに当たって、資金を融通してもらった。
사업을 시작하기에 앞서 자금을 융통 받았다.

＋ 融通が利く 융통성이 있다
かれ まじめ す   ゆうずう き
彼は真面目過ぎて融通が利かない。
그는 너무 성실해서 융통성이 없다.

35
りし
利子
명 이자

しゃっきん りし はら   ゆうじん   かね か
借金の利子が払えず、友人からお金を借りた。
대출금 이자를 내지 못해서 친구에게 돈을 빌렸다.

36
りそく
利息
명 이자

ぎんこう   かね あず   りそく つ
銀行にお金を預けたら利息が付きます。
은행에 돈을 맡기면 이자가 붙습니다.

37
ろう ひ
浪費

명 する 낭비

私はお金を使う前に消費か浪費か、もう一度考えてみる。

나는 돈을 쓰기 전에 소비인지 낭비인지 한번 더 생각해 본다.

유 無駄遣い 낭비

38
あ あま
有り余る

동 남아돌다

彼は有り余る財力を使って、色々な投資を行っている。

그는 남아도는 재력을 이용하여 다양한 투자를 하고 있다.

39
うるお
潤う

동 윤택해지다, 혜택을 얻다,
축축해지다

思わぬ臨時収入が入り、家計が潤った。

뜻밖의 임시 수입이 생겨서 가계가 윤택해졌다.

타 潤す 적시다, 윤택하게 하다

40
おご
奢る

동 한턱내다, 대접하다

友人が昼食を奢ってくれた。

친구가 점심을 사 주었다.

41
かま
構える

동 꾸미다, 짓다,
(가게를) 차리다,
(가정을) 이루다

今の場所に店を構えて6年も経つ。

지금 장소에 가게를 차리고 6년이나 지났다.

42
し い
仕入れる

동 사들이다, 매입하다

年末には普段より商品を少なく仕入れることにした。

연말에는 평소보다 상품을 적게 매입하기로 했다.

43
つ
尽きる
통 다하다, 떨어지다, 끝나다

せつやく　く
節約して暮らしていたが、ついに貯金が尽きて
しまった。
절약하며 생활하고 있었지만 마침내 저금이 다 떨어지고 말았다.

44
とどこお
滞る
통 정체되다, 막히다, 밀리다

はんとし　や ちん　し はら　とどこお
もう半年も家賃の支払いが滞っている。
벌써 반년이나 집세 지불이 밀려 있다.

45
めぐ
恵む
통 베풀다, 구제하다

みち　し　　　ひと　かね　めぐ　　　　　い
道で知らない人に「金を恵んでくれ」と言われた。
길에서 모르는 사람이 '돈을 (베풀어) 줘'라고 했다.

46
あくどい
イ 악랄하다, 악착같다,
(색이) 칙칙하다

みせ　さ ぎ　　　　　　　しょうばい
あの店は詐欺まがいのあくどい商売をしている。
저 가게는 사기나 다름없는 악랄한 장사를 하고 있다.

47
まば
疎ら
ナ 성김, 드문드문함

へいじつ　きゃくあし　まば　　　しゅうまつ　ぎょうれつ
ここは平日は客足が疎らだが、週末は行列ができる。
여기는 평일에는 손님이 뜸하지만 주말에는 줄이 길게 늘어선다.
유 少ない 적다
すく

48
とつじょ
突如
부 갑자기, 별안간, 돌연

とつじょおも　う
いいアイデアが突如思い浮かんだ。
좋은 아이디어가 갑자기 떠올랐다.
유 突然 돌연, 갑자기　いきなり 갑자기
とつぜん

1 해당 어휘의 읽는 법을 찾고, 빈칸에 그 의미를 써 넣으세요.

보기 学生	ⓥ がくせい	② がっせい	학생

(1) 相場 　① あいば 　② そうば 　_____

(2) 潤う 　① うるおう 　② ただよう 　_____

(3) 内訳 　① うちわけ 　② ないわけ 　_____

(4) 滞る 　① たずさわる 　② とどこおる 　_____

(5) 質素 　① しっそ 　② じっそ 　_____

2 문맥에 맞는 단어를 보기 에서 골라 알맞은 형태로 바꾸어 써 넣으세요.

(6) 会社から少数者を(　　　　　)しようとする風潮が見られる。

(7) 年末には普段より商品を少なく(　　　　　)ことにした。

(8) 今の場所に店を(　　　　)6年も経つ。

(9) このお店では(　　　　)値段でおいしいステーキが食べられる。

(10) あの店は詐欺まがいの(　　　　)商売をしている。

보기	排除　　手ごろ　　仕入れる　　あくどい　　構える

단어 퀴즈

✿ 단어를 보고 발음과 의미를 적어 보세요.

단어	발음	의미
改正	かいせい	개정
潤う		
進呈		
滞る		
構える		
滞納		
終息		
停滞		
動向		
恵む		
単価		
利息		
相場		
仕入れる		
負債		
報酬		
内訳		
質素		
希少		
確保		
好転		
破産		
排除		

선을 따라 접으면 답을 확인할 수 있어요.

✖ 한번 더 복습해 봅시다.

읽는 법과 뜻
かいせい 개정
うるおう 윤택해지다
しんてい 진정, 증정
とどこおる 막히다, 밀리다
かまえる (가게를) 차리다
たいのう 체납
しゅうそく 종식
ていたい 정체
どうこう 동향
めぐむ 베풀다, 구제하다
たんか 단가
りそく 이자
そうば 시세, 시가
しいれる 사들이다, 매입하다
ふさい 부채, 빚
ほうしゅう 보수
うちわけ 내역, 명세
しっそ 검소
きしょう 희소
かくほ 확보
こうてん 호전
はさん 파산
はいじょ 배제, 제거

한자	발음	의미
예 改正	かいせい	개정
潤う		
進呈		
滞る		
構える		
滞納		
終息		
停滞		
動向		
恵む		
単価		
利息		
相場		
仕入れる		
負債		
報酬		
内訳		
質素		
希少		
確保		
好転		
破産		
排除		

DAY 17
정치·법률·사회 (1)

음성듣기

얼마나
알고 있나요?

사전 체크

- [ ] **01** 印鑑
- [ ] **02** 公
- [ ] **03** 概要
- [ ] **04** 核心
- [ ] **05** 合併
- [ ] **06** 規制
- [ ] **07** 規約
- [ ] **08** 経緯
- [ ] **09** 権限
- [ ] **10** 権力
- [ ] **11** 公認
- [ ] **12** 根拠
- [ ] **13** 策
- [ ] **14** 仕組み
- [ ] **15** 実態
- [ ] **16** 処罰
- [ ] **17** 審議
- [ ] **18** 真相
- [ ] **19** 衰退
- [ ] **20** 善悪
- [ ] **21** 訴訟
- [ ] **22** 打開
- [ ] **23** つじつま
- [ ] **24** 動機
- [ ] **25** 統率
- [ ] **26** 特許
- [ ] **27** 廃止
- [ ] **28** 不当
- [ ] **29** 不服
- [ ] **30** 振り出し
- [ ] **31** 返還
- [ ] **32** 妨害
- [ ] **33** 方策
- [ ] **34** 発足
- [ ] **35** 密度
- [ ] **36** 優位
- [ ] **37** 和解
- [ ] **38** 明かす
- [ ] **39** 赴く
- [ ] **40** 請う
- [ ] **41** 強いる
- [ ] **42** 脱する
- [ ] **43** 償う
- [ ] **44** 尊ぶ
- [ ] **45** 図る
- [ ] **46** 任す
- [ ] **47** 漏れる
- [ ] **48** 相応しい

01
いんかん
印鑑
圏 인감

<ruby>印鑑<rt>いんかん</rt></ruby>は<ruby>登録<rt>とうろく</rt></ruby>しなければ、<ruby>重要<rt>じゅうよう</rt></ruby>な<ruby>書類<rt>しょるい</rt></ruby>には<ruby>使<rt>つか</rt></ruby>えない。
인감은 등록하지 않으면 중요한 서류에는 사용할 수 없다.

유 はんこ 도장

02
おおやけ
公
圏 공공, 공중, 공식적,
국가, 정부

<ruby>芸能人<rt>げいのうじん</rt></ruby>が<ruby>結婚<rt>けっこん</rt></ruby><ruby>後<rt>ご</rt></ruby>、<ruby>初<rt>はじ</rt></ruby>めて <ruby>公<rt>おおやけ</rt></ruby> の<ruby>場<rt>ば</rt></ruby>に<ruby>登場<rt>とうじょう</rt></ruby>した。
연예인이 결혼 후, 처음으로 공식 석상에 등장했다.

03
がいよう
概要
圏 개요

<ruby>新<rt>あたら</rt></ruby>しい<ruby>法案<rt>ほうあん</rt></ruby>の<ruby>概要<rt>がいよう</rt></ruby>が<ruby>国会<rt>こっかい</rt></ruby>で<ruby>公開<rt>こうかい</rt></ruby>された。
새로운 법안의 개요가 국회에서 공개되었다.

04
かくしん
核心
圏 핵심

<ruby>記者<rt>きしゃ</rt></ruby>が<ruby>事件<rt>じけん</rt></ruby>の<ruby>核心<rt>かくしん</rt></ruby>に<ruby>触<rt>ふ</rt></ruby>れる<ruby>質問<rt>しつもん</rt></ruby>をした。
기자가 사건의 핵심을 건드리는 질문을 했다.

➕ <ruby>核心<rt>かくしん</rt></ruby>を<ruby>突<rt>つ</rt></ruby>く 핵심을 찌르다

05
がっぺい
合併
圏 する 합병

<ruby>三<rt>み</rt></ruby>つ<ruby>葉<rt>ば</rt></ruby><ruby>銀行<rt>ぎんこう</rt></ruby>と<ruby>四<rt>よ</rt></ruby>つ<ruby>葉<rt>ば</rt></ruby><ruby>銀行<rt>ぎんこう</rt></ruby>が<ruby>合併<rt>がっぺい</rt></ruby>してクローバー<ruby>銀行<rt>ぎんこう</rt></ruby>が<ruby>誕生<rt>たんじょう</rt></ruby>した。
미츠바 은행과 요츠바 은행이 합병해서 클로버 은행이 탄생했다.

06
きせい
規制
圏 する 규제

<ruby>環境<rt>かんきょう</rt></ruby><ruby>保護<rt>ほご</rt></ruby>のため、ガスの<ruby>排出量<rt>はいしゅつりょう</rt></ruby>が<ruby>規制<rt>きせい</rt></ruby>されている。
환경 보호를 위해 가스 배출량이 규제되어 있다.

유 <ruby>制限<rt>せいげん</rt></ruby> 제한

07
きやく
規約

명 규약

会社の合併に伴い、社内規約の改正が急がれる。
회사 합병에 따라, 사내 규약의 개정이 시급하다.

＋ 規律 규율

08
けいい
経緯

명 경위

事の発端と経緯については、お手元の資料をご参照
ください。
일의 발단과 경위에 대해서는 앞에 있는 자료를 참조해 주세요.

09
けんげん
権限

명 권한

代理人は本人に代わって法律行為をする権限を持ち
ます。
대리인은 본인을 대신하여 법률 행위를 할 권한을 가집니다.

10
けんりょく
権力

명 권력

彼は社内で権力を掴んでから性格が変わった。
그는 회사 내에서 권력을 잡은 후부터 성격이 바뀌었다.

11
こうにん
公認

명 する 공인

彼とは職場の人達も公認の仲だった。
그와는 직장 사람들도 공인하는 사이였다.

12
こんきょ
根拠

명 근거

科学的根拠を示さなければ説得力がない。
과학적 근거를 제시하지 않으면 설득력이 없다.

＋ 証拠 증거　裏づけ 뒷받침, 확실한 증거

13

さく

策

[명] 계획, 대책

みんなで成功のための策を練っている。
せいこう　　　　　　さく　ね

다 함께 성공을 위한 대책을 짜고 있다.

14

し く

仕組み

[명] 짜임새, 구조, 시스템

新入社員の時は会社の仕組みを覚えるのに精一杯
しんにゅうしゃいん　とき　かいしゃ　しく　　おぼ　　　　　せいいっぱい

だった。

신입 사원 때는 회사의 시스템을 배우는 것만으로도 버거웠다.

[유] メカニズム 메커니즘, 구조

15

じったい

実態

[명] 실태

警察は、怪しい会社の経営実態を調査した。
けいさつ　　あや　　かいしゃ　けいえいじったい　ちょうさ

경찰은 의심스러운 회사의 경영 실태를 조사했다.

[유] 実情 실정
じつじょう

16

しょばつ

処罰

[명] [する] 처벌

実行犯は最も重い処罰を受けた。
じっこうはん　もっと　おも　しょばつ　う

실행범은 가장 무거운 처벌을 받았다.

17

しん ぎ

審議

[명] [する] 심의

今日の国会では法案の審議が行われた。
きょう　こっかい　　ほうあん　しんぎ　おこな

오늘 국회에서는 법안의 심의가 이루어졌다.

18

しんそう

真相

[명] 진상

事件の真相を明らかにするのが警察の仕事だ。
じけん　しんそう　あき　　　　　　　けいさつ　しごと

사건의 진상을 밝히는 것이 경찰의 일이다.

19
すいたい
衰退
名 する 쇠퇴

せ かい うご たいこく すいたい てんかん き むか
世界を動かしてきた大国が衰退する転換期を迎えた。
세계를 움직여 온 대국이 쇠퇴하는 전환기를 맞이했다.

20
ぜんあく
善悪
名 선악

おさな とき ぜんあく く べつ おし
幼い時から善悪の区別をしっかり教えるべきだ。
어렸을 때부터 선악의 구별을 확실히 가르쳐야 한다.

21
そ しょう
訴訟
名 する 소송

こんかい そ しょう ひ こくにん あく い
今回の訴訟のポイントは、被告人に悪意があったか
どうかだといわれている。
이번 소송의 포인트는 피고인에게 악의가 있었는지 어떤지라고 한다.

유 訴え 소송
　　うった

22
だ かい
打開
名 する 타개

もんだい だ かい しゃちょう せんもん か そうだん
問題を打開するため、社長は専門家に相談した。
문제를 타개하기 위해 사장님은 전문가에게 상담했다.

＋ 打診 타진, 남의 마음이나 사정을 미리 살펴봄
　　だ しん

23
つじつま
名 사리, 조리, 이치

かれ はなし あ
彼の話はつじつまが合わない。
그의 이야기는 앞뒤가 맞지 않는다.

24
どう き
動機
名 동기

おとこ じ けん お どう き
あの男には事件を起こす動機がない。
저 남자에게는 사건을 일으킬 동기가 없다.

25
とうそつ
統率
명 する 통솔

リーダーは統率<small>とうそつ</small>と統制<small>とうせい</small>を間違<small>まちが</small>えてはいけない。
리더는 통솔과 통제를 착각해서는 안 된다.

유 率<small>ひき</small>いる 이끌다, 통솔하다, 인솔하다

26
とっきょ
特許
명 특허

あの教授<small>きょうじゅ</small>は、多<small>おお</small>くの発明品<small>はつめいひん</small>で特許<small>とっきょ</small>を取<small>と</small>っている。
저 교수님은 많은 발명품으로 특허를 취득했다.

27
はいし
廃止
명 する 폐지

この制度<small>せいど</small>は今年<small>ことし</small>から廃止<small>はいし</small>になります。
이 제도는 올해부터 폐지됩니다.

28
ふとう
不当
명 ナ 부당

不当解雇<small>ふとうかいこ</small>され、弁護士<small>べんごし</small>に相談<small>そうだん</small>することにした。
부당 해고를 당해 변호사에게 상담하기로 했다.

29
ふふく
不服
명 ナ 불복

今回<small>こんかい</small>の判決<small>はんけつ</small>に納得<small>なっとく</small>がいかず、不服申<small>ふふくもう</small>し立<small>た</small>てをした。
이번 판결에 납득이 가지 않아서 불복 신청을 했다.

30
ふ だ
振り出し
명 출발점, 원점

容疑者<small>ようぎしゃ</small>のアリバイが証明<small>しょうめい</small>され、事件<small>じけん</small>は振<small>ふ</small>り出<small>だ</small>しに
戻<small>もど</small>った。
용의자의 알리바이가 증명되어 사건은 원점으로 돌아갔다.

31
へんかん
返還
명 する 반환

香港は1997年にイギリスから中国へ返還された。
홍콩은 1997년에 영국으로부터 중국에 반환되었다.

32
ぼうがい
妨害
명 する 방해

彼は友達のために嘘をつき、捜査を妨害した。
그는 친구를 위해 거짓말을 하여 수사를 방해했다.

유 妨げる 방해하다　邪魔 방해, 훼방

33
ほうさく
方策
명 방책, 대책

万全の方策を立てたが、失敗に終わってしまった。
만전의 대책을 세웠지만, 실패로 끝나고 말았다.

34
ほっそく
発足
명 する 발족

また新しい政党が発足するそうだ。
또 새로운 정당이 발족된다고 한다.

35
みつど
密度
명 밀도

韓国で人口密度が一番高い都市はソウルである。
한국에서 인구 밀도가 가장 높은 도시는 서울이다.

36
ゆうい
優位
명 우위

交渉で優位に立つには、相手の心理を読むことだ。
교섭에서 우위에 서려면 상대방의 심리를 읽어야 한다.

＋ 劣勢 열세

37
わかい
和解
명 する (싸움·법정 분쟁
등의) 화해

新聞社と裁判で争っていたが、和解することにした。
신문사와 재판에서 다투고 있었으나 화해하기로 했다.

유 仲直り 화해

+ 示談 (민사) 합의

38
あ
明かす
동 밝히다,
(비밀 따위를) 털어놓다

彼女は我慢できず、とうとう素性を明かした。
그녀는 참지 못하고 결국 신원을(정체를) 밝혔다.

39
おもむ
赴く
동 향하여 가다, 향하다

首相は被害の大きい地域に赴いて住民を激励した。
수상은 피해가 큰 지역으로 가서 주민을 격려했다.

40
こ
請う
동 청하다, 원하다, 바라다

教会の前には神のゆるしを請う人々が列をなして
いた。
교회 앞에는 신께 용서를 비는 사람들이 줄을 이루고 있었다.

41
し
強いる
동 강요하다, 강제하다,
강권하다

無給で休日出勤を強いられて、会社を辞めることに
した。
무급으로 휴일 출근을 강요 받아서, 회사를 그만두기로 했다.

42
だっ
脱する
동 벗어나다

まだ完全に危機を脱したとは言えない状況だ。
아직 완전하게 위기를 벗어났다고는 할 수 없는 상황이다.

43
つぐな
償う

동 갚다, 보상하다,
속죄하다

いっしょう つみ つぐな
一生をかけて罪を償っていくつもりです。
평생에 걸쳐 속죄해 나갈 생각입니다.

44
とうと
尊ぶ

동 존중하다, 중요시하다,
공경하다, 존경하다

はな あ しょうすう いけん とうと
話し合いでは少数の意見も尊ぶべきだ。
의논할 때는 소수의 의견도 존중해야 한다.

45
はか
図る

동 계획하다, 꾀하다

はんにん とうそう はか けっきょくつか
犯人は逃走を図ったが、結局捕まった。
범인은 도주를 꾀했지만 결국 붙잡혔다.

46
まか
任す

동 맡기다

かれ せきにんかん つよ まか しごと
彼は責任感が強いから、任された仕事はきちんと
かたづ
片付ける。
그는 책임감이 강해서 맡겨진 업무는 제대로 끝낸다.

47
も
漏れる

동 새다, 누락되다, 누설되다

おおや しゅうり たの
ガスが漏れていたので、大家に修理を頼んだ。
가스가 새고 있었기 때문에 집주인에게 수리를 요청했다.

타 漏らす 흘리다, 누설하다

48
ふさわ
相応しい

イ 어울리다, 상응하다,
걸맞다

かれ つぎ しゃちょう ふさわ じんぶつ おも
彼こそが次の社長に相応しい人物だと思う。
그야말로 차기 사장에 걸맞는 인물이라고 생각한다.

---

1 해당 어휘의 읽는 법을 찾고, 빈칸에 그 의미를 써 넣으세요.

| 보기 | 学生 | ✓ がくせい | ② がっせい | 학생 |

(1) 経緯　　　① けいゆ　　② けいい　　_____

(2) 漏れる　　① もれる　　② ぬれる　　_____

(3) 合併　　　① ごうへい　② がっぺい　_____

(4) 根拠　　　① こんきょ　② こんきょう　_____

(5) 訴訟　　　① そしょう　② そうしょ　_____

2 문맥에 맞는 단어를 보기에서 골라 알맞은 형태로 바꾸어 써 넣으세요.

(6) 新入社員の時は会社の(　　　　　)を覚えるのに精一杯だった。

(7) 一生をかけて罪を(　　　　　)いくつもりです。

(8) 今回の判決に納得がいかず、(　　　　　)申し立てをした。

(9) また新しい政党が(　　　　　)するそうだ。

(10) 問題を(　　　　　)するため、社長は専門家に相談した。

| 보기 | 打開　　仕組み　　発足　　不服　　償う |

단어 퀴즈

✄ 단어를 보고 발음과 의미를 적어 보세요.

단어	발음	의미
改正	かいせい	개정
印鑑		
償う		
強いる		
発足		
公		
漏れる		
尊ぶ		
赴く		
仕組み		
妨害		
不服		
廃止		
振り出し		
打開		
衰退		
根拠		
経緯		
策		
和解		
優位		
密度		
方策		

선을 따라 접으면 답을 확인할 수 있어요.

✽ 한번 더 복습해 봅시다.

읽는 법과 뜻
☐ かいせい 개정
☐ いんかん 인감
☐ つぐなう 갚다, 속죄하다
☐ しいる 강요하다
☐ ほっそく 발족
☐ おおやけ 공공, 공중, 정부
☐ もれる 새다, 누락되다
☐ とうとぶ 공경하다, 존중하다
☐ おもむく 향하여 가다
☐ しくみ 짜임새, 구조
☐ ぼうがい 방해
☐ ふふく 불복
☐ はいし 폐지
☐ ふりだし 출발점, 원점
☐ だかい 타개
☐ すいたい 쇠퇴
☐ こんきょ 근거
☐ けいい 경위
☐ さく 계획, 대책
☐ わかい 화해
☐ ゆうい 우위
☐ みつど 밀도
☐ ほうさく 방책

한자	발음	의미
예 改正	かいせい	개정
印鑑		
償う		
強いる		
発足		
公		
漏れる		
尊ぶ		
赴く		
仕組み		
妨害		
不服		
廃止		
振り出し		
打開		
衰退		
根拠		
経緯		
策		
和解		
優位		
密度		
方策		

DAY 18

정치 · 법률 · 사회 (2)

얼마나
알고 있나요?

사전 체크

☐ 01 改革	☐ 02 改定	☐ 03 改訂	☐ 04 過剰
☐ 05 過疎	☐ 06 緩和	☐ 07 規範	☐ 08 均衡
☐ 09 軽視	☐ 10 原則	☐ 11 控訴	☐ 12 国連
☐ 13 財団	☐ 14 刺激	☐ 15 詳細	☐ 16 振興
☐ 17 推進	☐ 18 崇拝	☐ 19 是正	☐ 20 戦闘
☐ 21 阻止	☐ 22 妥協	☐ 23 抽選	☐ 24 手がかり
☐ 25 当選	☐ 26 同調	☐ 27 内閣	☐ 28 否決
☐ 29 福祉	☐ 30 分担	☐ 31 保育	☐ 32 補償
☐ 33 保障	☐ 34 保証	☐ 35 模索	☐ 36 模倣
☐ 37 理屈	☐ 38 連携	☐ 39 賄賂	☐ 40 帯びる
☐ 41 掲げる	☐ 42 裁く	☐ 43 準じる	☐ 44 連ねる
☐ 45 担う	☐ 46 張り合う	☐ 47 見なす	☐ 48 緩める

☐
☐

01
かいかく
改革
명 する 개혁

組織を改革するために選挙が行われた。
조직을 개혁하기 위해서 선거가 행해졌다.

☐
☐

02
かいてい
改定
명 する 개정
(새롭게 다시 정함)

今年の４月よりバスの運賃が改定された。
올해 4월부터 버스 요금이 개정되었다.

☐
☐

03
かいてい
改訂
명 する 개정
(책을 다시 만듦)

新たな内容を追加して、教科書を改訂した。
새로운 내용을 추가해서 교과서를 개정했다.

➕ 改正 개정 (법이나 문서의 내용 등을 고침)

去年改正された法が今年から実行される。
작년에 개정된 법이 올해부터 실행된다.

☐
☐

04
か じょう
過剰
명 ナ 과잉

新しい貿易政策にＢ国は過剰な反応を示した。
새로운 무역 정책에 B국은 과잉 반응을 보였다.

☐
☐

05
か そ
過疎
명 과소, 몹시 부족함

地方の小都市では人口の過疎化が急激に進んでいる。
지방의 소도시에서는 인구 과소화가 급격하게 진행되고 있다.

반 過密 과밀

☐
☐

06
かん わ
緩和
명 する 완화

規制の緩和によって市場が活性化された。
규제 완화로 인해 시장이 활성화되었다.

유 和らぐ 누그러지다

07
き はん
規範
名 규범

せいじん　しゃかい き はん　そ　　こうどう
成人なら社会規範に沿って行動すべきである。
성인이라면 사회 규범에 따라 행동해야 한다.

08
きんこう
均衡
名 する 균형

けいざい　あんてい　　　　　　　　ゆしゅつ　ゆ にゅう　きんこう　たも
経済の安定のためには輸出と輸入の均衡を保つこと
だい じ
が大事だ。
경제 안정을 위해서는 수출과 수입의 균형을 유지하는 것이 중요하다.

類 バランス 밸런스, 균형

09
けい し
軽視
名 する 경시

こじん　じ ゆう　じゅうし　　　　　　しゃかい　げんそく　けい し
個人の自由を重視しすぎると、社会の原則を軽視する
おそ
恐れがある。
개인의 자유를 너무 중시하면 사회 원칙을 경시할 우려가 있다.

10
げんそく
原則
名 원칙

げんそくてき　　　　　　　　　　さき　かんけいしゃ い がい で い　きん し
原則的に、ここから先は関係者以外出入り禁止です。
원칙적으로 여기부터는 관계자 외 출입 금지입니다.

11
こう そ
控訴
名 する 항소

ばんぜん　き　　こうそしん　のぞ
万全を期して控訴審に臨むべきだ。
만전을 기해 항소심에 임해야만 한다.

12
こくれん
国連
名 국제 연합

こくれん か めいこく　しょうたい　　　　ばんさんかい　ひら
国連加盟国を招待しての晩餐会が開かれた。
국제 연합 가맹국을 초대한 만찬회가 열렸다.

13
ざいだん
財団
명 재단

この財団は学校に行けない子供のために設立された。
이 재단은 학교에 갈 수 없는 아이들을 위해 설립되었다.

14
しげき
刺激
명 する 자극

この映像は刺激が強すぎてテレビ向きではないと
判断された。
이 영상은 너무 자극적이라서 TV에는 적합하지 않다고 판단되었다.

15
しょうさい
詳細
명 ナ 상세, 자세

詳細については現在、調査中だそうだ。
상세한 것에 대해서는 현재 조사 중이라고 한다.

16
しんこう
振興
명 する 진흥, 부흥

村の振興を図るために、特産物のネット販売を始めた。
마을의 부흥을 도모하기 위해서 특산물의 인터넷 판매를 시작했다.

17
すいしん
推進
명 する 추진

仕事の効率のために新しいシステムの導入を推進している。
업무 효율을 위해 새로운 시스템 도입을 추진하고 있다.
유 進める 추진하다, 진행하다

18
すうはい
崇拝
명 する 숭배

この国では牛を神として崇拝している。
이 나라에서는 소를 신으로 숭배하고 있다.

19

ぜ せい
是正

명 する 시정
(잘못을 바로잡음)

しょとくかく さ　　ぜ せい　　ひつようせい　　ふ じょう
所得格差の是正の必要性が浮上している。
소득 격차 시정의 필요성이 대두되고 있다.

20

せんとう
戦闘

명 する 전투

ち ほう　　　　　　　　すうじゅうねんまえ　　　　はげ　　　せんとう
この地方ではほんの数十年前まで、激しい戦闘が
お
起こっていた。
이 지방에서는 불과 수십 년 전까지 격렬한 전투가 일어났었다.

21

そ し
阻止

명 する 저지

じょうほう　　そ と　　も　　　　　　　そ し
情報が外に漏れるのを阻止するため、セキュリティー
きょう か
が強化された。
정보가 밖으로 새 나가는 것을 저지하기 위해서 보안이 강화되었다.

22

だ きょう
妥協

명 する 타협

わたし　てきとう　　だ きょう　　　　　　　だいきら
私は適当に妥協することが大嫌いだ。
나는 적당히 타협하는 것을 매우 싫어한다.

23

ちゅうせん
抽選

명 する 추첨

ちゅうせん　　　　　　えら　　　　　　めい
抽選によって選ばれた3名がライブのチケットを
もらうことになった。
추첨을 통해 뽑힌 세 명이 콘서트 티켓을 받게 되었다.

24

て
手がかり

명 단서, 실마리

じ けん　　はんにん　て
この事件は犯人の手がかりがほとんどない。
이 사건은 범인에 대한 단서가 거의 없다.

유 ヒント 힌트, 암시, 실마리

25
とうせん
当選
명 する 당선

今回の選挙で彼は 5 回目の当選を果たした。
이번 선거에서 그는 다섯 번째 당선을 이루었다.

반 落選 낙선

26
どうちょう
同調
명 する 동조

彼女はうなずきながら彼の意見に同調した。
그녀는 고개를 끄덕이며 그의 의견에 동조했다.

27
ないかく
内閣
명 내각

今の内閣は支持率が低い。
지금의 내각은 지지율이 낮다.

28
ひ けつ
否決
명 する 부결

税金に関する法案が国会で否決された。
세금에 관련된 법안이 국회에서 부결되었다.

29
ふく し
福祉
명 복지

税金は何より国民の福祉に使うべきだと思う。
세금은 무엇보다 국민의 복지에 써야 한다고 생각한다.

30
ぶんたん
分担
명 する 분담

女性の社会進出により、家事を分担する夫婦が増えた。
여성의 사회 진출로 인해 가사를 분담하는 부부가 늘었다.

유 手分け 분담

31
ほ いく
保育
名 する 보육

日本は少子化が進んでいるのに保育所が足りていない。

일본은 저출산이 진행 중임에도 보육원이 부족하다.

32
ほ しょう
補償
名 する 보상

仕事中に怪我をしたので、会社に補償を請求した。

일하는 중에 부상을 당해서 회사에 보상을 청구했다.

33
ほ しょう
保障
名 する 보장

教育を受ける権利は憲法によって保障されている。

교육을 받을 권리는 헌법에 의해 보장되어 있다.

34
ほ しょう
保証
名 する 보증

この時計の保証期間は購入日から3年間です。

이 시계의 보증 기간은 구입일로부터 3년간입니다.

35
も さく
模索
名 する 모색

政府は高齢化社会に向けて新たな福祉のあり方を模索している。

정부는 고령화 사회에 발맞춰 새로운 복지 방식을 모색하고 있다.

36
も ほう
模倣
名 する 모방

他社の製品を模倣した商品を発売して訴えられた。

타사 제품을 모방한 상품을 발매해서 소송당했다.

유 真似 흉내, 시늉

37
りくつ
理屈
图 이론, 도리, 이치

り くつ　　　　わ　　　　　　　　　　　　　　　　　　なっとく
理屈では分かっているが、やっぱり納得できない。
이론으로는 알고 있지만, 역시 납득할 수 없다.

38
れんけい
連携
图 する 연계

こ ども　　はんざい　　　　　まも　　　　　　　　がっこう　けいさつ　れんけい　　きょうか
子供を犯罪から守るために学校と警察が連携を強化
することにした。
아이들을 범죄로부터 지키기 위해 학교와 경찰이 연계를 강화하기로
했다.

39
わい ろ
賄賂
图 뇌물

せいじ か　　き ぎょう　　わい ろ　　　　　　　　　　　　しんぶん
ある政治家が企業から賄賂をもらっていたと新聞で
ほう
報じられた。
어느 정치가가 기업으로부터 뇌물을 받고 있었다고 신문에 보도되었다.

40
お
帯びる
图 (책임 등을) 지니다, 맡다,
(성질을) 띠다

とくべつ　にん む　　お　　　　　さいがい ち　　い
特別な任務を帯びて、災害地に行くことになった。
특별한 임무를 맡아 재해 지역에 가게 되었다.

41
かか
掲げる
图 내걸다, 달다, 게양하다

せい ふ　らいねん ど　もくひょう　　　　　　　　　けいざいせいちょうりつ　かか
政府は来年度の目標として２％の経済成長率を掲げ
た。
정부는 내년도 목표로 2%의 경제 성장률을 내걸었다.

42
さば
裁く
图 재판하다, 판가름하다

つみ　おか　　　　　　かなら　さば
罪を犯したら、必ず裁かれるべきだ。
죄를 지었으면 반드시 처벌받아야 한다.

43
じゅん
準じる

🖪 준하다

これまでの判例に準じた判決が予想されます。
_{はんれい} _{じゅん} _{はんけつ} _{よそう}
지금까지의 판례에 준한 판결이 예상됩니다.

44
つら
連ねる

🖪 늘어놓다, 거느리다,
데리고 가다

京都の町には昔ながらの日本家屋が軒を連ねている。
_{きょうと} _{まち} _{むかし} _{にほんかおく} _{のき} _{つら}
교토 거리에는 옛 모습 그대로의 일본 가옥이 줄지어 늘어서 있다.

➕ 名を連ねる 이름을 올리다
_な _{つら}

歴史に名を連ねるような人になりたい。
_{れきし} _な _{つら} _{ひと}
역사에 이름을 남길 만한 사람이 되고 싶다.

45
にな
担う

🖪 (책임 등을) 떠맡다, 지다

子供は国の未来を担う貴重な存在である。
_{こども} _{くに} _{みらい} _{にな} _{きちょう} _{そんざい}
아이들은 나라의 미래를 책임질 귀중한 존재이다.

46
は あ
張り合う

🖪 대항하여 겨루다,
경쟁하다

彼らはいつもつまらないことで張り合っている。
_{かれ} _は _あ
그들은 언제나 시시한 일로 서로 경쟁하고 있다.

47
み
見なす

🖪 간주하다, 보다, 가정하다

投票しない票は、全て賛成と見なされる。
_{とうひょう} _{ひょう} _{すべ} _{さんせい} _み
투표하지 않은 표는 모두 찬성으로 간주된다.

48
ゆる
緩める

🖪 풀다, 늦추다, 느슨하게
하다, 완화하다

昨日の台風による交通規制が緩められた。
_{きのう} _{たいふう} _{こうつうきせい} _{ゆる}
어제의 태풍으로 인한 교통 규제가 완화되었다.

🔤 緩む 느슨해지다, 풀어지다, 긴장이 풀리다
_{ゆる}

1 해당 어휘의 읽는 법을 찾고, 빈칸에 그 의미를 써 넣으세요.

보기	学生	ⓥ がくせい	② がっせい	학생

(1) 阻止 　　① ていし 　　② そし 　　_____

(2) 帯びる 　　① おびる 　　② あびる 　　_____

(3) 妥協 　　① たきょう 　　② だきょう 　　_____

(4) 担う 　　① になう 　　② かなう 　　_____

(5) 連携 　　① れんたい 　　② れんけい 　　_____

2 문맥에 맞는 단어를 보기 에서 골라 알맞은 형태로 바꾸어 써 넣으세요.

(6) 規制の(　　　　　)によって市場が活性化された。

(7) 税金に関する法案が国会で(　　　　)された。

(8) 彼らはいつもつまらないことで(　　　　)いる。

(9) 女性の社会進出により、家事を(　　　　)する夫婦が増えた。

(10) この事件は犯人の(　　　　)がほとんどない。

보기	否決 　　分担 　　手がかり 　　張り合う 　　緩和

단어 퀴즈

✿ 단어를 보고 발음과 의미를 적어 보세요.

단어	발음	의미
改正	かいせい	개정
緩める		
崇拝		
阻止		
財団		
過疎		
張り合う		
担う		
裁く		
帯びる		
連携		
模倣		
補償		
分担		
妥協		
是正		
振興		
詳細		
緩和		
過剰		
内閣		
福祉		
抽選		

선을 따라 접으면 답을 확인할 수 있어요.

❋ 한번 더 복습해 봅시다.

읽는 법과 뜻		한자	발음	의미
☐	かいせい 개정	**예** 改正	かいせい	개정
☐	ゆるめる 풀다, 늦추다	緩める		
☐	すうはい 숭배	崇拝		
☐	そし 저지	阻止		
☐	ざいだん 재단	財団		
☐	かそ 과소	過疎		
☐	はりあう 경쟁하다	張り合う		
☐	になう (책임을) 떠맡다	担う		
☐	さばく 재판하다	裁く		
☐	おびる (책임을) 지니다	帯びる		
☐	れんけい 연계	連携		
☐	もほう 모방	模倣		
☐	ほしょう 보상	補償		
☐	ぶんたん 분담	分担		
☐	だきょう 타협	妥協		
☐	ぜせい 시정	是正		
☐	しんこう 진흥, 부흥	振興		
☐	しょうさい 상세, 자세함	詳細		
☐	かんわ 완화	緩和		
☐	かじょう 과잉	過剰		
☐	ないかく 내각	内閣		
☐	ふくし 복지	福祉		
☐	ちゅうせん 추첨	抽選		

음성듣기

DAY 19
국제 관계와 국제 사회

얼마나
알고 있나요?

사전 체크

☐ 01 依存	☐ 02 異文化	☐ 03 援助	☐ 04 演説
☐ 05 欧州	☐ 06 外相	☐ 07 関税	☐ 08 機構
☐ 09 共感	☐ 10 共存	☐ 11 協定	☐ 12 緊密
☐ 13 形勢	☐ 14 形態	☐ 15 国交	☐ 16 国防
☐ 17 採決	☐ 18 支援	☐ 19 従属	☐ 20 修復
☐ 21 樹立	☐ 22 食糧	☐ 23 税関	☐ 24 制約
☐ 25 台頭	☐ 26 中枢	☐ 27 調印	☐ 28 撤廃
☐ 29 統一	☐ 30 統治	☐ 31 風俗	☐ 32 武器
☐ 33 布告	☐ 34 文化財	☐ 35 紛争	☐ 36 偏見
☐ 37 矛盾	☐ 38 融合	☐ 39 滅ぼす	☐ 40 交わる
☐ 41 もたらす	☐ 42 著しい		

01
いそん・いぞん
依存・依存
명 する 의존

日本は食糧の海外依存度が高い方だ。

일본은 식량의 해외 의존도가 높은 편이다.

02
い ぶん か
異文化
명 이문화

異文化交流のサークル活動を始めた。

이문화 교류 서클 활동을 시작했다.

03
えんじょ
援助
명 する 원조

多くの国が地震の被災地の援助を申し出た。

많은 나라들이 지진 피해 지역의 원조를 자원했다.

04
えんぜつ
演説
명 する 연설

選挙期間なので街頭演説が駅前で行われている。

선거 기간이라서 가두연설이 역 앞에서 행해지고 있다.

05
おうしゅう
欧州
명 유럽

欧州のサッカーリーグの試合を観に行った。

유럽 축구 리그의 시합을 보러 갔다.

06
がいしょう
外相
명 외무 장관

アジア各国の外相が参加する国際会議が開催される。

아시아 각국의 외무 장관이 참가하는 국제 회의가 개최된다.

07
かんぜい
関税
명 관세

新しい大統領の関税措置に各国から非難の声が
上がっている。

새 대통령의 관세 조치에 각국에서 비난의 목소리가 일고 있다.

08
きこう
機構
명 기구

国連のような国際機構で働くことが私の夢だ。
국제 연합과 같은 국제기구에서 일하는 것이 나의 꿈이다.

유 組織 조직

09
きょうかん
共感
명 する 공감

大統領の演説は国民の共感を呼び起こした。
대통령의 연설은 국민의 공감을 자아냈다.

10
きょうそん　きょうぞん
共存・共存
명 する 공존

戦いをやめ、共存への道を探すべきだ。
전쟁을 중단하고 공존으로의 길을 찾아야만 한다.

11
きょうてい
協定
명 する 협정

協定の締結から50年という節目の年を迎えた。
협정 체결로부터 50년이라는 의미 있는 해를 맞이했다.

12
きんみつ
緊密
명 ナ する 긴밀

この会社は日本の企業と緊密な協力関係を築いている。
이 회사는 일본 기업과 긴밀한 협력 관계를 구축하고 있다.

13
けいせい
形勢
명 형세

彼の一言で形勢が一気に逆転した。
그의 한마디로 형세가 단번에 역전되었다.

14
けいたい
形態
명 형태, 형체

人の生活の形態や考え方は国によって違う。
사람의 생활 형태나 사고방식은 나라에 따라 다르다.

유 形状 형상, 모양

15
こっこう
国交
명 국교

今年でB国と国交を樹立して150年になる。
올해로 B국과 국교를 수립한 지 150년이 된다.

16
こくぼう
国防
명 국방

防衛会談のためにアメリカの国防長官が来日した。
방위 회담을 위해 미국 국방 장관이 일본을 방문했다.

17
さいけつ
採決
명 する 채결

本会議の採決は、票が割れたため難航を極めた。
본회의 채결은 표가 갈려서 난항을 거듭했다.

18
し えん
支援
명 する 지원, 원조

災害の復興支援の一環として募金活動を始めた。
재해 복구 지원의 일환으로 모금 활동을 시작했다.

유 バックアップ 백업, 후원

19
じゅうぞく
従属
명 する 종속

19世紀には支配・従属を基本とする国際関係が拡大した。
19세기에는 지배·종속을 기본으로 하는 국제 관계가 확대되었다.

20
しゅうふく
修復
명 する 수복, 복원,
(관계) 회복

関係の修復には、まだ時間がかかりそうだ。
관계 회복에는 아직 시간이 걸릴 듯하다.

21
じゅりつ
樹立
명 する 수립

その国では王制を廃止し、選挙によって新政府を樹立した。
그 나라에서는 군주제를 폐지하고 선거를 통해 신정부를 수립했다.

22
しょくりょう
食糧
🟦 식량

ほっかいどう　しょくりょう　じ きゅうりつ　たか　　ぜんこく　い
北海道は食糧の自給率が高く、全国1位だ。
홋카이도는 식량 자급률이 높아, 전국 1위이다.

23
ぜいかん
税関
🟦 세관

に ほん　　にゅうこく　　さい　　ぜいかんしんこくしょ　　ていしゅつ
日本に入国する際は税関申告書を提出しなければ
ならない。
일본에 입국할 때는 세관 신고서를 제출해야 한다.

24
せいやく
制約
🟦 🟩 제약, 제한

かいがい　　　　　　　　　　いろいろ　　せいやく
海外でのビジネスは色々な制約がある。
해외에서의 비즈니스는 여러 가지 제약이 있다.

25
たいとう
台頭
🟦 🟩 대두

せ かいけいざい　　　　　　　　　　たいとう
世界経済ではインドが台頭している。
세계 경제에서는 인도가 대두하고 있다.

26
ちゅうすう
中枢
🟦 중추, 가장 중요한 부분

むかし　　　　　くに　　せ かいけいざい　　ちゅうすう
昔からこの国は世界経済の中枢だった。
옛날부터 이 나라는 세계 경제의 중추였다.

27
ちょういん
調印
🟦 🟩 조인 (공문서에
　　　　　서명·날인하는 것)

だいとうりょう　なや　　すえ　　　　　　　　　　じょうやく　ちょういん
大統領は悩んだ末、フランスとの条約に調印した。
대통령은 고민한 끝에 프랑스와의 조약에 서명했다.

28
てっぱい
撤廃
🟦 🟩 철폐

きんしゅほう　　　　　　　ねん　てっぱい
アメリカの禁酒法は、1934年に撤廃された。
미국의 금주법은 1934년에 철폐되었다.
　　　　　　てっかい
＋ 撤回 철회

29
とういつ
統一
명 する 통일

1989年にベルリンの壁が崩れ、翌年の1990年に
ドイツは統一された。

1989년에 베를린 장벽이 무너지고, 이듬해인 1990년에 독일은 통일되었다.

30
とうち
統治
명 する 통치

彼は20年間王としてこの国を統治してきた。

그는 20년간 왕으로서 이 나라를 통치해 왔다.

유 支配 지배

31
ふうぞく
風俗
명 풍속, 풍습

昔のヨーロッパの日常を描いた風俗画の展示会を
している。

옛 유럽의 일상을 그린 풍속화의 전시회를 하고 있다.

32
ぶき
武器
명 무기

武器を持たないことが平和への第一歩だと思う。

무기를 지니지 않는 것이 평화로 가는 첫걸음이라고 생각한다.

33
ふこく
布告
명 する 포고

彼女はネットで誹謗中傷をしている人たちに
宣戦布告をした。

그녀는 인터넷으로 악성 댓글을 다는 사람들에게 선전포고를 했다.

34
ぶんかざい
文化財
명 문화재

ビルを建てるために地面を掘ったら、江戸時代の
文化財が出てきた。

빌딩을 짓기 위해 지면을 팠더니 에도시대의 문화재가 나왔다.

35
ふんそう
紛争
명 する 분쟁

世界には未だに紛争が絶えない地域がある。

세계에는 아직도 분쟁이 끊이지 않는 지역이 있다.

36
こくさいしゃかい
へんけん
偏見

国際社会になり、外国人に対する偏見は少なく
なった。

[명] 편견

국제 사회가 되면서 외국인에 대한 편견은 적어졌다.

37
む じゅん
矛盾

世の中は矛盾することだらけだ。

[명] [する] 모순

세상은 모순되는 것 투성이다.

38
ゆうごう
融合

いつか韓国と日本の文化を融合した作品を作りたい。

[명] [する] 융합

언젠가 한국과 일본의 문화를 융합한 작품을 만들고 싶다.

39
ほろ
滅ぼす

彼は国を滅ぼした最悪の王として歴史に名を刻んだ。

[동] 멸망시키다, 망치다

그는 나라를 망친 최악의 왕으로 역사에 이름을 새겼다.

[자] 滅びる 멸망하다, 망하다

40
まじ
交わる

トルコは東洋と西洋の文化が交わっている国だ。

[동] 교차하다, 만나다

튀르키예는 동양과 서양의 문화가 교차하는 나라이다.

[타] 交える 섞다, 교차시키다

41
もたらす

彼の何気ない行動が人々の認識に変化をもたらした。

[동] 가져오다, 초래하다,
야기하다

그가 무심코 한 행동이 사람들의 인식에 변화를 불러왔다.

42
いちじる
著しい

温暖化により、北極の海氷が著しく減少している
そうだ。

[イ] 현저하다, 두드러지다

온난화로 인해 북극의 빙하가 현저하게 감소하고 있다고 한다.

---

1 해당 어휘의 읽는 법을 찾고, 빈칸에 그 의미를 써 넣으세요.

| 보기 | 学生 | ⓥ がくせい | ② がっせい | 학생 |

(1) 支援   ① しがん   ② しえん   _____

(2) 演説   ① えんせつ   ② えんぜつ   _____

(3) 統治   ① とうち   ② つうち   _____

(4) 矛盾   ① むじゅん   ② もじゅん   _____

(5) 滅ぼす   ① およぼす   ② ほろぼす   _____

2 문맥에 맞는 단어를 보기 에서 골라 알맞은 형태로 바꾸어 써 넣으세요.

(6) 温暖化により、北極の海氷が(   )減少しているそうだ。

(7) いつか韓国と日本の文化を(   )した作品を作りたい。

(8) 大統領の演説は国民の(   )を呼び起こした。

(9) この会社は日本の企業と(   )協力関係を築いている。

(10) 彼の何気ない行動が人々の認識に変化を(   )た。

| 보기 | 融合   共感   著しい   緊密   もたらす |

✖ 단어를 보고 발음과 의미를 적어 보세요.

단어	발음	의미
改正	かいせい	개정
著しい		
中枢		
修復		
採決		
滅ぼす		
食糧		
交わる		
矛盾		
撤廃		
融合		
偏見		
緊密		
共感		
演説		
台頭		
関税		
紛争		
風俗		
統治		
統一		
税関		
樹立		

📑 선을 따라 접으면 답을 확인할 수 있어요.

❋ 한번 더 복습해 봅시다.

읽는 법과 뜻
かいせい 개정
いちじるしい 현저하다
ちゅうすう 중추
しゅうふく 수복, 복원
さいけつ 채결
ほろぼす 멸망시키다
しょくりょう 식량
まじわる 교차하다
むじゅん 모순
てっぱい 철폐
ゆうごう 융합
へんけん 편견
きんみつ 긴밀
きょうかん 공감
えんぜつ 연설
たいとう 대두
かんぜい 관세
ふんそう 분쟁
ふうぞく 풍속, 풍습
とうち 통치
とういつ 통일
ぜいかん 세관
じゅりつ 수립

한자	발음	의미
예 改正	かいせい	개정
著しい		
中枢		
修復		
採決		
滅ぼす		
食糧		
交わる		
矛盾		
撤廃		
融合		
偏見		
緊密		
共感		
演説		
台頭		
関税		
紛争		
風俗		
統治		
統一		
税関		
樹立		

DAY 20

공연 예술과 문화

음성듣기

얼마나
알고 있나요?

사전 체크

- [ ] 01 圧巻
- [ ] 02 圧倒
- [ ] 03 遺跡
- [ ] 04 絵柄
- [ ] 05 趣
- [ ] 06 顔負け
- [ ] 07 架空
- [ ] 08 格式
- [ ] 09 儀式
- [ ] 10 宮殿
- [ ] 11 享受
- [ ] 12 巨匠
- [ ] 13 骨董品
- [ ] 14 色彩
- [ ] 15 しきたり
- [ ] 16 熟練
- [ ] 17 受賞
- [ ] 18 主役
- [ ] 19 静止
- [ ] 20 壮大
- [ ] 21 措置
- [ ] 22 大家
- [ ] 23 抽象
- [ ] 24 出番
- [ ] 25 伝授
- [ ] 26 踏襲
- [ ] 27 特設
- [ ] 28 発掘
- [ ] 29 伴奏
- [ ] 30 復活
- [ ] 31 前売り
- [ ] 32 無名
- [ ] 33 名産
- [ ] 34 拝む
- [ ] 35 凝らす
- [ ] 36 授ける
- [ ] 37 奉る
- [ ] 38 告げる
- [ ] 39 手掛ける
- [ ] 40 秘める
- [ ] 41 誇る
- [ ] 42 あっけない
- [ ] 43 渋い
- [ ] 44 華々しい
- [ ] 45 画期的
- [ ] 46 きらびやか
- [ ] 47 盛大
- [ ] 48 独創的

01
あっかん
圧巻
명 압권

その映画はラストシーンが特に圧巻だった。
그 영화는 마지막 장면이 특히 압권이었다.

02
あっとう
圧倒
명 する 압도

あの選手は体力だけでなく精神力でもライバルを
圧倒していた。
저 선수는 체력뿐만 아니라, 정신력으로도 라이벌을 압도하고 있었다.

03
い せき
遺跡
명 유적

この遺跡からは様々な歴史的発見があった。
이 유적에서는 다양한 역사적 발견이 있었다.

04
え がら
絵柄
명 (공예품 등의) 그림이나
도안

茶碗の絵柄が気に入り、すぐに購入した。
밥공기의 문양이 마음에 들어서 바로 구입했다.

05
おもむき
趣
명 정취, 멋

この家は100年前の 趣 を残している。
이 집은 100년 전의 정취를 남기고 있다.

06
かお ま
顔負け
명 する 압도됨, 무색해짐

少年の大人顔負けの演技力に驚いた。
소년의 어른을 무색하게 하는 연기력에 놀랐다.

07
かくう
架空
명 ナ 가공, 상상으로 만듦

この小説は架空の事件が背景となっている。
しょうせつ　かくう　じけん　はいけい

이 소설은 가공의 사건이 배경으로 되어 있다.

08
かくしき
格式
명 격식

このレストランは格式が高く、ドレスコードもある。
かくしき　たか

이 레스토랑은 격식이 높으며, 드레스 코드도 있다.

09
ぎしき
儀式
명 의식

昔の人は、雨が降ることを祈る儀式をしていた。
むかし　ひと　あめ　ふ　いの　ぎしき

옛날 사람들은 비가 내리기를 기도하는 의식을 했었다.

10
きゅうでん
宮殿
명 궁전, 신을 모신 사당

テレビでベルサイユ宮殿について放送している。
きゅうでん　ほうそう

TV에서 베르사유 궁전에 대해 방송하고 있다.

11
きょうじゅ
享受
명 する 받아들여 누림

農業を始めてからは、自然の恵みを享受している。
のうぎょう　はじ　しぜん　めぐ　きょうじゅ

농업을 시작하고 나서는 자연의 혜택을 누리고 있다.

12
きょしょう
巨匠
명 거장, (예술계의) 대가

芸術界の巨匠と言えば彼を差し置いて他にはいない。
げいじゅつかい　きょしょう　い　かれ　さ　お　ほか

예술계의 거장이라고 하면 그 외에는 달리 없다.

유 大家 대가, 거장
たいか

13
こっとうひん
骨董品
명 골동품

私は物心がついた頃から、骨董品には目がない。
나는 철이 들 무렵부터 골동품이라면 사족을 못 쓴다.

14
しきさい
色彩
명 색채, 빛깔, 성질

色に関する知識を問う「色彩検定」という資格があるらしい。
색에 관한 지식을 묻는 '색채 검정'이라는 자격이 있다고 한다.

15
しきたり
명 관례, 관습

父は古いしきたりを頑なに守っている。
아버지는 오랜 관습을 완고하게 지키고 있다.

16
じゅくれん
熟練
명 する 숙련

この美しさは、熟練した技術によってのみ表現できる。
이 아름다움은 숙련된 기술에 의해서만 표현할 수 있다.

17
じゅしょう
受賞
명 する 수상

これは国内外の映画賞で次々と受賞した映画です。
이것은 국내외 영화상에서 잇따라 수상한 영화입니다.

18
しゅやく
主役
명 주역

努力が認められ、次の作品の主役に選ばれた。
노력을 인정받아 다음 작품의 주역으로 발탁되었다.

19
せい し
静止
名 する 정지

バレーでは、動きだけでなく、静止した状態の美しさも重要だ。
발레에서는 움직임만이 아니라 정지한 상태의 아름다움도 중요하다.

20
そうだい
壮大
名 ナ 장대, 웅장

彼の壮大な夢を聞いて、言葉が出なかった。
그의 장대한 꿈을 듣고 말이 나오지 않았다.

21
そ ち
措置
名 する 조치

コーチは選手の将来を考えて、試合を欠場させる措置を取った。
코치는 선수의 장래를 생각해서 시합을 결장시키는 조치를 취했다.

22
たい か
大家
名 대가, 거장

担任の先生が実は有名な書道の大家だったことを知り、びっくりした。
담임 선생님이 실은 유명한 서도 대가였다는 것을 알고 깜짝 놀랐다.

유 巨匠 거장, 대가

23
ちゅうしょう
抽象
名 する 추상

ピカソの抽象画はその奇妙さが格好いいと思う。
피카소의 추상화는 그 기묘함이 멋있다고 생각한다.

반 具体 구체

24
で ばん
出番
名 (일·무대 등에) 나갈 차례, 나설 장면

1時間も待って、いよいよ私の出番が回ってきた。
한 시간이나 기다려 드디어 내가 나갈 차례가 돌아왔다.

25
でんじゅ
伝授
명 する 전수,
전하여 가르침

彼は弟子たちに陶芸の技術を伝授している。
그는 제자들에게 도예 기술을 전수하고 있다.

26
とうしゅう
踏襲
명 する 답습, 그대로
따르거나 이어나감

従来の方法を踏襲するだけでは発展は望めない。
종래의 방법을 답습하는 것만으로는 발전은 기대할 수 없다.

27
とくせつ
特設
명 する 특설

この映画の特設サイトがオープンした。
이 영화의 특설 사이트가 열렸다.

28
はっくつ
発掘
명 する 발굴

あの人は今まで多くの新人を発掘してきた。
저 사람은 지금까지 많은 신인을 발굴해 왔다.

29
ばんそう
伴奏
명 する 반주

ピアノの伴奏に合わせて全員で歌いましょう。
피아노 반주에 맞춰 다 같이 노래합시다.

30
ふっかつ
復活
명 する 부활

20年前に解散したグループが今夜に限り復活する
そうだ。
20년 전에 해산한 그룹이 오늘 밤 한정으로 부활한다고 한다.

31
まえ う
前売り
🔲 する 예매

人気のライブは前売り券を買った方がいい。
인기 있는 콘서트는 예매권을 사는 편이 좋다.

32
む めい
無名
🔲 무명

彼女の無名時代の作品は、どれも名作ばかりだ。
그녀의 무명 시절 작품은 모두 명작뿐이다.

33
めいさん
名産
🔲 명산, 명물

小説の背景になった地域の名産が飛ぶように売れている。
소설의 배경이 된 지역의 명물(명산품)이 날개 돋친 듯이 팔리고 있다.

　유 名物 명물

34
おが
拝む
🔲 배례하다, 공손히 절하다

墓に行って先祖を拝むことを墓参りと言う。
묘지에 가서 조상에게 배례하는 것을 성묘라고 한다.

35
こ
凝らす
🔲 (마음·눈·귀 등을) 집중시키다

美術館の工夫を凝らした装飾が話題になった。
미술관의 세심하게 구상된 장식이 화제가 되었다.

繊細に趣向を凝らした衣装デザインもこの映画の見どころだ。
섬세하게 공들인 의상 디자인도 이 영화의 관전 포인트이다.

36
さず
授ける
🔲 주다, 하사하다, 전수하다

彼が弟子になってもう10年だから、そろそろ秘伝を授けてもいいと思う。
그가 제자가 된 지도 벌써 10년이니, 슬슬 비전(비법)을 전수해도 좋을 것 같다.

37
たてまつ
奉る

동 받들다, 모시다

せ かいじゅう　ひと　　　　　　　　　　　　かみ　たてまつ
世界中の人が、それぞれの神を奉っている。

전 세계 사람들이 각자의 신을 모시고 있다.

38
つ
告げる

동 고하다, 알리다

とき　　し あいしゅうりょう　つ　　　　　　　　　な
その時、試合終了を告げるブザーが鳴った。

그때, 시합 종료를 알리는 버저가 울렸다.

39
て　が
手掛ける

동 손수(직접) 다루다,
보살피다

えい が　　　　せ かいてき　ゆうめい　かんとく　て　が　　さくひん
この映画は、世界的に有名な監督が手掛けた作品だ。

이 영화는 세계적으로 유명한 감독이 참여한 작품이다.

40
ひ
秘める

동 숨기다, 간직하다

かのじょ　　　　　　　　　　　　　　　さいのう　ひ
彼女はピアニストとしての才能を秘めている。

그녀는 피아니스트로서의 재능을 가지고 있다.

41
ほこ
誇る

동 자랑하다, 뽐내다

き もの　　に ほん　ほこ　でんとうぶん か　　ひと
着物は日本が誇る伝統文化の一つだ。

기모노는 일본이 자랑하는 전통문화 중 하나이다.

42
あっけない

イ 어이없다, 싱겁다

ゆうしょう　き たい
あのチームは優勝を期待されていたのにあっけなく
よ せん　やぶ
予選で敗れてしまった。

저 팀은 우승이 기대되고 있었는데, 어이없이 예선에서 져 버렸다.

유 つまらない 싱겁다, 재미없다

43
しぶ
渋い

イ 떫다, (표정이) 씁쓸하다,
차분한 멋이 있다

あの俳優は年を重ねるごとに渋い演技をするように
なった。
그 배우는 해를 거듭할수록 중후한 연기를 하게 되었다.

44
はなばな
華々しい

イ 눈부시다, 훌륭하다

この女優は今まで芸能界で華々しい活躍をしてきた。
이 여배우는 지금까지 연예계에서 눈부신 활약을 해 왔다.

45
かっきてき
画期的

ナ 획기적

そのアイデアは非常に画期的で注目を浴びている。
그 아이디어는 매우 획기적이어서 주목을 받고 있다.

46
きらびやか

ナ 화려함,
눈부시게 아름다움

パーティー会場では、みんなきらびやかな衣装を
着ていた。
파티장에서는 모두 화려한 의상을 입고 있었다.

47
せいだい
盛大

ナ 名 성대

10周年記念式典は盛大に行われた。
10주년 기념 식전은 성대하게 열렸다.

48
どくそうてき
独創的

ナ 독창적

彼女はいつも独創的で刺激的な演奏を聴かせてくれ
る。
그녀는 언제나 독창적이고 자극적인 연주를 들려 준다.

확인 문제

1 해당 어휘의 읽는 법을 찾고, 빈칸에 그 의미를 써 넣으세요.

| 보기 | 学生 | ⓥ がくせい | ② がっせい | 학생 |

(1) 伴奏　① はんそう　② ばんそう　_____

(2) 趣　① おもむき　② おおやけ　_____

(3) 拝む　① はずむ　② おがむ　_____

(4) 色彩　① しょくさい　② しきさい　_____

(5) 発掘　① はっくつ　② ほっくつ　_____

2 문맥에 맞는 단어를 보기에서 골라 알맞은 형태로 바꾸어 써 넣으세요.

(6) あの俳優は年を重ねるごとに(　　　)演技をするようになった。

(7) あのチームは優勝を期待されていたのに(　　　)予選で敗れてしまった。

(8) この女優は今まで芸能界で(　　　)活躍をしてきた。

(9) この映画は、世界的に有名な監督が(　　　)作品だ。

(10) パーティー会場では、みんな(　　　)衣装を着ていた。

| 보기 | 渋い　華々しい　きらびやか　あっけない　手掛ける |

단어 퀴즈

✤ 단어를 보고 발음과 의미를 적어 보세요.

단어	발음	의미
改正	かいせい	개정
渋い		
秘める		
享受		
伝授		
誇る		
授ける		
凝らす		
伴奏		
措置		
壮大		
熟練		
色彩		
巨匠		
盛大		
独創的		
踏襲		
画期的		
告げる		
奉る		
拝む		
復活		
発掘		

선을 따라 접으면 답을 확인할 수 있어요.

읽는 법과 뜻
☐ かいせい 개정
☐ しぶい 떫다, 차분한 멋이 있다
☐ ひめる 숨기다, 간직하다
☐ きょうじゅ 받아들여 누림
☐ でんじゅ 전수
☐ ほこる 자랑하다, 뽐내다
☐ さずける 주다, 전수하다
☐ こらす 집중시키다
☐ ばんそう 반주
☐ そち 조치
☐ そうだい 장대, 웅장
☐ じゅくれん 숙련
☐ しきさい 색채
☐ きょしょう 거장, 대가
☐ せいだい 성대
☐ どくそうてき 독창적
☐ とうしゅう 답습
☐ かっきてき 획기적
☐ つげる 고하다, 알리다
☐ たてまつる 받들다, 모시다
☐ おがむ 공손히 절하다
☐ ふっかつ 부활
☐ はっくつ 발굴

✤ 한번 더 복습해 봅시다.

한자	발음	의미
예 改正	かいせい	개정
渋い		
秘める		
享受		
伝授		
誇る		
授ける		
凝らす		
伴奏		
措置		
壮大		
熟練		
色彩		
巨匠		
盛大		
独創的		
踏襲		
画期的		
告げる		
奉る		
拝む		
復活		
発掘		

排出権ビジネス

　地球温暖化対策を定めた京都議定書では、温暖化ガスの削減を各国に義務付けると共に、温暖化ガス排出量を取り引きすることが認められている。今、世界中でこの「排出権ビジネス」が展開されている。例えば、日本のM商事が手がけているプロジェクトは、カンボジアとベトナムの国境沿いの高原にゴムの木の植林を行うというものだ。3,000人の現地住民を雇用することで地域貢献し、さらに植林によって二酸化炭素(CO_2)を吸収し、300万トン分の排出権を生み出すという。正に一石二鳥のビジネスだが、考えてみれば、これを可能にしているのは二国間の経済格差にほかならない。これも途上国が発展するまでの過渡的な解決策だと言わざるを得ないだろう。

해석

배출권 비지니스

　지구 온난화 대책을 정한 교토 의정서에서는 온난화 가스의 삭감을 각국에 의무화함과 동시에, 온난화 가스 배출량을 거래하는 것이 인정되고 있다. 지금, 전 세계에서 이 '배출권 비즈니스'가 전개되고 있다. 예를 들면, 일본의 M상사가 진행하고 있는 프로젝트는 캄보디아와 베트남 국경 근처의 고원에 고무나무 산림을 조성한다는 것이다. 3,000명의 현지 주민을 고용함으로써 지역에 공헌하고, 더욱이 산림 조성으로 인해 이산화탄소(CO_2)를 흡수하여, 300만 톤 분량의 배출권을 만들어 낸다고 한다. 그야말로 일석이조의 비즈니스이지만, 생각해 보면 이것을 가능하게 하고 있는 것은 바로 양국간의 경제 격차이다. 이것도 개발 도상국이 발전하기까지의 과도기적인 해결책이라고 말하지 않을 수 없을 것이다.

음성 듣기

DAY 21

<u>스포츠</u>

얼마나
알고 있나요?

사전 체크

- [ ] 01 逸材
- [ ] 02 雨天
- [ ] 03 英雄
- [ ] 04 獲得
- [ ] 05 苦笑
- [ ] 06 苦戦
- [ ] 07 健闘
- [ ] 08 交代
- [ ] 09 最下位
- [ ] 10 自滅
- [ ] 11 障害物
- [ ] 12 賞状
- [ ] 13 勝負
- [ ] 14 絶好
- [ ] 15 選考
- [ ] 16 体制
- [ ] 17 団結
- [ ] 18 痛感
- [ ] 19 負傷
- [ ] 20 奮闘
- [ ] 21 本領
- [ ] 22 守り
- [ ] 23 名誉
- [ ] 24 技
- [ ] 25 うぬぼれる
- [ ] 26 追い抜く
- [ ] 27 思い知る
- [ ] 28 欠ける
- [ ] 29 鍛える
- [ ] 30 先立つ
- [ ] 31 縮める
- [ ] 32 培う
- [ ] 33 転じる
- [ ] 34 遠ざかる
- [ ] 35 逃す
- [ ] 36 臨む
- [ ] 37 励ます
- [ ] 38 負かす
- [ ] 39 勝る
- [ ] 40 全うする
- [ ] 41 念入り
- [ ] 42 歴然

01
いつざい
逸材
명 뛰어난 인재, 재능

あの選手は100年に一度の逸材だとニュースで言って
いた。
저 선수는 백 년에 한 번 나올 인재라고 뉴스에서 말했다.

02
うてん
雨天
명 우천

今回の大会は雨天決行とする。
이번 대회는 우천시에도 강행한다.

03
えいゆう
英雄
명 영웅

彼女は次々とスパイクを決め、チームの英雄に
なった。
그녀는 잇따라 스파이크를 성공하여 팀의 영웅이 되었다.

04
かくとく
獲得
명 する 획득

女子バレーで代表チームが銀メダルを獲得した。
여자 배구에서 대표팀이 은메달을 획득했다.

05
くしょう
苦笑
명 する 쓴웃음

選手の信じがたいミスに監督は苦笑するしかなかった。
선수의 믿기 힘든 실수에 감독은 쓴웃음을 지을 수밖에 없었다.

06
くせん
苦戦
명 する 고전

優勝候補が集まった組だったが苦戦の末、勝利を
手にした。
우승 후보가 모인 조였지만 고전 끝에 승리를 손에 넣었다.

07
けんとう
健闘
명 する 건투

私の学校は全国大会で健闘したが3回戦で敗れた。
우리 학교는 전국 대회에서 건투했지만 3회전에서 패배했다.

08
こうたい
交代
名 する 교체, 교대

選手の交代は1試合につき3人までと決まっている。
선수 교체는 한 시합당 세 명까지로 정해져 있다.

09
さいかい
最下位
名 최하위

精一杯頑張ったが県大会で最下位になった。
있는 힘껏 노력했지만 현대회에서 최하위가 되었다.

10
じめつ
自滅
名 する 자멸

ピッチャーは一つもアウトが取れないまま自滅した。
투수는 한 개도 아웃을 따내지 못한 채 자멸했다.

11
しょうがいぶつ
障害物
名 장애물

乗馬の障害物レースで優勝した。
승마의 장애물 경주에서 우승했다.

12
しょうじょう
賞状
名 상장

優勝校には賞状の他に、トロフィーと優勝旗が渡される。
우승 학교에게는 상장 외에 트로피와 우승기가 전달된다.

13
しょうぶ
勝負
名 する 승부, 승패

勝負を分けたのは、二人のスタミナの差だった。
승패를 가른 것은 두 사람의 스태미나 차이였다.
유 勝敗 しょうはい 승패

14
ぜっこう
絶好
名 절호

絶好の位置からのフリーキックを外してしまった。
절호의 위치에서 찬 프리킥을 실패하고 말았다.

15
せんこう
選考
名 する 선고, 전형

きび　　　せんこう き じゅん　　　　　　　　　　　　　　ひと　　　　　だいひょうせんしゅ
厳しい選考基準をクリアした人のみ代表選手になれ
る。
엄격한 전형 기준을 통과한 사람만 대표 선수가 될 수 있다.

16
たいせい
体制
名 체제

にんたいせい　　おこな
バスケットボールは5人体制で行うスポーツだ。
농구는 다섯 명 체제로 하는 스포츠이다.

17
だんけつ
団結
名 する 단결

こん ど　　　しょう り　　せんしゅ　　　　だんけつ　　　　ちから
今度の勝利は選手たちの団結した力がもたらした
ものです。
이번 승리는 선수들의 단결된 힘이 가져온 것입니다.

18
つうかん
痛感
名 する 통감

こんかい　　し あい　　じ ぶん　　じつりょく　　　　　　　　つうかん
今回の試合で自分の実力のなさを痛感した。
이번 시합에서 내 실력 없음을 통감했다.

19
ふ しょう
負傷
名 する 부상

し あいちゅう　あし　ふ しょう　　びょういん　はこ
試合中に足を負傷して病院へ運ばれた。
시합 중에 다리에 부상을 입어 병원에 실려 갔다.

유 怪我 상처, 부상
　け が

20
ふんとう
奮闘
名 する 분투

ゆうしょう　　のが　　　　　　　　　　せんしゅ　　ふんとう　　あたた　　はくしゅ
優勝こそ逃したが、その選手の奮闘に温かい拍手が
お
起きた。
우승은 놓쳤지만 그 선수의 분투에 따뜻한 박수가 쏟아졌다.

21
ほんりょう
本領
名 본래의 특성(본질), 진가

し あい　　ほんりょう　はっ き　　　　　　　　たいちょう　ととの
試合で本領を発揮するために、体調を整えた。
시합에서 진가를 발휘하기 위해서 컨디션을 조절했다.

22
まも
守り
图 지킴, 수비

<ruby>既<rt>すで</rt></ruby>にリーグ<ruby>突破<rt>とっぱ</rt></ruby>の<ruby>得点<rt>とくてん</rt></ruby>をあげたのでAチームは<ruby>守<rt>まも</rt></ruby>りに<ruby>入<rt>はい</rt></ruby>った。
이미 리그 돌파 득점을 땄기 때문에 A팀은 수비로 돌아섰다.

23
めい よ
名誉
图 ナ 명예

チームの<ruby>名誉<rt>めいよ</rt></ruby>にかけて、この<ruby>試合<rt>しあい</rt></ruby>は<ruby>負<rt>ま</rt></ruby>けられない。
팀의 명예를 걸고 이 시합은 질 수 없다.

24
わざ
技
图 기술, 재주

<ruby>柔道<rt>じゅうどう</rt></ruby>では<ruby>小柄<rt>こがら</rt></ruby>でも<ruby>巧<rt>たく</rt></ruby>みな<ruby>技<rt>わざ</rt></ruby>を<ruby>駆使<rt>くし</rt></ruby>する<ruby>選手<rt>せんしゅ</rt></ruby>が<ruby>勝<rt>か</rt></ruby>つことが<ruby>多<rt>おお</rt></ruby>い。
유도에서는 체격이 작아도 능숙한 기술을 구사하는 선수가 이기는 경우가 많다.

25
うぬぼれる
图 자부하다, 자만하다

<ruby>自分<rt>じぶん</rt></ruby>の<ruby>力<rt>ちから</rt></ruby>にうぬぼれて<ruby>努力<rt>どりょく</rt></ruby>を<ruby>怠<rt>おこた</rt></ruby>る<ruby>選手<rt>せんしゅ</rt></ruby>が<ruby>勝<rt>か</rt></ruby>つことはない。
자신의 능력을 자만하여 노력을 게을리하는 선수가 이기는 법은 없다.

26
お ぬ
追い抜く
图 앞지르다, 추월하다

リレーで<ruby>最終走者<rt>さいしゅうそうしゃ</rt></ruby>が<ruby>前<rt>まえ</rt></ruby>の<ruby>選手<rt>せんしゅ</rt></ruby>を<ruby>追<rt>お</rt></ruby>い<ruby>抜<rt>ぬ</rt></ruby>いて1<ruby>着<rt>ちゃく</rt></ruby>になった。
릴레이에서 마지막 주자가 앞 선수를 추월하여 첫 번째로 들어왔다.

27
おも し
思い知る
图 뼈저리게 느끼다, 통감하다

<ruby>決勝戦<rt>けっしょうせん</rt></ruby>で<ruby>相手<rt>あいて</rt></ruby>チームの<ruby>強<rt>つよ</rt></ruby>さを<ruby>思<rt>おも</rt></ruby>い<ruby>知<rt>し</rt></ruby>った。
결승전에서 상대팀의 강함을 뼈저리게 느꼈다.

28
か
欠ける
图 부족하다, 결여하다, 일부가 빠지다

<ruby>怪我<rt>けが</rt></ruby>でメンバーが<ruby>欠<rt>か</rt></ruby>けてしまった。
부상으로 멤버가 부족해졌다.
➕ <ruby>欠<rt>か</rt></ruby>く 깨다, 결여하다

29
きた
鍛える
통 단련하다, 연마하다

かれ まいにち かよ からだ きた
彼は毎日スポーツジムに通い、体を鍛えている。
그는 매일 헬스장(체육관)에 다니며 몸을 단련하고 있다.

30
さき だ
先立つ
통 앞서다, 앞장서다

し あい さき だ こっ か せいしょう
試合に先立って国歌を斉唱します。
경기에 앞서 국가를 제창하겠습니다.

31
ちぢ
縮める
통 줄이다, 단축하다

せ かい き ろく びょう ちぢ
世界記録を0.8秒も縮めた。
세계 기록을 0.8초나 단축했다.

자 ちぢ 縮まる 오그라들다, 줄어들다　ちぢ 縮む 줄다, 오그라들다, 단축되다

32
つちか
培う
통 기르다, 배양하다

たいりょく しゅうちゅうりょく つちか じっせん い こころ
体力と集中力を培って実戦に活かすことを心がけて
いる。
체력과 집중력을 길러 실전에 살리는 것을 유념하고 있다.

33
てん てん
転じる・転ずる
통 변하다, 바뀌다

こうはんせん し あい わたし ゆう り てん
後半戦になると試合は私たちに有利に転じた。
후반전이 되자 시합은 우리들에게 유리하게 바뀌었다.

유 か 変わる 바뀌다, 변하다

34
とお
遠ざかる
통 멀어지다, 소원해지다

ふ しょう で ゆめ とお
負傷でオリンピックに出るという夢が遠ざかって
しまった。
부상으로 올림픽에 나간다는 꿈이 멀어지고 말았다.

35
のが
逃す
통 놓치다

かれ げんりょう しっぱい し あい で のが
彼は減量に失敗して試合に出られるチャンスを逃して
しまった。
그는 감량에 실패하여 시합에 나갈 수 있는 기회를 놓치고 말았다.

＋ のが 逃れる 피하다, 벗어나다

36
のぞ
臨む
🇰🇷 향하다, (중요한 장면에) 임하다, 직면하다

サッカー協会はアジア大会に臨む代表選手を発表した。
축구 협회는 아시아 대회에 임할 대표 선수를 발표했다.

37
はげ
励ます
🇰🇷 북돋우다, 격려하다

マラソンのゴール前には多くの市民が集まって選手たちを励ましていた。
마라톤 골 앞에는 많은 시민이 모여 선수들을 격려하고 있었다.

38
ま
負かす
🇰🇷 지게 하다, 이기다

昨日の試合で優勝候補を1点差で負かした。
어제의 시합에서 우승 후보를 1점 차로 이겼다.

39
まさ
勝る
🇰🇷 낫다, 우수하다

彼に勝る才能をもつ選手は、今後も現れないだろう。
그보다 우수한 재능을 가진 선수는 앞으로도 나타나지 않을 것이다.

유 優れる 뛰어나다, 출중하다
반 劣る 뒤떨어지다, 뒤지다

40
まっと
全うする
🇰🇷 완수하다, 다하다

試合中は自分に課された役割を全うすることに専念している。
시합(경기) 중에는 자신에게 주어진 역할을 다하는 것에 전념하고 있다.

41
ねんい
念入り
ナ 매우 조심함, 정성 들임

怪我を防ぐために、念入りにストレッチをした。
부상을 방지하기 위해서 정성껏 스트레칭을 했다.

유 入念 공을 들임, 꼼꼼히 함

42
れきぜん
歴然
ナ 역력, 분명함, 또렷함

両チームの力の差は歴然としている。
양 팀의 역량 차이는 역력하다.

유 はっきりする 분명(히) 하다

1 해당 어휘의 읽는 법을 찾고, 빈칸에 그 의미를 써 넣으세요.

보기	学生	ⓥ がくせい	② がっせい	학생

(1) 逸材　　①いちざい　②いつざい　_____

(2) 名誉　　①めいよ　　②めいよう　_____

(3) 歴然　　①れきねん　②れきぜん　_____

(4) 奮闘　　①ふんとう　②ぶんとう　_____

(5) 技　　　①えだ　　　②わざ　　　_____

2 문맥에 맞는 단어를 보기에서 골라 알맞은 형태로 바꾸어 써 넣으세요.

(6) サッカー協会はアジア大会に(　　　　)代表選手を発表した。

(7) 彼は減量に失敗して試合に出られるチャンスを(　　　　)しまった。

(8) 怪我でメンバーが(　　　　)しまった。

(9) 彼は毎日スポーツジムに通い、体を(　　　　)いる。

(10) 自分の力に(　　　　)努力を怠る選手が勝つことはない。

보기	逃す　　鍛える　　臨む　　欠ける　　うぬぼれる

정답 -

(1) ② 뛰어난 인재, 재능　(2) ① 명예　(3) ② 역력, 분명함, 또렷함　(4) ① 분투　(5) ② 기술, 재주
(6) 臨(のぞ)む　(7) 逃(のが)して　(8) 欠(か)けて　(9) 鍛(きた)えて　(10) うぬぼれて

258 N1 DAY 21

단어 퀴즈

✤ 단어를 보고 발음과 의미를 적어 보세요.

단어	발음	의미
改正	かいせい	개정
念入り		
臨む		
歴然		
培う		
縮める		
賞状		
鍛える		
絶好		
技		
体制		
痛感		
負かす		
勝る		
奮闘		
自滅		
雨天		
名誉		
交代		
健闘		
選考		
勝負		
逸材		

선을 따라 접으면 답을 확인할 수 있어요.

✤ 한번 더 복습해 봅시다.

읽는 법과 뜻
☐ かいせい 개정
☐ ねんいり 매우 조심함
☐ のぞむ 향하다, 임하다
☐ れきぜん 역력, 분명함
☐ つちかう 기르다, 배양하다
☐ ちぢめる 줄이다
☐ しょうじょう 상장
☐ きたえる 단련하다
☐ ぜっこう 절호
☐ わざ 기술, 재주
☐ たいせい 체제
☐ つうかん 통감
☐ まかす 지게 하다, 이기다
☐ まさる 낫다, 우수하다
☐ ふんとう 분투
☐ じめつ 자멸
☐ うてん 우천
☐ めいよ 명예
☐ こうたい 교체, 교대
☐ けんとう 건투
☐ せんこう 선고, 전형
☐ しょうぶ 승부
☐ いつざい 뛰어난 인재

한자	발음	의미
예 改正	かいせい	개정
念入り		
臨む		
歴然		
培う		
縮める		
賞状		
鍛える		
絶好		
技		
体制		
痛感		
負かす		
勝る		
奮闘		
自滅		
雨天		
名誉		
交代		
健闘		
選考		
勝負		
逸材		

음성 듣기

DAY 22

여행과 취미

얼마나
알고 있나요?

사전 체크

☐ **01** 網	☐ **02** 囲碁	☐ **03** 異国	☐ **04** 移住
☐ **05** 延滞	☐ **06** 片言	☐ **07** 啓発	☐ **08** 厳選
☐ **09** 高尚	☐ **10** 行楽	☐ **11** 嗜好	☐ **12** 思索
☐ **13** 社交	☐ **14** 縦横	☐ **15** 収集	☐ **16** 滞在
☐ **17** 探検	☐ **18** 彫刻	☐ **19** 追求	☐ **20** 集い
☐ **21** 提示	☐ **22** 鉄棒	☐ **23** 当地	☐ **24** 遠出
☐ **25** 特技	☐ **26** 冒険	☐ **27** 街中	☐ **28** 満喫
☐ **29** 無謀	☐ **30** 綿密	☐ **31** 屋敷	☐ **32** 由緒
☐ **33** 有数	☐ **34** 由来	☐ **35** 余暇	☐ **36** 夜更かし
☐ **37** 羅針盤	☐ **38** いじる	☐ **39** 駆ける	☐ **40** 興じる
☐ **41** 辿る	☐ **42** 接ぐ	☐ **43** 率いる	☐ **44** 振るう
☐ **45** 跨がる	☐ **46** 潜る	☐ **47** 名高い	☐ **48** 手軽

01
あみ
網
명 그물, 망

家庭菜園に動物が入らないように網を張った。
텃밭에 동물이 들어오지 않도록 그물을 쳤다.

02
い ご
囲碁
명 바둑

囲碁の世界観は人生に例えられることが多い。
바둑의 세계관은 인생에 비유되는 경우가 많다.

03
い こく
異国
명 이국, 외국

かばん一つで異国を旅するのが好きだ。
가방 하나 메고 다른 나라를 여행하는 것을 좋아한다.

04
い じゅう
移住
명 する 이주

何度も沖縄に旅行しているうちに移住する決心をした。
몇 번이나 오키나와로 여행하던 사이에 이주할 결심을 했다.

05
えんたい
延滞
명 する 연체

旅先でカードを使おうとしたら延滞のために使えなくなっていた。
여행지에서 카드를 사용하려고 했더니 연체 때문에 사용할 수 없게 되어 있었다.

06
かたこと
片言
명 서투른 말씨, 떠듬떠듬하는 말

旅行中は、片言の英語でコミュニケーションを取っていた。
여행 중에는 서툰 영어로 소통을 했었다.

07

けいはつ
啓発
名 する 계발, 계몽

しょてん うりあげ じょうい じ こ けいはつぼん なら
書店の売上の上位にはいつも自己啓発本が並んでいる。

서점 매출 상위에는 늘 자기 계발서가 줄지어 있다.

08

げんせん
厳選
名 する 엄선

しゅ み つく りょうり ひ よう む し ざいりょう げんせん
趣味で作る料理は費用を無視して材料を厳選している。

취미로 만드는 요리는 비용을 무시하고 재료를 엄선하고 있다.

09

こうしょう
高尚
名 ナ 고상, 품격이 높음

こうしょう しゅ み も
とても高尚な趣味をお持ちですね。

아주 고상한 취미를 가지고 계시는군요.

じょうひん
유 上品 품위가 있음, 고상함

ていぞく
반 低俗 저속, 저급

10

こうらく
行楽
名 행락

あき こうらく む たさい しょうひん で
秋の行楽シーズン向けに多彩なツアー商品が出ている。

가을 행락 시즌용으로 다채로운 여행 상품이 나와 있다.

11

し こう
嗜好
名 する 기호

さ どう ぶ し し こうひん ちゃ ぶん か たか
茶道は武士の嗜好品だったお茶を文化にまで高めた。

다도는 무사의 기호품이었던 차를 문화로까지 드높였다.

12

し さく
思索
名 する 사색

いっしゅうかんべっそう し さく ふけ
一週間別荘にこもって思索に耽っていた。

일주일간 별장에 틀어박혀 사색에 잠겨 있었다.

13
しゃこう
社交
[명] 사교

だいがく じ だい　しゃこう　　　　なら
大学時代は社交ダンスを習っていた。
대학 시절에는 사교 댄스를 배우고 있었다.

14
じゅうおう
縦横
[명] [ナ] 종횡

かれ　いま せ かいじゅう　じゅうおう　 と　まわ
彼は今世界中を縦横に飛び回っている。
그는 지금 전 세계를 종횡으로 돌아다니고 있다.

15
しゅうしゅう
収集
[명] [する] 수집

てつどうかんれん　　　　　しゅうしゅう　　　　かれ　しゅ み
鉄道関連のものを収集するのが彼の趣味だ。
철도 관련 물건을 수집하는 것이 그의 취미이다.

16
たいざい
滞在
[명] [する] 체재, 체류

おおさか　　　　しゅうかんたいざい　　よ てい
大阪には1週間滞在する予定です。
오사카에는 일주일 동안 체류할 예정입니다.

17
たんけん
探検
[명] [する] 탐험

きのう む じんとう　たんけん　ゆめ み
昨日無人島を探検する夢を見た。
어제 무인도를 탐험하는 꿈을 꾸었다.

18
ちょうこく
彫刻
[명] [する] 조각

かのじょ　いま　おお　　　ちょうこくさくひん　はっぴょう
彼女は今まで多くの彫刻作品を発表してきた。
그녀는 지금까지 많은 조각 작품을 발표해 왔다.

19
ついきゅう
追求
명 する 추구

最近のゲームはリアリティーを追求したものが多い。

요즘 게임은 리얼리티를 추구한 것이 많다.

20
つど
集い
명 모임, 회합

私は毎週末、映画鑑賞の集いに参加している。

나는 매주 주말, 영화 감상 모임에 참가하고 있다.

유 会合 회합　集まり 모임

21
てい じ
提示
명 する 제시

ホテルでパスポートの提示を求められた。

호텔에서 여권 제시를 요청받았다.

유 示す 제시하다, 보이다

22
てつぼう
鉄棒
명 철봉

子供の頃は鉄棒が得意だった。

어릴 때는 철봉이 특기였다.

23
とう ち
当地
명 이 지방, 현지

最近はご当地名物や、キャラクターが人気だ。

요즘은 본고장 명물이나 캐릭터가 인기이다.

24
とお で
遠出
명 する 멀리 나감, 여행함

せっかくの連休なので、遠出してみることにした。

모처럼의 연휴니까 멀리 나가 보기로 했다.

25
とく ぎ
特技
명 특기

趣味で習い始めたスペイン語が今や自分の特技と
なった。
취미로 배우기 시작한 스페인어가 이제는 내 특기가 되었다.

26
ぼうけん
冒険
명 する 모험

この小説は冒険から戻ってきた勇者の後日譚です。
이 소설은 모험에서 돌아온 용사의 후일담입니다.

27
まちなか
街中
명 거리, 번화가

街中には色々な人がいて面白い。
거리에는 다양한 사람이 있어서 재미있다.

유 街頭 가두, 길거리

28
まんきつ
満喫
명 する 만끽

今日は両親が出かけるので一人の時間を満喫できる。
오늘은 부모님이 외출하기 때문에 혼자의 시간을 만끽할 수 있다.

29
む ぼう
無謀
명 ナ 무모

自転車で日本一周をしようなんて、無謀過ぎる。
자전거로 일본 일주를 하려고 하다니 너무 무모하다.

30
めんみつ
綿密
명 ナ 면밀

旅行を楽しむために、綿密に計画を立てた。
여행을 즐기기 위해 면밀하게 계획을 세웠다.

31
やしき
屋敷
명 저택, 고급 주택

この豪華な屋敷は有名な画家の実家だそうだ。
이 호화로운 저택은 유명한 화가의 본가라고 한다.

32
ゆいしょ
由緒
명 유서, 유래, 내력

今回の旅行では由緒ある寺を訪問する予定だ。
이번 여행에서는 유서 깊은 절을 방문할 예정이다.

➕ 由緒正しい 유서 깊다, 뼈대 있다

33
ゆうすう
有数
명 ナ 유수, 굴지

九州は日本有数の温泉地があることで有名だ。
규슈는 일본에서 손꼽히는 온천지가 있는 것으로 유명하다.

34
ゆらい
由来
명 する 유래

母にこの町の名前の由来を聞いてみた。
어머니에게 이 동네 이름의 유래를 물어보았다.

35
よか
余暇
명 여가

有意義に余暇を過ごすことによって、仕事の効率が
上がった。
의미 있게 여가를 보냄으로써 일의 효율이 올라갔다.

36
よふ
夜更かし
명 する 밤늦게까지 자지
않음

ゲームに夢中になって毎晩、夜更かしをしている。
게임에 푹 빠져 매일 밤, 밤을 새우고 있다.

37

ら しんばん
羅針盤

📖 나침반

けいたい　ち ず　　　　　げんだい　　ら しんばん
携帯の地図アプリは現代の羅針盤だ。
휴대 전화의 지도 앱은 현대의 나침반이다.

🔗 コンパス　컴퍼스, 나침반

38

いじる

통 주무르다, 만지작거리다,
　다루다

ちち　しゅ み
父の趣味はパソコンをいじることで、組み立ても
ひとり
一人でしてしまう。
아버지의 취미는 PC를 다루는 것으로, 조립도 혼자서 해 버린다.

39

か
駆ける

통 달리다, 뛰다

うま　また　　　そうげん　か　　　い　　　かぜ　き も
馬に跨がって草原を駆けて行くと風が気持ちいい。
말을 타고 초원을 달려 가면 바람이 기분 좋다.

40

きょう　　　　きょう
興じる・興ずる

통 흥겨워하다, 즐기다

さいきん め　まわ いそが　　　　　しゅ み　きょう　　　じ かん
最近目の回る忙しさで、趣味に興じる時間もない。
요즘 눈코 뜰 새 없이 바빠서 취미를 즐길 시간도 없다.

41

たど
辿る

통 더듬다, 더듬어 찾다

れき し　たど　　　　　　　さまざま　ねんれいそう
歴史を辿るツアーは様々な年齢層にファンがいる。
역사를 더듬어 보는 투어는 다양한 연령층에 팬이 있다.

42

つ
接ぐ

통 접목하다, 이어 붙이다

ちい　ぬの　つ　　　　　　　　　つく
小さな布を接いで、かばんを作った。
작은 천을 이어 붙여서 가방을 만들었다.

43
ひき
率いる
동 거느리다, 인솔하다,
통솔하다

がくせい ひき にほん りょこう
学生を率いて日本へ旅行する。
학생을 인솔해 일본으로 여행 간다.

44
ふ
振るう
동 털다, 떨치다, 발휘하다

きゅうじつ かぞく じまん りょうり うでまえ ふ
休日には家族に自慢の料理の腕前を振るった。
휴일에는 가족에게 자랑인 요리 실력을 발휘했다.

45
また
跨がる
동 올라타다, 걸치다

かわ とうきょう さいたまけん また なが
この川は東京と埼玉県に跨がって流れている。
이 강은 도쿄와 사이타마현에 걸쳐 흐르고 있다.

46
もぐ
潜る
동 잠수하다, 잠입하다,
숨어들다

けいけん うみ もぐ
ダイビングの経験がなくても海に潜れるツアーが
ある。
다이빙 경험이 없어도 바다에 잠수할 수 있는 투어가 있다.

47
な だか
名高い
イ 유명하다

ふ じ さん にほん いちばん な だか やま
富士山は日本で一番名高い山だ。
후지산은 일본에서 가장 유명한 산이다.

48
て がる
手軽
ナ 간편함, 손쉬움

じ てんしゃ て がる い にん き
自転車で手軽に行けるサイクリングツアーが人気だ。
자전거로 손쉽게 갈 수 있는 사이클링 투어가 인기이다.

1 해당 어휘의 읽는 법을 찾고, 빈칸에 그 의미를 써 넣으세요.

보기	学生	Ⓥ がくせい	② がっせい	<u>학생</u>

(1) 潜る   ① もめる   ② もぐる   _____

(2) 彫刻   ① ちょうこく ② ちょうかく _____

(3) 満喫   ① まんきつ   ② まんきく   _____

(4) 由緒   ① ゆうしょ   ② ゆいしょ   _____

(5) 啓発   ① けいはつ   ② かいはつ   _____

2 문맥에 맞는 단어를 보기 에서 골라 알맞은 형태로 바꾸어 써 넣으세요.

(6) 歴史を(   )ツアーは様々な年齢層にファンがいる。

(7) とても(   )趣味をお持ちですね。

(8) ゲームに夢中になって毎晩、(   )をしている。

(9) 旅行を楽しむために、(   )計画を立てた。

(10) 茶道は武士の(   )品だったお茶を文化にまで高めた。

보기	辿る 夜更かし 綿密 高尚 嗜好

정답

(1) ② 잠수하다, 잠입하다   (2) ① 조각   (3) ① 만끽   (4) ② 유서, 유래   (5) ① 계발, 계몽
(6) 辿(たど)る   (7) 高尚(こうしょう)な   (8) 夜更(よふ)かし   (9) 綿密(めんみつ)に   (10) 嗜好(しこう)

단어 퀴즈

✖ 단어를 보고 발음과 의미를 적어 보세요.

단어	발음	의미
改正	かいせい	개정
有数		
綿密		
無謀		
追求		
嗜好		
潜る		
率いる		
辿る		
由緒		
満喫		
冒険		
彫刻		
思索		
行楽		
高尚		
啓発		
名高い		
遠出		
余暇		
由来		
特技		
集い		

선을 따라 접으면 답을 확인할 수 있어요.

✤ 한번 더 복습해 봅시다.

읽는 법과 뜻
□ かいせい 개정
□ ゆうすう 유수
□ めんみつ 면밀
□ むぼう 무모
□ ついきゅう 추구
□ しこう 기호
□ もぐる 잠수하다, 잠입하다
□ ひきいる 인솔하다
□ たどる 더듬다, 더듬어 찾다
□ ゆいしょ 유서, 유래
□ まんきつ 만끽
□ ぼうけん 모험
□ ちょうこく 조각
□ しさく 사색
□ こうらく 행락
□ こうしょう 고상함
□ けいはつ 계발, 계몽
□ なだかい 유명하다
□ とおで 멀리 나감, 여행함
□ よか 여가
□ ゆらい 유래
□ とくぎ 특기
□ つどい 모임, 회합

한자	발음	의미
예 改正	かいせい	개정
有数		
綿密		
無謀		
追求		
嗜好		
潜る		
率いる		
辿る		
由緒		
満喫		
冒険		
彫刻		
思索		
行楽		
高尚		
啓発		
名高い		
遠出		
余暇		
由来		
特技		
集い		

음성듣기

DAY 23

교통과 안전

얼마나
알고 있나요?

사전 체크

- [ ] **01** 足止め
- [ ] **02** 圧迫
- [ ] **03** 解除
- [ ] **04** 街道
- [ ] **05** 過密
- [ ] **06** 経路
- [ ] **07** 交付
- [ ] **08** 時速
- [ ] **09** 徐行
- [ ] **10** 走行
- [ ] **11** 操作
- [ ] **12** 操縦
- [ ] **13** 秩序
- [ ] **14** 定期
- [ ] **15** 端
- [ ] **16** 人込み
- [ ] **17** 人出
- [ ] **18** 人通り
- [ ] **19** 人波
- [ ] **20** 復旧
- [ ] **21** 復興
- [ ] **22** 防止
- [ ] **23** 目安
- [ ] **24** 矢印
- [ ] **25** よそ見
- [ ] **26** 四つ角
- [ ] **27** 路線
- [ ] **28** 否む
- [ ] **29** 漕ぐ
- [ ] **30** 賑わう
- [ ] **31** 抜かす
- [ ] **32** 揉む
- [ ] **33** 渡る
- [ ] **34** 荒っぽい
- [ ] **35** ものすごい
- [ ] **36** ややこしい

01
あし ど
足止め
명 する 못 가게 말림,
발이 묶임

車で移動中、事故のせいで足止めを食った。
차로 이동하던 중, 사고 때문에 발이 묶였다.

02
あっぱく
圧迫
명 する 압박

シートベルトは胸を圧迫しないように着用してください。
안전벨트는 가슴을 압박하지 않도록 착용하세요.

03
かいじょ
解除
명 する 해제

昨夜から続いていた交通規制がようやく解除された。
어젯밤부터 계속되던 교통 규제가 겨우 해제되었다.

04
かいどう
街道
명 가도, 간선 도로

このあたりは昔の街道の面影がたくさん残っている。
이 부근은 옛날 가도의 흔적이 많이 남아 있다.

05
か みつ
過密
명 ナ 과밀, 빽빽함

あまりにも過密な鉄道の運行計画は事故の元になる。
너무 과밀한 철도 운행 계획은 사고의 원인이 된다.

반 か そ
過疎 과소

06
けい ろ
経路
명 경로

避難訓練に向け、脱出経路の確認を急いだ。
피난 훈련에 대비해 탈출 경로 확인을 서둘렀다.

07
こう ふ
交付
명 する 교부

彼女は免許証の交付を楽しみに待っていた。
그녀는 면허증 교부를 기대하며 기다리고 있었다.

08
じ そく
時速
명 시속

リニアモーターカーの最高速度は時速500kmといわれる。
자기 부상 열차의 최고 속도는 시속 500km라고 한다.

09
じょこう
徐行
명 する 서행

子供の通学路の近くは徐行します。
어린이들의 통학로 근처에서는 서행합니다.

10
そうこう
走行
명 する 주행

自動車の走行中には、シートベルトを着用しなければならない。
자동차의 주행 중에는 안전벨트를 착용해야 한다.

11
そう さ
操作
명 する 조작

運転中のスマホの操作による交通事故が増えています。
운전 중 스마트폰 조작으로 인한 교통사고가 증가하고 있습니다.

12
そうじゅう
操縦
명 する 조종

飛行機の操縦士になるのが、子供の時からの夢だ。
비행기 조종사가 되는 것이 어렸을 때부터의 꿈이다.

13
ちつじょ
秩序
명 질서

台風^{たいふう}や地震^{じしん}など交通^{こうつう}秩序^{ちつじょ}を乱^{みだ}す災害^{さいがい}は常^{つね}に起^おこり得^うる。
태풍이나 지진 등 교통질서를 흐트러뜨리는 재해는 항상 일어날 수 있다.

14
てい き
定期
명 정기

車^{くるま}を定期点検^{ていきてんけん}に出^だしたので今日^{きょう}は電車通勤^{でんしゃつうきん}だ。
자동차를 정기 점검에 보내서 오늘은 전철 출근이다.

15
はし
端
명 끝, 가장자리, 시초, 처음, 구석

車^{くるま}を避^よけるために道^{みち}の端^{はし}に寄^よって歩^{ある}いた。
자동차를 피하기 위해서 길 가장자리에 붙어서 걸었다.

16
ひと ご
人込み
명 (사람으로) 북적임, 붐빔

人込^{ひとご}みで迷子^{まいご}になった弟^{おとうと}が交番^{こうばん}に保護^{ほご}されていた。
인파 속에서 미아가 된 남동생이 파출소에 보호되어 있었다.
유 雑踏^{ざっとう} 붐빔, 혼잡

17
ひと で
人出
명 많은 사람이 그곳에 모임 (나옴), 인파

異常^{いじょう}なほどの人出^{ひとで}を見^みて花見^{はなみ}を諦^{あきら}めて家^{いえ}に帰^{かえ}った。
이상할 정도의 인파를 보고 꽃놀이를 포기하고 집으로 돌아갔다.

18
ひとどお
人通り
명 사람의 왕래

この町^{まち}は夜^{よる}になると人通^{ひとどお}りが少^{すく}ないので危険^{きけん}だ。
이 동네는 밤이 되면 사람의 왕래가 적어서 위험하다.

19

ひとなみ
人波

명 인파

ひとなみ　お　　まった　まえ　すす
人波に押されて全く前へ進めない。

인파에 밀려 전혀 앞으로 나아갈 수 없다.

20

ふっきゅう
復旧

명 する 복구

でんしゃ　ふっきゅう　　　　　ふつか
電車が復旧するには二日はかかるそうだ。

전철이 복구되려면 이틀은 걸린다고 한다.

21

ふっこう
復興

명 する 부흥

さいがい　　　ねん　た　　いま　　ふっこう　さぎょう
災害から３年経った今でも復興の作業はなかなか
すす
進んでいない。

재해로부터 3년이 지난 지금도 부흥(복구) 작업은 좀처럼 진행되고
있지 않다.

22

ぼう　し
防止

명 する 방지

こうつう じ こ　　ぼうし　　　　　　　あんぜんそく ど　　まも
交通事故を防止するために、安全速度を守り
ましょう。

교통사고를 방지하기 위해 안전 속도를 지킵시다.

ふせ
유 防ぐ 방지하다, 막다

23

め　やす
目安

명 목표, 대중, 표준, 기준

くうこう　　　　しょうじ かん　　めやす　　じかんはん
空港までの所要時間の目安は１時間半です。

공항까지 걸리는 소요 시간의 기준은 한 시간 반입니다.

24

や　じるし
矢印

명 화살표

いっぽうつうこう ろ　　くるま　やじるし　ほうこう　　　すす
一方通行路では車は矢印の方向にしか進めない。

일방통행로에서는 자동차는 화살표 방향으로만 전진할 수 있다.

25

よそ見
み

명 する 한눈팖, 옆을 봄,
곁눈질

運転する時、よそ見をするのはとても危険です。
うんてん　とき　　　み　　　　　　　　　　　き けん

운전할 때, 한눈을 파는 것은 아주 위험합니다.

유 わき見 한눈팔기, 곁눈질
み

26

四つ角
よ　　かど

명 사거리, 네 모퉁이

次の四つ角を曲がると、デパートがある。
つぎ　よ　かど　ま

다음 사거리를 돌면 백화점이 있다.

유 十字路 사거리　交差点 교차로
じゅう じ ろ　　　　こう さ てん

27

路線
ろ せん

명 노선

東京の電車の路線は驚くほど多い。
とうきょう　でんしゃ　ろ せん　おどろ　　　おお

도쿄의 전철 노선은 놀랄 정도로 많다.

28

否む
いな

동 부정하다, 거절하다,
사절하다

安全管理を疎かにしたことが事故の原因になった
あんぜんかん り　おろそ　　　　　　　　じ こ　げんいん
ことは否めない。
いな

안전 관리를 소홀히 한 것이 사고 원인이 된 것은 부정할 수 없다.

29

漕ぐ
こ

동 (노를) 젓다, (페달을) 밟다

遅刻しないように、自転車を思い切り漕いだ。
ち こく　　　　　　　　　　じ てんしゃ　おも　き　こ

지각하지 않도록 자전거를 있는 힘껏 밟았다.

30

賑わう
にぎ

동 활기차다, 붐비다,
흥청거리다

この市場は週末になるといつも賑わっている。
いち ば　しゅうまつ　　　　　　　　　　にぎ

이 시장은 주말이 되면 언제나 붐빈다.

31
ぬ
抜かす

동 앞지르다, 빠뜨리다, 거르다

自分が乗った列車を特急が抜かすのを見て乗り換えたことを後悔した。

자신이 탄 열차를 특급 열차가 앞지르는 것을 보고 갈아탄 것을 후회했다.

＋ うつつを抜かす 정신을 빼다, 몰두하다

32
も
揉む

동 (문질러) 비비다, 구기다, 시달리다

人込みに揉まれて疲れてしまった。

인파에 시달려 지쳐 버렸다.

33
わた
渡る

동 건너다

横断歩道を渡る時は必ず信号を確認しましょう。

횡단보도를 건널 때에는 반드시 신호를 확인합시다.

34
あら
荒っぽい

イ 난폭하다, 거칠다

彼の荒っぽい運転には、いつもはらはらさせられる。

그의 거친 운전에는 늘 조마조마하게 된다.

35
ものすごい

イ 굉장하다, 대단하다

突然ものすごい音がしたので外を見るとトラックの事故だった。

갑자기 굉장한 소리가 나서 밖을 봤더니 트럭 사고였다.

36
ややこしい

イ 복잡해서 알기 어렵다, 까다롭다

カーナビを購入したものの設定がややこしくてまだ使えないでいる。

자동차 내비게이션을 구입했지만 설정이 까다로워서 아직 사용하지 못하고 있다.

확인 문제

1 해당 어휘의 읽는 법을 찾고, 빈칸에 그 의미를 써 넣으세요.

> | 보기 | 学生 | ⓥ がくせい | ② がっせい | 학생 |
> |---|---|---|---|---|

(1) 圧迫　　① あっぱく　　② あつはく　　_____

(2) 街道　　① がいとう　　② かいどう　　_____

(3) 秩序　　① ちつじょ　　② しつじょ　　_____

(4) 操作　　① そうさく　　② そうさ　　_____

(5) 防止　　① ぼうし　　② ほうし　　_____

2 문맥에 맞는 단어를 보기 에서 골라 알맞은 형태로 바꾸어 써 넣으세요.

(6) 異常なほどの(　　　)を見て花見を諦めて家に帰った。

(7) 空港までの所要時間の(　　　)は1時間半です。

(8) 一方通行路では車は(　　　)の方向にしか進めない。

(9) 安全管理を疎かにしたことが事故の原因になったことは(　　　)ない。

(10) カーナビを購入したものの設定が(　　　)てまだ使えないでいる。

> | 보기 | 目安　　矢印　　人出　　否む　　ややこしい |
> |---|---|

정답 -

(1) ① 압박　　(2) ② 가도　　(3) ① 질서　　(4) ② 조작　　(5) ① 방지

(6) 人出(ひとで)　　(7) 目安(めやす)　　(8) 矢印(やじるし)　　(9) 否(いな)め　　(10) ややこしく

단어 퀴즈

✽ 단어를 보고 발음과 의미를 적어 보세요.

단어	발음	의미
改正	かいせい	개정
否む		
荒っぽい		
復興		
賑わう		
目安		
防止		
復旧		
人出		
秩序		
時速		
交付		
過密		
人波		
人込み		
端		
操縦		
操作		
走行		
経路		
街道		
解除		
圧迫		

선을 따라 접으면 답을 확인할 수 있어요.

❀ 한번 더 복습해 봅시다.

읽는 법과 뜻		한자	발음	의미
☐	かいせい 개정	例 改正	かいせい	개정
☐	いなむ 부정하다	否む		
☐	あらっぽい 난폭하다, 거칠다	荒っぽい		
☐	ふっこう 부흥	復興		
☐	にぎわう 활기차다, 붐비다	賑わう		
☐	めやす 목표, 표준, 기준	目安		
☐	ぼうし 방지	防止		
☐	ふっきゅう 복구	復旧		
☐	ひとで 인파	人出		
☐	ちつじょ 질서	秩序		
☐	じそく 시속	時速		
☐	こうふ 교부	交付		
☐	かみつ 과밀, 빽빽함	過密		
☐	ひとなみ 인파	人波		
☐	ひとごみ 붐빔	人込み		
☐	はし 끝, 시초	端		
☐	そうじゅう 조종	操縦		
☐	そうさ 조작	操作		
☐	そうこう 주행	走行		
☐	けいろ 경로	経路		
☐	かいどう 가도	街道		
☐	かいじょ 해제	解除		
☐	あっぱく 압박	圧迫		

날씨와 자연환경

얼마나 알고 있나요?

사전 체크

☐ **01** 獲物	☐ **02** おおむね	☐ **03** 害虫	☐ **04** 崖
☐ **05** 丘陵	☐ **06** 巨樹	☐ **07** 豪雨	☐ **08** 洪水
☐ **09** 砂漠	☐ **10** 潮	☐ **11** 樹木	☐ **12** 循環
☐ **13** 真理	☐ **14** 生育	☐ **15** 大木	☐ **16** 大陸
☐ **17** 滝	☐ **18** 露	☐ **19** 天災	☐ **20** 雪崩
☐ **21** 沼	☐ **22** 発芽	☐ **23** 花びら	☐ **24** 氾濫
☐ **25** 風土	☐ **26** 幹	☐ **27** 峰	☐ **28** 猛暑
☐ **29** 有機	☐ **30** 夕闇	☐ **31** 冷気	☐ **32** 襲う
☐ **33** 衰える	☐ **34** 霞む	☐ **35** 朽ちる	☐ **36** 凍える
☐ **37** さえずる	☐ **38** 湿気る	☐ **39** 繁る	☐ **40** しなびる
☐ **41** 澄む	☐ **42** 映える	☐ **43** 跳ねる	☐ **44** 羽ばたく
☐ **45** 甚だしい	☐ **46** 清らか	☐ **47** びっしょり	☐ **48** じめじめ

01
え もの
獲物

명 사냥감, 수렵물

とら　え もの　　と　　　きゅう　はし　だ
虎が獲物を捕らえようと急に走り出した。
호랑이가 사냥감을 잡으려고 갑자기 달리기 시작했다.

02
おおむね

명 부 대개, 대강, 대략

あした　　てん き
明日の天気はおおむね晴れるでしょう。
내일 날씨는 대체로 맑을 것입니다.

유 だいたい
大体 대개, 대충, 거의

03
がいちゅう
害虫

명 해충

のうやく　　つか　　　　　ゆう き さいばい　　がいちゅうたいさく　　たいへん
農薬を使わない有機栽培は害虫対策が大変だ。
농약을 사용하지 않는 유기 재배는 해충 대책이 힘들다.

04
がけ
崖

명 낭떠러지, 벼랑, 절벽

やま　　　こうずい　　　　　　　がけくず　　　お
山からの洪水により、崖崩れが起きた。
산에서의 홍수로 인해 산사태가 일어났다.

05
きゅうりょう
丘陵

명 구릉

つづ　　きゅうりょう　　む　　　　　ひつじ　ぼくじょう
なだらかに続く丘陵の向こうに羊の牧場がある。
완만히 이어지는 구릉 맞은편에 양 목장이 있다.

06
きょじゅ
巨樹

명 큰 나무, 거목

か　ご しまけん　　　　じんじゃ　　　　に ほんさいだい　きょじゅ　　よ
鹿児島県にある神社には「日本最大の巨樹」と呼ば
き
れる木がある。
가고시마현에 있는 신사에는 '일본 최대의 거목'이라 불리는 나무가
있다.

유 きょぼく　　　　　　たいぼく
巨木 거목　大木 거목, 큰 나무

07

ごう う
豪雨

명 호우

がつ　　　しゅうちゅうごう う　おお　　しんすい ひ がい　 で
7月には集中豪雨が多く、浸水被害が出る。

7월에는 집중 호우가 많아서 침수 피해가 발생한다.

＋ こうせつ
豪雪 폭설

08

こうずい
洪水

명 홍수

こうずい　　　　きんりん　どう ろ　つうこう　　き せい
洪水によって近隣の道路の通行が規制されている。

홍수로 인해 인근 도로의 통행이 규제되고 있다.

09

さ ばく
砂漠

명 사막

さ ばく　いちにちじゅうあつ　　おも　　　　　　　よる
砂漠は一日中暑いと思いがちだが夜になるとかなり
さむ
寒い。

사막은 하루 종일 덥다고 생각하기 쉽지만, 밤이 되면 꽤 춥다.

10

しお
潮

명 조수, 밀물

ひ　しお　　　　　　　　　　　　　み　　　　　　　みち　あらわ
引き潮になるとそれまで見えなかった道が現れた。

썰물이 되자 그때까지 보이지 않던 길이 나타났다.

＋ しおどき
潮時 물때, 적당한 때, 기회

11

じゅもく
樹木

명 수목, 나무

かんきょう　まも　　　　ねんかん　　　ぼん　じゅもく　う　　　かつどう
環境を守るため、年間3,000本の樹木を植える活動が
はじ
始まった。

환경을 지키기 위해 연간 3,000그루의 나무를 심는 활동이 시작되었다.

12

じゅんかん
循環

명 する 순환

みず　じゅんかん　　　　　　　すいしつ　たも
プールでは水を循環させることで水質を保っている。

수영장에서는 물을 순환시키는 것으로 수질을 유지하고 있다.

＋ あくじゅんかん
悪循環 악순환

13
しんり
真理
몡 진리

自然の真理は科学のみならず哲学のような分野でも
研究がなされている。
자연의 진리는 과학뿐만 아니라 철학과 같은 분야에서도 연구되고
있다.

14
せいいく
生育
몡 する 생육, 생장

今年は気温がなかなか上がらず、夏野菜の生育が
遅れている。
올해는 기온이 좀처럼 오르지 않아 여름 채소의 생장이 늦어지고 있다.

15
たいぼく
大木
몡 거목, 큰 나무

この大木は800年前に植えられたとされている。
이 거목은 800년 전에 심어졌다고 여겨지고 있다.

유 巨木 거목　巨樹 큰 나무, 거목

16
たいりく
大陸
몡 대륙

現在の6つの大陸は、もともと1つだったらしい。
현재의 여섯 개 대륙은 원래 한 개였다고 한다.

17
たき
滝
몡 폭포

直接見たナイアガラの滝は想像以上に大きかった。
직접 본 나이아가라 폭포는 상상 이상으로 컸다.

18
つゆ
露
몡 이슬, 눈물

明け方庭に出るとあじさいの葉に露が降りて輝いて
いた。
새벽에 정원에 나가자 수국 잎에 이슬이 내려 빛나고 있었다.

19
てんさい
天災
图 천재, 자연재해

てんさい ふせ ひ がい へ
天災を防ぐことはできないが被害を減らすために
おお ひとびと ど りょく
多くの人々が努力している。
자연재해를 막을 수는 없지만 피해를 줄이기 위해 많은 사람들이 노력하고 있다.

さいがい
図 災害 재해

20
なだれ
雪崩
图 (눈)사태

がつ あたた なだれ お
3月は暖かくなるので雪崩が起きやすい。
3월은 따뜻해지기 때문에 눈사태가 일어나기 쉽다.

21
ぬま
沼
图 늪

こうえん ぬま がっしょう き
公園にある沼からカエルの合唱が聞こえてきた。
공원에 있는 늪에서 개구리 합창이 들려 왔다.

22
はつ が
発芽
图 する 발아, 싹이 틈

あたた がつ こうえん き はつ が
暖かいせいか、まだ2月なのに公園の木が発芽して
み
いるのを見ました。
따뜻해서인지 아직 2월인데 공원 나무에 싹이 튼 것을 봤습니다.

め ば
図 芽生え 발아, 싹틈

23
はな
花びら
图 꽃잎

こ ども ころ にわ すわ はな かず かぞ あそ
子供の頃、庭に座って花びらの数を数えて遊んだり
した。
어릴 때 정원에 앉아 꽃잎 수를 세며 놀곤 했다.

24
はんらん
氾濫
图 する 범람

おおあめ かわ はんらん ひ なんかんこく だ
大雨で川が氾濫し、避難勧告が出された。
호우로 하천이 범람해서 피난 권고가 나왔다.

あふ
図 溢れる 흘러넘치다

25
ふうど
風土
명 풍토

かのじょ　にほん　ふうど　　　　　な
彼女は日本の風土にすぐに慣れた。
그녀는 일본 풍토에 금방 익숙해졌다.

26
みき
幹
명 줄기

き　みき　　　　　　おお　　こえ　な
木の幹で、せみが大きい声で鳴いていた。
나무 줄기에서 매미가 큰 소리로 울고 있었다.

＋ 茎 줄기, 대
くき

27
みね
峰
명 봉우리

やま　みね　すべ　み
ここからは３つの山の峰が全て見える。
여기에서는 세 개의 산봉우리가 모두 보인다.

28
もうしょ
猛暑
명 심한 더위, 폭염

もうしょ　えいきょう　　でんき　しようりよう　きゅうじょうしょう
猛暑の影響で、電気使用量が急上昇した。
폭염의 영향으로 전기 사용량이 급상승했다.

29
ゆうき
有機
명 유기

けんこう　　　　　　　ゆうきさいばい　　　やさい　た
健康のために有機栽培された野菜を食べている。
건강을 위해 유기 재배한 채소를 먹고 있다.

30
ゆうやみ
夕闇
명 땅거미

ねこ　ゆうやみ　せま　ころ　　　　　　　　　　　　あらわ
この猫は夕闇が迫る頃に、いつもここに現れる。
이 고양이는 땅거미가 질 무렵에 항상 여기에 나타난다.

31
れい き
冷気
명 냉기

冬になると窓から冷気が流れ込んでくる。
겨울이 되면 창문에서 냉기가 흘러들어 온다.

32
おそ
襲う
통 습격하다, 덮치다

ニュースで九州地方を襲った台風の被害を詳しく
報道している。
뉴스에서 규슈 지방을 덮친 태풍의 피해를 상세히 보도하고 있다.

33
おとろ
衰える
통 쇠하다, 쇠약하다,
쇠퇴하다

その台風は勢力が衰えて低気圧になった。
그 태풍은 세력이 약해져서 저기압이 되었다.

34
かす
霞む
통 안개가 끼다,
희미하게 보이다

今日は霧で空が霞み、遠くがよく見えない。
오늘은 안개로 하늘이 뿌예져서 먼 곳이 잘 보이지 않는다.

35
く
朽ちる
통 (나무 따위가) 썩다

キノコは枯れて朽ちたような木に生えるものだ。
버섯은 시들어 썩은 듯한 나무에 자라나는 것이다.

36
こご
凍える
통 얼다, (추위 등으로) 몸의
감각이 없어지다

外はマイナス20度で凍えるような寒さだった。
밖은 영하 20도로 얼어붙을 듯한 추위였다.

37

さえずる

동 지저귀다, 재잘거리다

春の訪れを伝えるように小鳥がさえずっている。

봄의 방문을 전하듯이 작은 새가 지저귀고 있다.

38

湿気る

동 습기가 차다

出しっぱなしにしていた海苔が湿気ていた。

꺼내둔 채였던 김이 눅눅해졌다.

유 湿る 축축해지다, 습기 차다

39

繁る

동 초목이 무성하다,
빽빽히 들어차다

葉が繁ってきたので、少し切って風通しを良くして
やった。

잎이 무성해졌기 때문에 조금 잘라서 통풍이 잘 되게 해 주었다.

유 生い茂る 무성하다, 우거지다

40

しなびる

동 시들다, 쭈그러들다

葉物はすぐにしなびてしまうので保存が難しい。

잎채소는 금방 시들어 버리기 때문에 보존이 어렵다.

41

澄む

동 맑다, 투명하다

やはり田舎の空気は都会と違って澄んでいる。

역시 시골의 공기는 도시와는 달리 맑다.

반 濁る 탁해지다

42

映える

동 (빛을 받아) 빛나다

山が夕日に映えてとてもきれいだ。

산이 석양에 비쳐 굉장히 아름답다.

43

は

跳ねる

동 뛰어오르다, 튀다, 터지다

うさぎが野原をぴょんぴょん跳ねている。

토끼가 들판을 깡총깡총 뛰고 있다.

44

は

羽ばたく

동 날개치다, 날갯짓하다

蝶が空へ羽ばたいていった。

나비가 하늘로 날갯짓해 갔다.

45

はなは

甚だしい

イ (정도가) 심하다, 대단하다

今度の台風でこの地域は甚だしい被害を被った。

이번 태풍으로 이 지역은 심각한 피해를 입었다.

46

きよ

清らか

ナ 맑음, 청아함, 깨끗함

この魚は清らかな水でしか住めないそうだ。

이 물고기는 맑은 물에서밖에 살 수 없다고 한다.

47

びっしょり

ナ 부 완전히 젖은 모양,
흠뻑

突然の雨で全身がびっしょり濡れてしまった。

갑작스러운 비로 온몸이 흠뻑 젖어 버렸다.

48

じめじめ

부 する 습기가 많은 모양,
축축

梅雨の時期は湿度が高く、じめじめしている。

장마철은 습도가 높아서 눅눅하다.

---

1 해당 어휘의 읽는 법을 찾고, 빈칸에 그 의미를 써 넣으세요.

| 보기 | 学生 | ⓥ がくせい | ② がっせい | 학생 |

(1) 豪雨   ① ほうう   ② ごうう   _____

(2) 循環   ① じゅんかん ② しゅんかん   _____

(3) 巨樹   ① きょじゅ   ② きょしゅ   _____

(4) 沼   ① たき   ② ぬま   _____

(5) 雪崩   ① ゆきだれ   ② なだれ   _____

2 문맥에 맞는 단어를 보기에서 골라 알맞은 형태로 바꾸어 써 넣으세요.

(6) 出しっぱなしにしていた海苔が(　　　　)いた。

(7) 梅雨の時期は湿度が高く、(　　　　)している。

(8) (　　　　)によって近隣の道路の通行が規制されている。

(9) 明日の天気は(　　　　)晴れるでしょう。

(10) この魚は(　　　　)水でしか住めないそうだ。

| 보기 | 清らか | じめじめ | 湿気る | おおむね | 洪水 |

단어 퀴즈

✤ 단어를 보고 발음과 의미를 적어 보세요.

선을 따라 접으면 답을 확인할 수 있어요.

단어	발음	의미
改正	かいせい	개정
崖		
甚だしい		
樹木		
映える		
繁る		
衰える		
襲う		
羽ばたく		
氾濫		
雪崩		
循環		
巨樹		
清らか		
跳ねる		
湿気る		
凍える		
朽ちる		
霞む		
猛暑		
幹		
発芽		
獲物		

✽ 한번 더 복습해 봅시다.

읽는 법과 뜻
□ かいせい 개정
□ がけ 낭떠러지, 벼랑
□ はなはだしい 심하다, 대단하다
□ じゅもく 수목, 나무
□ はえる 빛나다
□ しげる 초목이 무성하다
□ おとろえる 쇠하다, 쇠퇴하다
□ おそう 습격하다, 덮치다
□ はばたく 날갯짓하다
□ はんらん 범람
□ なだれ (눈)사태
□ じゅんかん 순환
□ きょじゅ 큰 나무, 거목
□ きよらか 맑음, 청아함
□ はねる 뛰어오르다
□ しける 습기가 차다
□ こごえる 얼다
□ くちる 썩다
□ かすむ 안개가 끼다
□ もうしょ 폭염
□ みき 줄기
□ はつが 발아, 싹이 틈
□ えもの 사냥감, 수렵물

한자	발음	의미
예 改正	かいせい	개정
崖		
甚だしい		
樹木		
映える		
繁る		
衰える		
襲う		
羽ばたく		
氾濫		
雪崩		
循環		
巨樹		
清らか		
跳ねる		
湿気る		
凍える		
朽ちる		
霞む		
猛暑		
幹		
発芽		
獲物		

음성듣기

DAY 25

건강과 의료

얼마나
알고 있나요?

사전 체크

- [ ] **01** 安静
- [ ] **02** 維持
- [ ] **03** 生まれつき
- [ ] **04** 応急
- [ ] **05** 介護
- [ ] **06** 過労
- [ ] **07** 感染
- [ ] **08** 欠乏
- [ ] **09** 下痢
- [ ] **10** 細胞
- [ ] **11** 脂肪
- [ ] **12** 重傷
- [ ] **13** 処置
- [ ] **14** 摂取
- [ ] **15** 促進
- [ ] **16** 測定
- [ ] **17** 長寿
- [ ] **18** 手当て
- [ ] **19** 手相
- [ ] **20** 徹底
- [ ] **21** 投与
- [ ] **22** 内臓
- [ ] **23** 発散
- [ ] **24** 貧弱
- [ ] **25** 放置
- [ ] **26** 補給
- [ ] **27** 発作
- [ ] **28** 病
- [ ] **29** 抑制
- [ ] **30** 露出
- [ ] **31** 労わる
- [ ] **32** 癒す
- [ ] **33** 障る
- [ ] **34** 損なう
- [ ] **35** 反る
- [ ] **36** 司る
- [ ] **37** 尽くす
- [ ] **38** 鈍る
- [ ] **39** 阻む
- [ ] **40** 腫れる
- [ ] **41** 控える
- [ ] **42** ぼける
- [ ] **43** 施す
- [ ] **44** 和らぐ
- [ ] **45** 患う
- [ ] **46** たくましい
- [ ] **47** 健やか
- [ ] **48** 適宜

01
あんせい
安静
명 ナ 안정

しゅじゅつ あと むり あんせい
手術の後は無理をせず、安静にしていてください。
수술 후에는 무리를 하지 말고, 안정을 취해 주세요.

02
いじ
維持
명 する 유지

けんこう いじ か しょくせいかつ かんり
健康の維持に欠かせないのは食生活の管理だ。
건강 유지에 빼놓을 수 없는 것은 식생활 관리이다.

유 保つ 유지하다
たも

03
う
生まれつき
명 부 선천적, 타고난 것

かれ う からだ よわ
彼は生まれつき体が弱いです。
그는 선천적으로 몸이 약합니다.

04
おうきゅう
応急
명 응급

じんそく おうきゅうしょち こども いのち たす
迅速な応急処置のおかげで子供の命が助かった。
신속한 응급 처치 덕분에 아이의 목숨을 건졌다.

05
かいご
介護
명 する 간호, 간병

こうれいか ろうじんかいご しせつ ふそく
高齢化により老人介護施設が不足している。
고령화로 인해 노인 요양(간호) 시설이 부족하다.

06
かろう
過労
명 과로

かれ かろう げんいん びょうき
彼は過労が原因で病気になってしまった。
그는 과로가 원인이 되어 병에 걸려 버렸다.

07
かんせん
感染
名 する 감염

この病気は動物から人には感染しない。
이 병은 동물에서 사람으로는 감염되지 않는다.

08
けつぼう
欠乏
名 する 결핍

医者にビタミンが欠乏していると言われた。
의사에게 비타민이 결핍되어 있다고 들었다.

09
げり
下痢
名 する 설사

さっき飲んだ牛乳が腐っていたのか、ずっと下痢を
している。
아까 마신 우유가 상했던 것인지 계속 설사를 하고 있다.

10
さいぼう
細胞
名 세포

この本では細胞の作用を漫画で分かりやすく説明し
ている。
이 책에서는 세포의 작용을 만화로 알기 쉽게 설명하고 있다.

11
しぼう
脂肪
名 지방

血管の壁についた脂肪が高血圧の原因になる。
혈관 벽에 붙은 지방이 고혈압의 원인이 된다.

12
じゅうしょう
重傷
名 중상

彼は交通事故で重傷を負ったが、幸いにも命に別状
はないそうだ。
그는 교통사고로 중상을 입었지만, 다행히도 생명에 지장은 없다고
한다.

＋ 中傷 중상 (명예를 손상시킴)

13
しょ ち
処置

명 する 처치, 조치

やけど お とき すばや しょ ち おこな じゅうよう
火傷を負った時は素早い処置を行うことが重要だ。
화상을 입었을 때는 재빠른 처치를 하는 것이 중요하다.

유 て あ
手当て 처치, 치료

14
せっしゅ
摂取

명 する 섭취

こ ども せっしゅ ほう
子供は、カルシウムをたくさん摂取した方がいい。
어린이는 칼슘을 많이 섭취하는 편이 좋다.

15
そくしん
促進

명 する 촉진

から もの しょくよく そくしん こう か
辛い物は、食欲を促進する効果があるそうだ。
매운 음식은 식욕을 촉진하는 효과가 있다고 한다.

유 うなが
促す 촉진하다, 촉구하다

16
そくてい
測定

명 する 측정

し りょく そくてい きょねん てい か
視力を測定したところ、去年よりも低下していた。
시력을 측정했더니 작년보다도 저하되어 있었다.

17
ちょうじゅ
長寿

명 장수

かのじょ ちょうじゅ ひけつ た
彼女の長寿の秘訣はストレスを溜めないことだと
いう。
그녀의 장수 비결은 스트레스를 쌓아 두지 않는 것이라고 한다.

유 なが い
長生き 장수

18
て あ
手当て

명 する 처치, 치료, 급여,
수당, 대비, 준비

け が て あ だい じ いた
怪我をしたが、すぐに手当てしたので大事には至ら
なかった。
상처를 입었지만 바로 처치를 해서 심각한 사태에는 이르지 않았다.

유 ち りょう しょ ち
治療 치료　処置 처치

19
て そう
手相
명 손금

占い師に手相を見てもらった。
점쟁이가 손금을 봐 주었다.

20
てってい
徹底
명 **する** 철저

彼女は痩せるために食事の管理を徹底している。
그녀는 살을 빼기 위해 식사 관리를 철저히 하고 있다.

21
とうよ
投与
명 **する** 투여

これまで治らなかった病気も新薬の投与で完治が
期待されている。
지금까지 낫지 않았던 병도 신약 투여로 완치가 기대되고 있다.

22
ないぞう
内臓
명 내장

肉体年齢が若くても内臓の年齢が高齢者という場合
がある。
육체 연령이 젊어도 내장 연령이 고령자인 경우가 있다.

유 **臓器** 장기

23
はっさん
発散
명 **する** 발산

彼はお酒を飲んでストレスを発散した。
그는 술을 마시며 스트레스를 발산했다.

24
ひんじゃく
貧弱
명 **ナ** 빈약

彼は貧弱な体格をしている。
그는 빈약한 체격이다.

25

ほうち
放置

명 する 방치

虫歯を放置していたら、歯を抜くことになって
しまった。
충치를 방치했더니, 이를 뽑게 되어 버렸다.

26

ほきゅう
補給

명 する 보급

運動する時は、水分の補給に気をつけなければなら
ない。
운동할 때는 수분 보충에 주의해야 한다.

27

ほっさ
発作

명 발작

彼女はショックのあまり発作を起こしたが今は安定
している。
그녀는 쇼크를 받은 나머지 발작을 일으켰지만, 지금은 안정되었다.

28

やまい
病

명 병

彼は不治の病と宣告されてからも旺盛な創作活動を
続けている。
그는 불치병이라고 선고받은 후에도 왕성한 창작 활동을 계속하고
있다.

＋ 病む 병들다, 앓다

29

よくせい
抑制

명 する 억제

肥満を抑制するホルモン物質が発見された。
비만을 억제하는 호르몬 물질이 발견되었다.

30

ろしゅつ
露出

명 する 노출

肌が弱いから、太陽に肌を露出することができない。
피부가 약해서 햇빛에 피부를 노출시킬 수 없다.

31

いた
労わる

동 돌보다, (노고를) 위로하다

<ruby>疲<rt>つか</rt></ruby>れた<ruby>時<rt>とき</rt></ruby>は<ruby>十分<rt>じゅうぶん</rt></ruby>な<ruby>休息<rt>きゅうそく</rt></ruby>を<ruby>取<rt>と</rt></ruby>るなどして<ruby>体<rt>からだ</rt></ruby>を<ruby>労<rt>いた</rt></ruby>わっている。

피곤할 때는 충분한 휴식을 취하거나 해서 몸을 돌보고 있다.

32

いや
癒す

동 치유하다

そのメロディーは<ruby>疲<rt>つか</rt></ruby>れた<ruby>心<rt>こころ</rt></ruby>を<ruby>癒<rt>いや</rt></ruby>してくれる。

그 멜로디는 지친 마음을 치유해 준다.

33

さわ
障る

동 방해가 되다, 지장이 있다, 해롭다

<ruby>飲<rt>の</rt></ruby>みすぎは<ruby>体<rt>からだ</rt></ruby>に<ruby>障<rt>さわ</rt></ruby>りますよ。

과음은 몸에 해로워요.

34

そこ
損なう

동 손상하다, 망가뜨리다, 상하게 하다, 해치다

たばこを<ruby>吸<rt>す</rt></ruby>うと、<ruby>健康<rt>けんこう</rt></ruby>を<ruby>損<rt>そこ</rt></ruby>なうのは<ruby>周知<rt>しゅうち</rt></ruby>の<ruby>事実<rt>じじつ</rt></ruby>だ。

담배를 피면 건강을 해치는 것은 잘 알려진 사실이다.

35

そ
反る

동 뒤집히다, 젖혀지다

ヨガ<ruby>教室<rt>きょうしつ</rt></ruby>で<ruby>背中<rt>せなか</rt></ruby>を<ruby>反<rt>そ</rt></ruby>らせる<ruby>動作<rt>どうさ</rt></ruby>を<ruby>習<rt>なら</rt></ruby>いました。

요가 교실에서 등을 뒤로 젖히는 동작을 배웠습니다.

36

つかさど
司る

동 맡다, 관장하다, 관리하다

<ruby>左脳<rt>さのう</rt></ruby>は<ruby>主<rt>おも</rt></ruby>に<ruby>言語<rt>げんご</rt></ruby>を<ruby>司<rt>つかさど</rt></ruby>っているとされる。

좌뇌는 주로 언어를 관장하고 있다고 여겨진다.

37
っ
尽くす

동 다하다, 애쓰다

いしゃ　しゅじゅつまえ　さいぜん　つ　　　　　　かぞく　やくそく
医者は手術前、最善を尽くすと家族に約束した。
의사는 수술 전, 최선을 다하겠다고 가족들에게 약속했다.

38
にぶ
鈍る

동 둔해지다, 무디어지다

しげき　たい　　はんのう　にぶ　　　　ねんれい　かんけい
刺激に対する反応が鈍るのは年齢に関係ない。
자극에 대한 반응이 둔해지는 것은 연령과 관계없다.

반 さえる 날카로워지다, 예민해 지다

39
はば
阻む

동 저지하다, 막다

わる　せいかつしゅうかん　けんこう　ぞうしん　はば
悪い生活習慣が健康の増進を阻んでいる。
나쁜 생활 습관이 건강 증진을 저해하고 있다.

40
は
腫れる

동 붓다

むし　さ　　　　　　　　　　　は
虫に刺されたところがひどく腫れてきた。
벌레에 물린 곳이 심하게 붓기 시작했다.

41
ひか
控える

동 삼가다, 보류하다,
　대기하다

けんこう　　　　　さけ　ひか
健康のためにお酒を控えている。
건강을 위해서 술을 삼가고 있다.

유 制限 제한
　せいげん

42
ぼける

동 (머리 회전이) 둔해지다,
　치매에 걸리다

はじ　　　　さいだんせい　かぞく　ものがたり　えが　　えいが
ぼけ始めた40歳男性の家族の物語を描いた映画が
だいこうひょう
大好評です。
치매가 시작된 40세 남성의 가족 이야기를 그린 영화가 대호평입니다.

＋ 認知症 치매증, 알츠하이머
　にんちしょう

43
ほどこ
施す
图 베풀다, 장식하다, 행하다,
가하다, 설치하다

ぐうぜんじ こ げん ば　　　いしゃ　おうきゅうて あ　　ほどこ
偶然事故現場にいた医者が応急手当てを施した。
우연히 사고 현장에 있던 의사가 응급 처치를 했다.

44
やわ
和らぐ
图 누그러지다, 온화해지다

くすり の　　　　　　　いた　やわ
薬を飲んだらすぐ痛みが和らいできた。
약을 먹자 금방 통증이 완화되기 시작했다.

45
わずら
患う
图 (병을) 앓다

かのじょ こ ども とき はい わずら　　　　　いま かんち
彼女は子供の時、肺を患っていたが、今は完治して
いるそうだ。
그녀는 어릴 때 폐병을 앓았지만 지금은 완치되었다고 한다.

46
たくましい
イ 늠름하다, 씩씩하다,
왕성하다, 튼튼하다

そだ　　　　　　むすこ み うれ
たくましく育ってくれた息子を見て嬉しくなった。
씩씩하게 자라 준 아들을 보고 기뻐졌다.

47
すこ
健やか
ナ 튼튼함, 건강함

こ ども　　　すこ　　　く　　　　　　　まち ち あん まも
子供たちが健やかに暮らせるように街の治安を守ら
ねばならない。
아이들이 건강하게 생활할 수 있도록 마을의 치안을 지키지 않으면
안 된다.

48
てき ぎ
適宜
ナ 副 적의, 적당

てきぎ やす と　　　　　　　　しごと
適宜休みを取りながら仕事をしてください。
적당히 휴식을 취하며 일을 해 주세요.

1 해당 어휘의 읽는 법을 찾고, 빈칸에 그 의미를 써 넣으세요.

보기 学生	ⓥ がくせい	② がっせい	학생

(1) 安静   ① あんてい   ② あんせい   _____

(2) 鈍る   ① つぶる   ② にぶる   _____

(3) 処置   ① しょち   ② そち   _____

(4) 発散   ① はっさん   ② ほっさん   _____

(5) 健やか   ① すみやか   ② すこやか   _____

2 문맥에 맞는 단어를 보기 에서 골라 알맞은 형태로 바꾸어 써 넣으세요.

(6) 疲れた時は十分な休息を取るなどして体を( )いる。

(7) 医者は手術前、最善を( )と家族に約束した。

(8) 左脳は主に言語を( )いるとされる。

(9) 薬を飲んだらすぐ痛みが( )きた。

(10) ( )育ってくれた息子を見て嬉しくなった。

보기	司る	和らぐ	たくましい	労わる	尽くす

✖ 단어를 보고 발음과 의미를 적어 보세요.

단어	발음	의미
改正	かいせい	개정
施す		
損なう		
労わる		
発散		
適宜		
健やか		
控える		
和らぐ		
補給		
患う		
抑制		
発作		
貧弱		
投与		
徹底		
促進		
摂取		
処置		
脂肪		
細胞		
欠乏		
介護		

📖 정답 따라 정답을 달달 확인할 수 있어요.

✤ 한번 더 복습해 봅시다.

한자	발음	의미
예 改正	かいせい	개정
施す		
損なう		
労わる		
発散		
適宜		
健やか		
控える		
和らぐ		
補給		
患う		
抑制		
発作		
貧弱		
投与		
徹底		
促進		
摂取		
処置		
脂肪		
細胞		
欠乏		
介護		

읽는 법과 뜻
☐ かいせい 개정
☐ ほどこす 베풀다, 설치하다
☐ そこなう 해치다
☐ いたわる 돌보다
☐ はっさん 발산
☐ てきぎ 적의, 적당
☐ すこやか 튼튼함, 건강함
☐ ひかえる 삼가다
☐ やわらぐ 누그러지다
☐ ほきゅう 보급
☐ わずらう (병을) 앓다
☐ よくせい 억제
☐ ほっさ 발작
☐ ひんじゃく 빈약
☐ とうよ 투여
☐ てってい 철저
☐ そくしん 촉진
☐ せっしゅ 섭취
☐ しょち 처치, 조치
☐ しぼう 지방
☐ さいぼう 세포
☐ けつぼう 결핍
☐ かいご 간호, 간병

DAY 26
시간과 공간

얼마나
알고 있나요?

사전 체크

☐ 01 合間	☐ 02 朝晩	☐ 03 跡地	☐ 04 駆け出し
☐ 05 間隔	☐ 06 近年	☐ 07 空中	☐ 08 空白
☐ 09 境内	☐ 10 現地	☐ 11 広大	☐ 12 盛り
☐ 13 老舗	☐ 14 締め切り	☐ 15 宿命	☐ 16 旬
☐ 17 生涯	☐ 18 初頭	☐ 19 隙間	☐ 20 洗練
☐ 21 昼夜	☐ 22 都度	☐ 23 邸宅	☐ 24 堤防
☐ 25 日夜	☐ 26 背後	☐ 27 浜辺	☐ 28 一息
☐ 29 頻度	☐ 30 別荘	☐ 31 曲がり角	☐ 32 幼少
☐ 33 連日	☐ 34 露骨	☐ 35 埋める	☐ 36 区切る
☐ 37 狂う	☐ 38 割く	☐ 39 差し掛かる	☐ 40 狭める
☐ 41 迫る	☐ 42 費やす	☐ 43 省く	☐ 44 更ける
☐ 45 隔てる	☐ 46 久しい	☐ 47 はるか	☐ 48 ろく

01
あいま
合間
명 틈, 짬

<ruby>彼<rt>かれ</rt></ruby>は<ruby>仕事<rt>しごと</rt></ruby>の<ruby>合間<rt>あいま</rt></ruby>に<ruby>病院<rt>びょういん</rt></ruby>に<ruby>通<rt>かよ</rt></ruby>っている。
그는 일하는 틈틈이 병원에 다니고 있다.

02
あさばん
朝晩
명 부 아침저녁, 자나 깨나,
노상, 늘

<ruby>明日<rt>あした</rt></ruby>は<ruby>朝晩<rt>あさばん</rt></ruby><ruby>冷<rt>ひ</rt></ruby>え<ruby>込<rt>こ</rt></ruby>むのでコートが<ruby>必要<rt>ひつよう</rt></ruby>になりそうだ。
내일은 아침저녁으로 쌀쌀해지니 코트가 필요하게 될 것 같다.

03
あとち
跡地
명 (건물 등이 철거된 뒤의)
땅, 부지

<ruby>今度<rt>こんど</rt></ruby>、<ruby>学校<rt>がっこう</rt></ruby>の<ruby>跡地<rt>あとち</rt></ruby>に<ruby>新<rt>あたら</rt></ruby>しい<ruby>商業<rt>しょうぎょう</rt></ruby><ruby>施設<rt>しせつ</rt></ruby>が<ruby>建設<rt>けんせつ</rt></ruby>されるそうだ。
이번에 학교 부지에 새로운 상업 시설이 건설된다고 한다.

04
か　だ
駆け出し
명 신출내기, 신참,
달리기 시작함

<ruby>昔<rt>むかし</rt></ruby>、<ruby>駆<rt>か</rt></ruby>け<ruby>出<rt>だ</rt></ruby>しの<ruby>記者<rt>きしゃ</rt></ruby>だった<ruby>頃<rt>ころ</rt></ruby>、<ruby>素晴<rt>すば</rt></ruby>らしい<ruby>先輩<rt>せんぱい</rt></ruby>がいた。
옛날, 신입 기자였던 시절에 훌륭한 선배가 있었다.

05
かんかく
間隔
명 간격

<ruby>朝<rt>あさ</rt></ruby>の<ruby>通勤<rt>つうきん</rt></ruby><ruby>時間<rt>じかん</rt></ruby>には<ruby>電車<rt>でんしゃ</rt></ruby>の<ruby>運行<rt>うんこう</rt></ruby><ruby>間隔<rt>かんかく</rt></ruby>が<ruby>短<rt>みじか</rt></ruby>くなることが<ruby>多<rt>おお</rt></ruby>い。
아침 통근 시간에는 전철의 운행 간격이 짧아지는 경우가 많다.

06
きんねん
近年
명 근년, 근래, 요즘

<ruby>近年<rt>きんねん</rt></ruby>、<ruby>結婚<rt>けっこん</rt></ruby><ruby>年齢<rt>ねんれい</rt></ruby>がどんどん<ruby>遅<rt>おそ</rt></ruby>くなっている。
근래 결혼 연령이 점점 늦어지고 있다.

07
くうちゅう
空中
명 공중

鳥が空中を自由に飛び回っている。
새가 공중을 자유롭게 날아다니고 있다.

08
くうはく
空白
명 공백

事故が起きてから警察が来るまで約１時間の空白が
あった。
사고가 난 후 경찰이 오기까지 약 한 시간의 공백이 있었다.

09
けいだい
境内
명 (신사·사찰의) 경내, 구내

祭りの時は神社の境内に屋台がたくさん出る。
축제 때는 신사 경내에 노점이 많이 나온다.

10
げんち
現地
명 현지

調査対象は現地の事情に詳しい専門家が決定した。
조사 대상은 현지 사정에 밝은 전문가가 결정했다.

11
こうだい
広大
명 ナ 광대, 넓고 큼

北の大地の広大さは私の想像を超えていた。
북쪽 대지의 광대함은 나의 상상을 뛰어넘고 있었다.

12
ざか
～盛り
명 ～시기, ～상태

育ち盛りの子供がいる家庭は食費が結構かかるそう
だ。
한참 자랄 나이인 아이가 있는 가정은 식비가 상당히 든다고 한다.

13
しにせ
老舗
몡 노포, 전통 있는 가게

かのじょ　だいだいつづ　しにせりょかん　おかみ
彼女は代々続く老舗旅館の女将だ。
그녀는 대대로 이어진 전통 있는 여관의 여주인이다.

14
し　き
締め切り
몡 마감

し　き　まえ　ざんぎょう　おお
締め切りの前は残業が多い。
마감 전에는 잔업(야근)이 많다.

15
しゅくめい
宿命
몡 숙명

かのじょ　たいそうかい　しゅくめい　い
彼女たちは体操界で宿命のライバルと言われている。
그녀들은 체조계에서 숙명의 라이벌이라고 일컬어지고 있다.

＋ うんめい
運命 운명

16
しゅん
旬
몡 ナ 철, 제철, 적기

しゅん　やさい　つく　た
旬の野菜で作ったサラダを食べた。
제철 채소로 만든 샐러드를 먹었다.

17
しょうがい
生涯
몡 생애, 평생

かれ　じしん　けんきゅう　しょうがい　ささ
彼は地震のメカニズム研究にその生涯を捧げた。
그는 지진 메커니즘 연구에 평생을 바쳤다.

18
しょとう
初頭
몡 초두, 첫머리

しろ　せいき　しょとう　た
この城は19世紀の初頭に建てられました。
이 성은 19세기 초에 지어졌습니다.

유 はじ
初め 초, 처음

19
すき ま
隙間
명 (시간·공간) 빈틈, 짬

かべ かべ すき ま ちい ねこ はい
壁と壁の隙間に小さな猫が入っていた。
벽과 벽 사이 틈새에 작은 고양이가 들어가 있었다.

20
せんれん
洗練
명 する 세련

せんれん ふく き ひと おお
パリには洗練された服を着こなした人が多かった。
파리는 세련된 옷을 멋지게 잘 입은 사람이 많았다.

21
ちゅう や
昼夜
명 주야, 밤낮

りゅうがく じ だい ちゅう や ぎゃくてん せいかつ おく
留学時代は昼夜が逆転した生活を送っていた。
유학 시절에는 밤낮이 바뀐 생활을 보내고 있었다.

22
つ ど
都度
명 매번, ~때마다

ともだち の ら ねこ しゃしん と つ ど わたし おく
友達は野良猫の写真を撮る都度私に送ってくる。
친구는 길고양이의 사진을 찍을 때마다 나에게 보내 온다.

23
ていたく
邸宅
명 저택

いえ おうぞく す ていたく
この家はかつて王族が住んでいた邸宅だ。
이 집은 과거 왕족이 살았던 저택이다.

유 屋敷 저택, 고급 주택

24
ていぼう
堤防
명 제방, 둑

たいふう かわ ぞうすい ていぼうちか たっ
台風で川が増水し、堤防近くまで達した。
태풍으로 강물이 불어나 제방 근처까지 이르렀다.

25
にち や
日夜
명 부 밤낮, 늘, 언제나

彼らは芸能界デビューを果たすために日夜努力している。

그들은 연예계 데뷔를 이루기 위해 밤낮으로 노력하고 있다.

유 いつも 언제나, 항상　常に 항상

26
はい ご
背後
명 배후

この事件の背後には政界の大物がいると噂されている。

이 사건의 배후에는 정계의 거물이 있다는 소문이 돌고 있다.

27
はま べ
浜辺
명 바닷가, 해변

家族と一緒に浜辺でバーベキューをしました。

가족과 함께 바닷가에서 바비큐를 했습니다.

28
ひといき
一息
명 단숨, 한숨 돌림, 잠깐 쉼

お茶でも飲みながら一息つきましょう。

차라도 마시면서 한숨 돌립시다.

29
ひん ど
頻度
명 빈도

私は１週間に３回の頻度で外食をしている。

나는 일주일에 세 번의 빈도로 외식을 하고 있다.

30
べっそう
別荘
명 별장

毎年夏休みは沖縄の別荘で過ごしている。

매년 여름휴가는 오키나와의 별장에서 지내고 있다.

31
曲がり角 ま・かど
명 길모퉁이, 전환점, 분기점

少子高齢化時代を迎えて成長政策は曲がり角に来ている。
しょうしこうれいか じ だい むか せいちょうせいさく ま かど き
저출산 고령화 시대를 맞아 성장 정책은 분기점에 이르렀다.

32
幼少 ようしょう
명 유소, 나이가 어림

最近の子供は幼少の頃から英語を習うらしい。
さいきん こ ども ようしょう ころ えい ご なら
요즘 어린이는 유소년기부터 영어를 배우는 듯 하다.

33
連日 れんじつ
명 연일

連日の雨で工事再開の目途が立たない。
れんじつ あめ こう じ さいかい め ど た
연일 계속되는 비로 공사 재개의 전망이 서지 않는다.

34
露骨 ろ・こつ
명 ナ 노골

お願いを断ると、彼女は露骨に嫌な顔をした。
ねが ことわ かのじょ ろ こつ いや かお
부탁을 거절하자, 그녀는 노골적으로 싫은 표정을 지었다.

35
埋める う
동 묻다, 메우다, 채우다

多くの観客が客席を埋めて会場は満員となった。
おお かんきゃく きゃくせき う かいじょう まんいん
많은 관객이 객석을 채워 이벤트 회장은 만원이 되었다.

36
区切る く・ぎ
동 단락을 짓다, 구획 짓다

近代と前近代を区切る大きな要因は産業革命といえる。
きんだい ぜんきんだい く ぎ おお よういん さんぎょうかくめい
근대와 전근대를 구획 짓는 커다란 요인은 산업 혁명이라고 할 수 있다.

37
くる
狂う
图 미치다, 고장 나다,
틀어지다, 어긋나다

でんしゃ おく よてい くる
電車が遅れて予定が狂ってしまった。
전철이 늦어서 예정이 틀어져 버렸다.

38
さ
割く
图 가르다, 할애하다

き ちょう じ かん さ
貴重なお時間を割いてくださり、ありがとうござい
ました。
귀중한 시간을 내어 주셔서 감사했습니다.

39
さ か
差し掛かる
图 (장소·시기에) 접어들다,
다다르다

せいちょう き さ か おとこ こ こえ が
成長期に差し掛かると、男の子は声変わりします。
성장기에 접어들면, 남자아이는 변성기가 옵니다.

40
せば
狭める
图 좁히다

けいさつ そう さ はん い おおはば せば
警察はこれまでの捜査範囲を大幅に狭めることに
した。
경찰은 지금까지의 수사 범위를 큰 폭으로 좁히기로 했다.

41
せま
迫る
图 다가오다, 다가서다,
좁혀지다, 강요하다

らいしゅう せま
プレゼンテーションは、もう来週に迫ってきた。
프레젠테이션은 벌써 다음 주로 다가왔다.

42
つい
費やす
图 쓰다, 소비하다, 낭비하다,
(노력 등을) 들이다

ねん つい けんきゅう がっかい みと
5年を費やした研究が、ついに学会に認められた。
5년을 들인 연구가 드디어 학회에 인정받았다.

43

はぶ
省く

图 생략하다, 없애다, 덜다

彼は結婚式で長い挨拶を省いて簡単にスピーチをした。

그는 결혼식에서 긴 인사를 생략하고 간단히 연설을 했다.

44

ふ
更ける

图 깊어지다

勉強していたら、いつの間にか夜が更けていた。

공부하고 있었더니 어느덧 밤이 깊어졌다.

45

へだ
隔てる

图 사이를 떼다, 사이에 두다, 가로막다

統一前のベルリンは壁で東西を隔てていた。

통일 전의 베를린은 (장)벽으로 동서가 가로막혀 있었다.

46

ひさ
久しい

イ 오래되다

ジムに通わなくなって久しい。

헬스장에 다니지 않게 된 지 오래되었다.

47

はるか

ナ 旦 아득히, 훨씬, 매우

祖母ははるか昔の思い出を話してくれた。

할머니는 먼 옛날의 추억을 이야기해 주었다.

48

ろく

ナ 정상임, 제대로임, 변변함

独立してすぐは本当にお金がなくて、ろくにご飯も食べられなかった。

막 독립했을 때는 정말로 돈이 없어서 밥도 변변히 먹지 못했다.

---

1 해당 어휘의 읽는 법을 찾고, 빈칸에 그 의미를 써 넣으세요.

보기	学生	⑰ がくせい	② がっせい	학생

(1) 費やす   ① つぶやす   ② ついやす   _____

(2) 都度   ① つど   ② とど   _____

(3) 日夜   ① にちや   ② ひや   _____

(4) 境内   ① けいない   ② けいだい   _____

(5) 洗練   ① せんねん   ② せんれん   _____

2 문맥에 맞는 단어를 보기 에서 골라 알맞은 형태로 바꾸어 써 넣으세요.

(6) (　　　　　)の前は残業が多い。

(7) 彼は結婚式で長い挨拶を(　　　　　)簡単にスピーチをした。

(8) 彼女は代々続く(　　　　　)旅館の女将だ。

(9) 独立してすぐは本当にお金がなくて、(　　　　　)ご飯も食べられ
なかった。

(10) ジムに通わなくなって(　　　　　)。

보기	省く 締め切り 老舗 久しい ろく

정답 ----

(1) ② 소비하다, 들이다   (2) ① 매번, ~때마다   (3) ① 밤낮으로   (4) ② (신사·사찰의) 경내   (5) ② 세련
(6) 締(し)め切(き)り   (7) 省(はぶ)いて   (8) 老舗(しにせ)   (9) ろくに   (10) 久(ひさ)しい

단어 퀴즈

✿ 단어를 보고 발음과 의미를 적어 보세요.

단어	발음	의미
改正	かいせい	개정
迫る		
久しい		
狂う		
省く		
費やす		
狭める		
露骨		
頻度		
割く		
隙間		
宿命		
跡地		
隔てる		
更ける		
埋める		
洗練		
空白		
別荘		
背後		
堤防		
老舗		
間隔		

선을 따라 접으면 답을 확인할 수 있어요.

✽ 한번 더 복습해 봅시다.

읽는 법과 뜻
☐ かいせい 개정
☐ せまる 다가오다
☐ ひさしい 오래되다
☐ くるう 미치다, 틀어지다
☐ はぶく 생략하다
☐ ついやす 쓰다, 낭비하다
☐ せばめる 좁히다
☐ ろこつ 노골
☐ ひんど 빈도
☐ さく 가르다, 할애하다
☐ すきま 빈틈, 짬
☐ しゅくめい 숙명
☐ あとち (철거된 뒤의) 땅
☐ へだてる 가로막다
☐ ふける 깊어지다
☐ うめる 묻다, 메우다
☐ せんれん 세련
☐ くうはく 공백
☐ べっそう 별장
☐ はいご 배후
☐ ていぼう 제방, 둑
☐ しにせ 노포
☐ かんかく 간격

한자	발음	의미
예 改正	かいせい	개정
迫る		
久しい		
狂う		
省く		
費やす		
狭める		
露骨		
頻度		
割く		
隙間		
宿命		
跡地		
隔てる		
更ける		
埋める		
洗練		
空白		
別荘		
背後		
堤防		
老舗		
間隔		

DAY 27

부사 (1)

얼마나
알고 있나요?

사전 체크

☐ **01** 敢えて	☐ **02** 予め	☐ **03** いかに	☐ **04** いざ
☐ **05** 至って	☐ **06** 一様に	☐ **07** 一挙に	☐ **08** 一切
☐ **09** いっそ	☐ **10** 未だ	☐ **11** いやに	☐ **12** おいおい
☐ **13** 自ずと	☐ **14** かつて	☐ **15** 仮に	☐ **16** かわるがわる
☐ **17** きっちり	☐ **18** 急遽	☐ **19** 極めて	☐ **20** 交互に
☐ **21** 殊に	☐ **22** 強いて	☐ **23** 至急	☐ **24** しんなり
☐ **25** 整然と	☐ **26** 総じて	☐ **27** そもそも	☐ **28** たかだか
☐ **29** 断然	☐ **30** 努めて	☐ **31** てっきり	☐ **32** 到底
☐ **33** どうやら	☐ **34** 時折	☐ **35** どんより	☐ **36** 何とぞ
☐ **37** 軒並み	☐ **38** ひとまず	☐ **39** ひんやり	☐ **40** ふんわり
☐ **41** まして	☐ **42** まるっきり	☐ **43** みるみる	☐ **44** 無理やり
☐ **45** めきめき	☐ **46** めったに	☐ **47** もはや	☐ **48** やや

음성듣기

01
あ
敢えて
🔲 굳이, 구태여

彼は昔から、敢えて難しい道を選ぶ。
그는 옛날부터 굳이 어려운 길을 고른다.

유 強いて 굳이, 무리하게

02
あらかじ
予め
🔲 미리, 사전에

レストランが混雑すると思って予め予約しておいた。
레스토랑이 혼잡할 거라고 생각해서 사전에 예약해 두었다.

유 事前に 사전에　前もって 미리

03
いかに
🔲 어떻게, 아무리, 얼마나

この問題はいかに偉大な科学者であっても解けないだろう。
이 문제는 아무리 위대한 과학자라도 풀 수 없을 것이다.

04
いざ
🔲 정작, 막상

いざ勉強を始めようとすると、やる気が出ない。
막상 공부를 시작하려고 하면 의욕이 생기지 않는다.

05
いた
至って
🔲 (지)극히, 매우, 대단히

彼の勤務態度は至って真面目で特に問題ありません。
그의 근무 태도는 매우 성실해서 특별히 문제 없습니다.

유 非常に 대단히, 몹시

06
いちよう
一様に
🔲 한결같이, 똑같이

面接を受ける学生たちは一様に黒いスーツを着ていた。
면접을 치르는 학생들은 한결같이 검은 정장을 입고 있었다.

07
いっきょ
一挙に
📘 일거에, 단번에

ある情報をきっかけに、事件は一挙に解決へと
向かった。
어떤 정보를 계기로 사건은 단번에 해결로 향했다.

유 一気に 단숨에

08
いっさい
一切
📘 전혀, 일절

私共はその件には一切関与しておりません。
저희들은 그 건에는 일절 관여하고 있지 않습니다.

09
いっそ
📘 도리어, 차라리

何を贈るか迷うならいっそ商品券を上げよう。
무엇을 선물할지 망설여진다면 차라리 상품권을 주자.

유 かえって 도리어, 오히려   むしろ 차라리, 오히려

10
いま
未だ
📘 아직, 이때까지

未だ始発が来ない時間で駅にはシャッターが下りて
いた。
아직 첫차가 오지 않을 시간이라서 역에는 셔터가 내려가 있었다.

11
いやに
📘 묘하게, 몹시

いやに課長の機嫌がいいと思ったら、これから
デートだそうだ。
묘하게 과장님의 기분이 좋다 생각했더니, 이제부터 데이트라고 한다.

12
おいおい
📘 차차, 머지않아

初めは大変でもおいおい慣れてくるだろう。
처음은 힘들어도 차차 익숙해질 것이다.

유 次第に 차츰, 점차

13
おの
自ずと
부 저절로, 자연히, 스스로

年を取れば自ずと分かってくるはずだ。
나이를 먹으면 저절로 알게 될 것이다.

유 自ずから 저절로, 자연히, 스스로

14
かつて
부 일찍이, 예전부터, 전혀,
한 번도

日本もかつては大陸とつながっていたと言われる。
일본도 한때는 대륙과 이어져 있었다고 일컬어진다.

15
かり
仮に
부 만일, 만약, 임시로

仮にパーティーに招待されたとしても、出席する
気はさらさらない。
가령 파티에 초대받았다고 하더라도 참석할 마음은 조금도 없다.

16
かわるがわる
부 번갈아가며, 교대로

国際会議では首脳たちがかわるがわる演説を行った。
국제 회의에서는 수뇌부들이 번갈아가며 연설을 했다.

유 交互に 번갈아가며, 교대로

17
きっちり
부 する 빈틈없이 들어맞는
모양, 정확히, 딱

会計はきっちり人数で割って支払うことにした。
계산은 정확히 인원수로 나누어서 지불하기로 했다.

18
きゅうきょ
急遽
부 갑작스럽게

13時からの会議は急遽延期になった。
13시부터인 회의는 갑작스럽게 연기되었다.

19

きわ
極めて

🈂 지극히, 더없이, 매우

<ruby>今回<rt>こんかい</rt></ruby>の<ruby>事態<rt>じたい</rt></ruby>は<ruby>極<rt>きわ</rt></ruby>めて<ruby>稀<rt>まれ</rt></ruby>なケースである。

이번 사태는 지극히 드문 케이스이다.

20

こう ご
交互に

🈂 번갈아가며, 교대로

この<ruby>工場<rt>こうじょう</rt></ruby>では<ruby>昼<rt>ひる</rt></ruby>と<ruby>夜<rt>よる</rt></ruby>の<ruby>作業<rt>さぎょう</rt></ruby>を<ruby>交互<rt>こうご</rt></ruby>に<ruby>行<rt>おこな</rt></ruby>い24<ruby>時間生産<rt>じかんせいさん</rt></ruby>する。

이 공장에서는 낮과 밤의 작업을 교대로 실시하여 24시간 생산한다.

🈩 かわるがわる 번갈아가며, 교대로

21

こと
殊に

🈂 각별히, 특히

<ruby>今朝<rt>けさ</rt></ruby>は<ruby>殊<rt>こと</rt></ruby>に<ruby>冷<rt>ひ</rt></ruby>え<ruby>込<rt>こ</rt></ruby>みが<ruby>厳<rt>きび</rt></ruby>しく、<ruby>日中<rt>にっちゅう</rt></ruby>も<ruby>寒<rt>さむ</rt></ruby>かった。

오늘 아침에는 특히나 기온이 심하게 떨어져서 낮에도 추웠다.

22

し
強いて

🈂 억지로, 무리하여, 구태여

<ruby>今<rt>いま</rt></ruby>の<ruby>職場<rt>しょくば</rt></ruby>に<ruby>不満<rt>ふまん</rt></ruby>はないが、<ruby>強<rt>し</rt></ruby>いて<ruby>言<rt>い</rt></ruby>えば<ruby>毎月<rt>まいつき</rt></ruby>の
<ruby>飲<rt>の</rt></ruby>み<ruby>会<rt>かい</rt></ruby>はやめてほしい。

지금의 직장에 불만은 없지만 굳이 말하자면 매달 회식은 안 했으면
좋겠다.

🈩 <ruby>敢<rt>あ</rt></ruby>えて 굳이, 구태여

23

し きゅう
至急

🈂 시급, 매우 급함

<ruby>上司<rt>じょうし</rt></ruby>から、<ruby>至急会社<rt>しきゅうかいしゃ</rt></ruby>に<ruby>戻<rt>もど</rt></ruby>るように<ruby>連絡<rt>れんらく</rt></ruby>があった。

상사로부터 급히 회사로 돌아오라는 연락이 있었다.

24

しんなり

🈂 🈂 부드럽고 나긋나긋
한 모양

キャベツがしんなりしてきたら<ruby>塩<rt>しお</rt></ruby>を<ruby>入<rt>い</rt></ruby>れてください。

양배추가 부드러워지면 소금을 넣어 주세요.

25
せいぜん
整然と
🔹 정연하게

まだ幼い小学生が整然と並んでいるのを見て驚いた。
아직 어린 초등학생들이 질서 정연하게 줄 서 있는 것을 보고 놀랐다.

26
そう
総じて
🔹 대개, 대체로, 일반적으로

今年の夏は、総じて雨が多く、野菜の値段が上がった。
올해 여름은 대체로 비가 많이 와서 채소 가격이 올랐다.

27
そもそも
🔹 애당초, 본디

私はそもそも、その計画には反対だった。
나는 애당초 그 계획에는 반대였다.

28
たかだか
🔹 기껏(해야), 고작

たかだか5,000円くらい、私が奢ってやるよ。
고작 5,000엔 정도, 내가 한턱 낼게!

29
だんぜん
断然
🔹 단연, 훨씬, 단호히, 딱

この時間はバスより地下鉄の方が断然早い。
이 시간은 버스보다 지하철 쪽이 훨씬 빠르다.

30
つと
努めて
🔹 애써, 가능한 한, 되도록

悲しいはずなのに、彼女は努めて明るく話していた。
슬플 텐데도 그녀는 애써 밝게 이야기하고 있었다.

31
てっきり
🟦 틀림없이, 꼭

かれ　　　　　　けっこん　　　　　おも　　　　　　　　みこん
彼はてっきり結婚してると思ったが、まだ未婚だ
そうだ。
그는 틀림없이 결혼했다고 생각했는데 아직 미혼이라고 한다.

🟢 きっと 분명히, 틀림없이

32
とうてい
到底
🟦 도저히(부정 수반)

とうてい　しごと　　お　　　　　　　　　　おうえん
このままでは到底仕事が終わらないので応援を
たの
頼んだ。
이대로는 도저히 일이 끝나지 않으니 도움을 요청했다.

33
どうやら
🟦 어쩐지, 아무래도

かぜ　ひ
どうやら風邪を引いてしまったようだ。
아무래도 감기에 걸려 버린 것 같다.

34
ときおり
時折
🟦 때때로, 가끔

やま　ほう　　　ときおり ことり　　な　　ごえ　き
山の方から時折小鳥の鳴き声が聞こえてくる。
산 쪽에서 가끔 작은 새가 우는 소리가 들려 온다.

🟢 たまに 가끔

35
どんより
🟦 する (날씨가) 어두침침한 모양, 흐리멍텅한 모양

きょう　そら　　　　　　　　　　　あめ　ふ
今日は空がどんよりしていて雨が降りそうだ。
오늘은 하늘이 우중충한 것이 비가 올 것 같다.

かのじょ　　　　　　　　め　とお　　なが
彼女はどんよりした目で遠くを眺めていた。
그녀는 생기 없는 눈으로 먼 곳을 바라보고 있었다.

36
なに
何とぞ
🟦 제발, 부디, 아무쪼록

めいわく　か　　　　　　　なに
迷惑を掛けますが、何とぞよろしくお願いします。
폐를 끼치게 되겠지만, 아무쪼록 잘 부탁드립니다.

37

のき な
軒並み

부 (같은 종류가) 모두, 다 함께

不景気なので、どの会社も売り上げが軒並み下がっている。

불경기이기 때문에 어느 회사도 매상이 일제히 떨어지고 있다.

38

ひとまず

부 우선, 일단, 하여튼

ひとまずこれで安心ですね。

일단 이걸로 안심이네요.

유 一応 일단, 우선

39

ひんやり

부 する 찬 기운을 느끼는 모양, 썰렁함

この部屋は夏なのになぜかひんやりしている。

이 방은 여름인데도 왠지 썰렁하다.

40

ふんわり

부 する 부드럽게 부푼 모양, 폭신폭신

ここのパンはふんわりしていておいしいと評判だ。

여기 빵은 폭신폭신해서 맛있다고 평이 좋다.

41

まして

부 하물며, 한층 더, 보다 더

秋でも朝は寒いが、まして冬になれば道が凍る。

가을이어도 아침에는 추운데 하물며 겨울이 되면 길이 언다.

父は前にもまして厳しくなった。

아버지는 전보다 한층 더 엄격해졌다.

유 なおさら 더욱

42

まるっきり

부 전혀, 전연

投資の話はまるっきり分からない。

투자 이야기는 전혀 모르겠다.

43

みるみる

뷔 순식간에, 삽시간에

その話題はみるみるうちにネットで拡散した。

그 화제는 순식간에 인터넷에서 확산되었다.

44

無理やり

뷔 억지로, 무리하게

嫌なことを無理やりさせても、うまくできるわけが
ない。

싫은 일을 억지로 하게 해도 잘할 수 있을 리가 없다.

45

めきめき

뷔 두드러지는 모양, 부쩍,
급속도로

彼はめきめきと実力を上げて、同僚を追い抜いて
昇進した。

그는 부쩍 실력을 올려서 동료를 제치고 승진했다.

46

めったに

뷔 거의, 좀처럼

彼女は無口なので、めったに話さない。

그녀는 과묵해서 좀처럼 이야기하지 않는다.

47

もはや

뷔 벌써, 이미, 어느새,
이제 와서

何度も失敗した彼はもはや事業に手を出す意欲が
なくなっている。

몇 번이나 실패한 그는 이제 사업에 손을 댈 의욕이 없어졌다.

유 もう 이제, 이미, 벌써

48

やや

뷔 약간, 조금

壁にかかった絵がやや右に傾いていたので直した。

벽에 걸린 그림이 살짝 오른쪽으로 기울어져 있어서 바로잡았다.

유 若干 약간, 다소, 얼마간

● 문맥에 맞는 표현을 **보기** 에서 골라 써 넣으세요.

> **보기**
>
> 予め　　急遽　　強いて
>
> めきめき　　一切　　至って　　極めて
>
> どんより　　ひとまず　　自ずと

(1) 今の職場に不満はないが、(　　　　)言えば毎月の飲み会は
やめてほしい。

(2) レストランが混雑すると思って(　　　　)予約しておいた。

(3) 彼は(　　　　)と実力を上げて、同僚を追い抜いて昇進した。

(4) 13時からの会議は(　　　　)延期になった。

(5) 私共はその件には(　　　　)関与しておりません。

(6) (　　　　)これで安心ですね。

(7) 今日は空が(　　　　)していて雨が降りそうだ。

(8) 今回の事態は(　　　　)稀なケースである。

(9) 年を取れば(　　　　)と分かってくるはずだ。

(10) 彼の勤務態度は(　　　　)真面目で特に問題ありません。

단어 퀴즈

✱ 단어를 보고 발음과 의미를 적어 보세요.

단어	발음	의미
改正	かいせい	개정
交互に		
一切		
めきめき		
敢えて		
ひんやり		
軒並み		
どんより		
努めて		
たかだか		
総じて		
強いて		
極めて		
急遽		
仮に		
自ずと		
一様に		
至って		
予め		
やや		
めったに		
まして		
ふんわり		

선을 따라 접으면 답을 확인할 수 있어요.

✽ 한번 더 복습해 봅시다.

읽는 법과 뜻
☐ かいせい 개정
☐ こうごに 교대로
☐ いっさい 전혀, 일절
☐ 부쩍, 급속도로
☐ あえて 굳이, 구태여
☐ 썰렁함
☐ のきなみ 일제히, 다 함께
☐ (날씨가) 흐린 모양
☐ つとめて 애써
☐ 기껏(해야), 고작
☐ そうじて 대개, 일반적으로
☐ しいて 억지로, 구태여
☐ きわめて 지극히, 매우
☐ きゅうきょ 갑작스럽게
☐ かりに 만일, 임시로
☐ おのずと 저절로, 자연히
☐ いちように 한결같이, 똑같이
☐ いたって 매우, 대단히
☐ あらかじめ 미리, 사전에
☐ 약간, 조금
☐ 거의, 좀처럼
☐ 하물며, 한층 더
☐ 폭신폭신

한자	발음	의미
예 改正	かいせい	개정
交互に		
一切		
めきめき		
敢えて		
ひんやり		
軒並み		
どんより		
努めて		
たかだか		
総じて		
強いて		
極めて		
急遽		
仮に		
自ずと		
一様に		
至って		
予め		
やや		
めったに		
まして		
ふんわり		

부사 (2)

음성 듣기

案の定
うんざり
かねて
ちょくちょく

얼마나
알고 있나요?

사전 체크

- [ ] 01 あたかも
- [ ] 02 案の定
- [ ] 03 幾多
- [ ] 04 一概に
- [ ] 05 一向に
- [ ] 06 今さら
- [ ] 07 いやいや
- [ ] 08 うんざり
- [ ] 09 大方
- [ ] 10 大まかに
- [ ] 11 かすかに
- [ ] 12 かねて
- [ ] 13 辛うじて
- [ ] 14 きっかり
- [ ] 15 きっぱり
- [ ] 16 極力
- [ ] 17 くまなく
- [ ] 18 ことごとく
- [ ] 19 先だって
- [ ] 20 じっくり
- [ ] 21 しっとり
- [ ] 22 ずばり
- [ ] 23 すんなり
- [ ] 24 即座に
- [ ] 25 大概
- [ ] 26 ちょくちょく
- [ ] 27 つくづく
- [ ] 28 てきぱき
- [ ] 29 とかく
- [ ] 30 とっさに
- [ ] 31 とりわけ
- [ ] 32 なおさら
- [ ] 33 なんなりと
- [ ] 34 果たして
- [ ] 35 甚だ
- [ ] 36 ひときわ
- [ ] 37 ひょっと
- [ ] 38 ふんだんに
- [ ] 39 前もって
- [ ] 40 まさしく
- [ ] 41 まるごと
- [ ] 42 まるまる
- [ ] 43 無性に
- [ ] 44 めっきり
- [ ] 45 専ら
- [ ] 46 もれなく
- [ ] 47 もろに
- [ ] 48 やんわり

01

あたかも

㉿ 마치, 흡사

<ruby>彼女<rt>かのじょ</rt></ruby>はあたかも<ruby>自分<rt>じぶん</rt></ruby>がその<ruby>事件<rt>じけん</rt></ruby>の<ruby>被害者<rt>ひがいしゃ</rt></ruby>であるかの
ように<ruby>話<rt>はな</rt></ruby>していた。

그녀는 마치 자신이 그 사건의 피해자인 양 이야기하고 있었다.

02

<ruby>案<rt>あん</rt></ruby>の<ruby>定<rt>じょう</rt></ruby>

㉿ 생각한대로, 예측대로,
아니나 다를까

<ruby>案<rt>あん</rt></ruby>の<ruby>定<rt>じょう</rt></ruby>、<ruby>資金<rt>しきん</rt></ruby>に<ruby>余裕<rt>よゆう</rt></ruby>がなかった<ruby>事業<rt>じぎょう</rt></ruby>は<ruby>計画半<rt>けいかくなか</rt></ruby>ばで
<ruby>挫折<rt>ざせつ</rt></ruby>した。

아니나 다를까 자금에 여유가 없던 사업은 계획 중반에 좌절했다.

03

<ruby>幾多<rt>いくた</rt></ruby>

㉿ 수많이

<ruby>彼<rt>かれ</rt></ruby>は<ruby>幾多<rt>いくた</rt></ruby>の<ruby>困難<rt>こんなん</rt></ruby>を<ruby>乗<rt>の</rt></ruby>り<ruby>越<rt>こ</rt></ruby>えて<ruby>成功<rt>せいこう</rt></ruby>を<ruby>手<rt>て</rt></ruby>にした。

그는 수많은 어려움을 극복하고 성공을 손에 넣었다.

04

<ruby>一概<rt>いちがい</rt></ruby>に

㉿ 일률적으로, 일괄적으로

<ruby>物事<rt>ものごと</rt></ruby>を<ruby>一概<rt>いちがい</rt></ruby>に<ruby>損得<rt>そんとく</rt></ruby>のみで<ruby>判断<rt>はんだん</rt></ruby>するのは<ruby>良<rt>よ</rt></ruby>くない。

매사를 일률적으로 득실만으로 판단하는 것은 좋지 않다.

05

<ruby>一向<rt>いっこう</rt></ruby>に

㉿ 전혀, 조금도

<ruby>昨夜<rt>ゆうべ</rt></ruby>から<ruby>頭痛<rt>ずつう</rt></ruby>が<ruby>一向<rt>いっこう</rt></ruby>に<ruby>治<rt>おさ</rt></ruby>まらないので、<ruby>病院<rt>びょういん</rt></ruby>に<ruby>行<rt>い</rt></ruby>く
ことにした。

어젯밤부터 두통이 전혀 낫지 않아서 병원에 가기로 했다.

06

<ruby>今<rt>いま</rt></ruby>さら

㉿ 이제 와서, 새삼스럽게

<ruby>今<rt>いま</rt></ruby>さらで<ruby>恥<rt>は</rt></ruby>ずかしいが、<ruby>漢字<rt>かんじ</rt></ruby>の<ruby>勉強<rt>べんきょう</rt></ruby>を<ruby>始<rt>はじ</rt></ruby>めた。

이제 와서 부끄럽지만 한자 공부를 시작했다.

07

いやいや

🔲 마지못해

習い事をいやいやしていても実力が伸びるはずもない。

마지못해 배운다고 실력이 늘 리도 없다.

08

うんざり

🔲 する 진절머리가 남,
지긋지긋

最近雨続きで湿気もひどく、もううんざりだ。

최근 비가 계속되어 습기도 심하고 이제 지긋지긋하다.

09

おおかた
大方

🔲 🔲 대충, 대개, 대부분

部長から任された仕事が大方片付いた。

부장님이 맡긴 일이 거의 정리되었다.

10

おお
大まかに

🔲 대략, 대충

受付で手続きの流れを大まかに説明してくれた。

접수처에서 수속 흐름을 대략적으로 설명해 주었다.

11

かすかに

🔲 ナ 희미하게, 미약하게,
근근이

遠くから人のしゃべり声がかすかに聞こえてくる。

멀리서 사람들이 떠드는 소리가 희미하게 들려 온다.

12

かねて

🔲 미리, 전부터

今回の異動で、かねてから希望していた支店に行くことになった。

이번 이동으로 전부터 희망하던 오사카 지점으로 가게 되었다.

유 かねがね 전부터, 진작부터

13

辛(かろ)**うじて**

부 겨우, 간신히

山火事(やまかじ)に巻(ま)き込(こ)まれそうになったが辛(かろ)うじて避難(ひなん)した。

산불에 휩쓸릴 뻔했지만 간신히 피난했다.

유 何(なん)とか 어떻게든, 겨우

14

きっかり

부 (시간·수량이) 정확하게
꼭, 딱

合格発表(ごうかくはっぴょう)は12時(じ)きっかりに行(おこな)われた。

합격 발표는 12시 정각에 이루어졌다.

15

きっぱり

부 する 딱 잘라, 단호히

彼(かれ)は上司(じょうし)の頼(たの)みをきっぱり断(ことわ)った。

그는 상사의 부탁을 단호히 거절했다.

16

極力(きょくりょく)

부 힘을 다해, 힘껏,
가능한 한

花粉(かふん)の時期(じき)は極力(きょくりょく)出歩(であ)くことを避(さ)けたい。

꽃가루가 날리는 시기는 가능한 한 돌아다니는 일을 피하고 싶다.

유 できるだけ 가능한 한

17

くまなく

부 구석구석, 샅샅이

辺(あた)りをくまなく探(さが)したが、財布(さいふ)は見(み)つからなかった。

주변을 샅샅이 찾아보았지만 지갑은 나오지 않았다.

18

ことごとく

부 전부, 모조리

彼女(かのじょ)にはことごとく裏切(うらぎ)られてきたので、もう信用(しんよう)できない。

그녀에게는 매번 배신당해 왔기 때문에 이제 신용할 수 없다.

유 すべて 모두, 대체로

19

さき
先だって

_ふ 앞서, 미리, 얼마 전에

_{さき} _{かちょう} _{つた}
先だって 課長にはお伝えしておきました。
과장님께는 미리 전해 두었습니다.

_{あらかじ} _{まえ}
유 予め 미리, 사전에　前もって 미리

20

じっくり

_ふ 정성을 들이는 모양,
곰곰이, 차분히

_{にこ} _{あじ}
このカレーはじっくり煮込んだから味にコクがある。
이 카레는 푹 끓였기 때문에 깊은 맛이 있다.

21

しっとり

_ふ _{する} 습기 찬 모양,
촉촉히, 차분히

_{あたら} _で _{くち} _{おどろ}
新しく出たチョコのしっとりとした口どけに驚いた。
새로 나온 초콜릿의 촉촉하고 입에서 살살 녹는 느낌에 놀랐다.

22

ずばり

_ふ 싹둑, 정곡을 찌르는 모양,
정통으로, 정확히

_{じぶん} _{けってん} _{してき}
自分の欠点をずばり指摘された。
자신의 결점을 정통으로 지적당했다.

23

すんなり

_ふ _{する} 매끈하게, 순조롭게

_{わたし} _{いけん} _{うい}
私の意見がすんなり受け入れられた。
내 의견이 순조롭게 받아들여졌다.

24

_{そくざ}
即座に

_ふ 즉석에서, 그 자리에서

_{むり} _{しょうち} _{いらい} _{かれ} _{そくざ} _{りょうしょう}
無理を承知の依頼だったが彼は即座に了承してくれた。
무리임을 알면서 한 의뢰였는데 그는 그 자리에서 승낙해 주었다.

25
たいがい
大概

부 명 대개, 대부분, 대강

あの作家の作品は大概読んだはずだ。

그 작가의 작품은 대부분 읽었을 터이다.

유 たいてい 대부분, 대강

26
ちょくちょく

부 이따금, 가끔, 종종

近くに引っ越してきたので、ちょくちょく顔を見せますね。

근처로 이사 왔으니까 종종 얼굴을 비출게요.

27
つくづく

부 아주, 절실히, 곰곰이

外国に一人で生活しているとつくづく家族の大切さが分かる。

외국에서 혼자 생활하고 있으면 절실히 가족의 소중함을 알게 된다.

28
てきぱき

부 する 일을 척척 잘 해내는 모양

彼はいつもてきぱき仕事をこなす。

그는 언제나 척척 일을 해낸다.

29
とかく

부 어쨌든, 아무튼, 자칫(하면)

私の父はとかくせっかちだ。

우리 아버지는 아무튼 성질이 급하다.

유 とにかく 아무튼

30
とっさに

부 순식간에, 순간적으로

犯人は警察官を見てとっさに隠れた。

범인은 경찰관을 보고 순식간에 숨었다.

31

とりわけ

🧾 특히, 유난히

彼女はクラスの中でもとりわけ優秀だ。

그녀는 반에서도 특히나 우수하다.

🔗 特に 특히

32

なおさら

🧾 더욱, 더한층, 그 위에

今日は風がないのでなおさら暑く感じる。

오늘은 바람이 없어서 더욱 덥게 느껴진다.

🔗 増して 한층 더

33

なんなりと

🧾 무엇이든(지)

欲しいものがあればなんなりとおっしゃってください。

갖고 싶은 것이 있으면 무엇이든 말씀해 주세요.

34

果たして

🧾 과연

果たして、どの国が優勝するでしょうか。

과연, 어느 나라가 우승할까요?

35

甚だ

🧾 매우, 몹시, 심히

家のすぐ前に駐車した車に甚だ迷惑だと抗議した。

집 바로 앞에 주차한 자동차에 심한 민폐라고 항의했다.

🔗 大変 대단히 大いに 대단히, 매우 極めて 지극히, 몹시

36

ひときわ

🧾 유달리, 한층 더

同窓会では彼女のファッションがひときわ目立っていた。

동창회에서는 그녀의 패션이 한층 더 눈에 띄었다.

37

ひょっと
부 뜻밖에, 갑자기, 불쑥

うさぎが木の陰からひょっと顔を出した。
토끼가 나무 그늘에서 불쑥 얼굴을 내밀었다.

38

ふんだんに
부 풍성히, 수두룩히, 흥청망청

新鮮なチーズをふんだんに使って仕上げたピザは逸品だ。
신선한 치즈를 충분히 사용하여 만든 피자는 일품이다.

39

前もって
부 미리, 앞서, 사전에

前もって手続きをしておけば後で楽になる。
사전에 수속을 해 두면 나중에 편해진다.

유 予め 미리, 사전에

40

まさしく
부 바로, 틀림없이

この手紙はまさしく彼が書いたものだと断言できる。
이 편지는 틀림없이 그가 쓴 거라고 단언할 수 있다.

41

まるごと
부 통째로

さつま芋は皮までまるごと食べた方が体にいい。
고구마는 껍질까지 통째로 먹는 편이 몸에 좋다.

42

まるまる
부 모조리, 전부, 송두리째

父が苦労して築いた財産をまるまる持っていかれた。
아버지가 고생하여 일군 재산을 송두리째 빼앗겼다.

43

むしょう
無性に

🔢 몹시, 공연히, 괜시리,
무턱대고

疲れた時は、チョコレートが無性に食べたくなる。
피곤할 때는 초콜릿이 괜시리 먹고 싶어진다.

44

めっきり

🔢 뚜렷이, 현저히, 부쩍

朝晩、めっきり寒くなって、冬は目の前ですね。
아침저녁으로 부쩍 추워진 것이, 겨울은 이제 곧이네요.

45

もっぱ
専ら

🔢 주로, 오로지

最近は友達と遊ばず、専ら勉強ばかりしている。
요즘은 친구와 놀지 않고 오로지 공부만 하고 있다.

46

もれなく

🔢 빠짐없이, 모두

応募者にもれなく番組グッズをプレゼント致します。
응모자에게 빠짐없이 프로그램 상품을 선물 드리겠습니다.

47

もろに

🔢 정면으로, 직접

実家が台風の影響をもろに受けたと聞いて心配です。
본가가 태풍의 영향을 직접 받았다고 들어서 걱정입니다.

48

やんわり

🔢 する 부드럽게, 살며시,
완곡하게

彼女は誘いをやんわりと断るのが上手だ。
그녀는 권유를 완곡하게 거절하는 것이 능숙하다.

● 문맥에 맞는 표현을 보기 에서 골라 써 넣으세요.

> 보기
>
> てきぱき　　今さら　　専ら
>
> くまなく　　辛うじて　　無性に　　とりわけ
>
> ことごとく　　極力　　案の定

(1)　辺りを(　　　　)探したが、財布は見つからなかった。

(2)　(　　　　)で恥ずかしいが、漢字の勉強を始めた。

(3)　彼はいつも(　　　　)仕事をこなす。

(4)　最近は友達と遊ばず、(　　　　)勉強ばかりしている。

(5)　山火事に巻き込まれそうになったが(　　　　)避難した。

(6)　花粉の時期は(　　　　)出歩くことを避けたい。

(7)　疲れた時は、チョコレートが(　　　　)食べたくなる。

(8)　彼女はクラスの中でも(　　　　)優秀だ。

(9)　彼女には(　　　　)裏切られてきたので、もう信用できない。

(10)　(　　　　)、資金に余裕がなかった事業は計画半ばで挫折した。

✹ 단어를 보고 발음과 의미를 적어 보세요.

단어	발음	의미
改正	かいせい	개정
ことごとく		
極力		
やんわり		
つくづく		
もろに		
専ら		
無性に		
甚だ		
とりわけ		
てきぱき		
大概		
なおさら		
辛うじて		
一向に		
大まかに		
一概に		
じっくり		
案の定		
めっきり		
まさしく		
前もって		
ふんだんに		

선을 따라 접으면 답을 확인할 수 있어요.

✖ 한번 더 복습해 봅시다.

읽는 법과 뜻	한자	발음	의미
かいせい 개정	예 改正	かいせい	개정
전부, 모조리	ことごとく		
きょくりょく 힘껏, 가능한 한	極力		
부드럽게, 완곡하게	やんわり		
아주, 절실히	つくづく		
정통으로, 직접	もろに		
もっぱら 주로, 오로지	専ら		
むしょうに 몹시, 괜시리	無性に		
はなはだ 매우, 몹시	甚だ		
특히, 유난히	とりわけ		
척척	てきぱき		
たいがい 대개, 대부분	大概		
더욱, 한층	なおさら		
かろうじて 겨우, 간신히	辛うじて		
いっこうに 전혀, 조금도	一向に		
おおまかに 대략, 대충	大まかに		
いちがいに 일률적으로	一概に		
곰곰이, 차분히	じっくり		
あんのじょう 생각한대로	案の定		
현저히, 부쩍	めっきり		
바로, 틀림없이	まさしく		
まえもって 미리, 사전에	前もって		
풍성히, 흥청망청	ふんだんに		

어려운 한자어

음성듣기

얼마나
알고 있나요?

사전 체크

- [ ] **01** 一掃
- [ ] **02** 横柄
- [ ] **03** 億劫
- [ ] **04** 思惑
- [ ] **05** 会心
- [ ] **06** 愕然
- [ ] **07** 毅然
- [ ] **08** 空前
- [ ] **09** 敬遠
- [ ] **10** 互角
- [ ] **11** 承諾
- [ ] **12** 信憑性
- [ ] **13** 寸前
- [ ] **14** 尊大
- [ ] **15** 怠慢
- [ ] **16** 丹念
- [ ] **17** 陳腐
- [ ] **18** 転機
- [ ] **19** 必然
- [ ] **20** 披露
- [ ] **21** 物議
- [ ] **22** 本望
- [ ] **23** 前触れ
- [ ] **24** 無邪気
- [ ] **25** 無頓着
- [ ] **26** 躍進
- [ ] **27** 劣化
- [ ] **28** 歪曲

01
いっそう
一掃
명 する 일소, 모조리
쓸어버림

かれ ふ せい ふ はい いっそう せんげん
彼は不正や腐敗を一掃すると宣言した。
그는 부정이나 부패를 일소하겠다고 선언했다.

02
おうへい
横柄
명 ナ 건방짐

はじ あ ひと おうへい くち き ふ ゆ かい
初めて会った人が横柄な口を利くので不愉快だった。
처음 만난 사람이 건방진 말을 해서 불쾌했다.

유 尊大 거만함, 건방짐
そんだい

03
おっくう
億劫
ナ 귀찮음, 마음이 내키지
않음

とし なに おっくう
年のせいか何もかもが億劫だ。
나이 탓인지 모든 것이 다 귀찮다.

유 面倒 귀찮음　厄介 귀찮음, 성가심
めんどう　　　やっかい

04
おもわく
思惑
명 생각, 의도, 예상, 평판,
기대

すべ かれ おもわくどお うご
全てが彼の思惑通りに動いている。
모든 것이 그의 의도대로 움직이고 있다.

05
かいしん
会心
명 회심, 마음에 듦

かいしん さく い
やっと会心の作と言えるものができた。
가까스로 회심작이라고 말할 수 있는 것이 완성되었다.

06
がくぜん
愕然
ナ 몹시 놀라는 모양

つめ かのじょ たい ど がくぜん
あまりにも冷たい彼女の態度に愕然とした。
너무나도 차가운 그녀의 태도에 아연실색했다.

07
き ぜん
毅然
ナ 의연

むすこ なに い き ぜん
息子は何を言われても毅然としている。
아들은 무슨 말을 들어도 의연하다.

08
くうぜん
空前
명 공전(비교 할 만한 것이 그 이전에 없음)

その映画は空前の大成功を収めた。
えいが くうぜん だいせいこう おさ

그 영화는 공전의 대성공을 거두었다.

09
けいえん
敬遠
명 **する** 경원(관계하는 것을 꺼리며 피하는 것)

彼女はベジタリアンで肉や乳製品などを敬遠している。
かのじょ にく にゅうせいひん けいえん

그녀는 채식주의자라서 고기나 유제품 등을 경원시하고 있다.

10
ご かく
互角
명 **ナ** 호각, 막상막하

両チームは一歩も譲らず互角に戦っている。
りょう いっ ぽ ゆず ご かく たたか

양 팀은 한발도 양보하지 않고 막상막하로 싸우고 있다.

유 五分五分 엇비슷함
ご ぶ ご ぶ

11
しょうだく
承諾
명 **する** 승낙

部長は社長の承諾が得られればすぐに始めたいと言った。
ぶ ちょう しゃちょう しょうだく え はじ
い

부장님은 사장님의 승낙을 받을 수 있으면 바로 시작하고 싶다고 말했다.

12
しんぴょうせい
信憑性
명 신빙성

その報告書はデータが少なくて信憑性に欠ける。
ほうこくしょ すく しんぴょうせい か

그 보고서는 자료가 적어서 신빙성이 떨어진다.

13
すんぜん
寸前
명 직전, 바로 앞

彼女はゴール寸前で抜かれて惜しくも２位となった。
かのじょ すんぜん ぬ お い

그녀는 골 직전에서 추월당해 아깝게 2위가 되었다.

14
そんだい
尊大
명 **ナ** 거만함, 건방짐

相手の尊大な態度により、交渉は決裂した。
あい て そんだい たい ど こうしょう けつれつ

상대의 거만한 태도로 인해 교섭은 결렬되었다.

유 横柄 건방짐
おうへい

15

たいまん
怠慢

명 ナ 태만, 게을리 함,
소홀히 함

事故調査の中で安全管理に怠慢な会社の責任が問われた。

사고 조사 중에 안전 관리를 소홀히 한 회사가 책임을 추궁당했다.

유 疎か 소홀함, 등한시

16

たんねん
丹念

명 ナ 공들임, 정성들여 함

資料を一つ一つ丹念に調べました。

자료를 하나하나 꼼꼼히 검토했습니다.

유 念入り 정성들임, 꼼꼼히 함, 매우 조심함

17

ちんぷ
陳腐

명 ナ 진부

この歌詞は陳腐で今の若者には響かない。

이 가사는 진부해서 지금 젊은이들에게는 와닿지 않는다.

18

てんき
転機

명 전기, 전환기, 계기

この度のことを人生の転機とすることにした。

이번 일을 인생의 전환기로 삼기로 했다.

19

ひつぜん
必然

명 ナ 필연

その会社が倒産に追い込まれたのは必然の結果だった。

그 회사가 도산으로 몰린 것은 필연적인 결과였다.

20

ひろう
披露

명 する 피로, 공표함, (문서
따위를) 펴 보임

彼は宴会で見事な歌を披露した。

그는 연회에서 훌륭한 노래를 선보였다.

21

ぶつぎ
物議

명 물의

あの政治家の発言が物議をかもしている。

저 정치가의 발언이 물의를 일으키고 있다.

22
ほんもう
本望
名 본망, 숙원

本望を遂げるまで諦めないつもりです。
소망를 달성할 때까지 포기하지 않을 생각입니다.

23
まえ ぶ
前触れ
名 예고, 전조, 조짐

これから約束があるのに前触れもなく急に来られても困る。
이제부터 약속이 있는데 예고도 없이 갑자기 와도 곤란하다.

유 前兆 전조 兆し 조짐

24
む じゃ き
無邪気
名 ナ 천진함, 악의가 없음

人間関係に疲れると無邪気な子供の頃が懐かしくなる。
인간관계에 지치면 천진했던 어린 시절이 그리워진다.

25
む とんちゃく　　む とんじゃく
無頓着・無頓着
名 ナ 무심함, 무관심

彼女は身なりには無頓着だ。
그녀는 몸치장에는 관심이 없다.

26
やくしん
躍進
名 する 약진

その会社は短期間に目覚ましい躍進を遂げた。
그 회사는 짧은 기간에 눈부신 약진을 달성했다.

27
れっ か
劣化
名 する 열화, (품질·성능·상태가) 떨어짐

事故の原因は部品の劣化だったようだ。
사고의 원인은 부품의 성능 저하였던 것 같다.

28
わいきょく
歪曲
名 する 왜곡

大衆の関心を惹くための歪曲された報道があふれている。
대중의 관심을 끌기 위한 왜곡된 보도가 넘쳐나고 있다.

확인 문제

1 해당 어휘의 읽는 법을 찾고, 빈칸에 그 의미를 써 넣으세요.

> | 보기 | 学生 | ⓥ がくせい | ② がっせい | 학생 |
> |---|---|---|---|---|

(1) 劣化　　① れっか　　② ろうか　　_____

(2) 躍進　　① ようじん　② やくしん　_____

(3) 無邪気　① むざき　　② むじゃき　_____

(4) 一掃　　① いっそ　　② いっそう　_____

(5) 思惑　　① おもわく　② ぎわく　　_____

2 문맥에 맞는 단어를 보기에서 골라 알맞은 형태로 바꾸어 써 넣으세요.

(6) 彼は宴会で見事な歌を(　　　　　)した。

(7) この度のことを人生の(　　　　　)とすることにした。

(8) 彼女はベジタリアンで肉や乳製品などを(　　　　　)している。

(9) あの政治家の発言が(　　　　　)をかもしている。

(10) 資料を一つ一つ(　　　　　)に調べました。

> | 보기 | 転機 | 丹念 | 敬遠 | 物議 | 披露 |
> |---|---|---|---|---|---|

정답
(1) ① 열화, (성능·품질·상태 등이) 떨어짐　(2) ② 약진　(3) ② 천진함　(4) ② 일소　(5) ① 생각, 의도
(6) 披露(ひろう)　(7) 転機(てんき)　(8) 敬遠(けいえん)　(9) 物議(ぶつぎ)　(10) 丹念(たんねん)

단어 퀴즈

✽ 단어를 보고 발음과 의미를 적어 보세요.

단어	발음과 의미	
改正	かいせい	개정
一掃		
横柄		
会心		
億劫		
躍進		
空前		
丹念		
敬遠		
毅然		
劣化		
思惑		
互角		
陳腐		
寸前		
本望		
前触れ		
尊大		
物議		
信憑性		
歪曲		
披露		
無邪気		

선을 따라 접으면 답을 확인할 수 있어요.

✿ 한번 더 복습해 봅시다.

읽는 법과 뜻
□ かいせい 개정
□ いっそう 일소
□ おうへい 건방짐
□ かいしん 회심, 마음에 듦
□ おっくう 귀찮음, 내키지 않음
□ やくしん 약진
□ くうぜん 공전, 전례가 없음
□ たんねん 공들임
□ けいえん 경원
□ きぜん 의연
□ れっか 열화
□ おもわく 생각, 의도
□ ごかく 호각, 막상막하
□ ちんぷ 진부
□ すんぜん 직전, 바로 앞
□ ほんもう 본망, 숙원
□ まえぶれ 예고, 전조
□ そんだい 거만함, 건방짐
□ ぶつぎ 물의
□ しんぴょうせい 신빙성
□ わいきょく 왜곡
□ ひろう 피로, 공표함
□ むじゃき 천진함, 악의가 없음

한자	발음과 의미	
예 改正	かいせい	개정
一掃		
横柄		
会心		
億劫		
躍進		
空前		
丹念		
敬遠		
毅然		
劣化		
思惑		
互角		
陳腐		
寸前		
本望		
前触れ		
尊大		
物議		
信憑性		
歪曲		
披露		
無邪気		

음성듣기

DAY 30

관용구

念力岩をも通す

얼마나
알고 있나요?

☐ **01** 頭が上がらない	☐ **02** 顔が揃う	☐ **03** 浮かぬ顔	☐ **04** 顔をつぶす
☐ **05** 耳が肥える	☐ **06** 耳に挟む	☐ **07** 耳を傾ける	☐ **08** 眉をひそめる
☐ **09** 目が利く	☐ **10** 目に余る	☐ **11** 目もくれない	☐ **12** 目を光らせる
☐ **13** 目をつぶる	☐ **14** 目を逸らす	☐ **15** 目を見張る	☐ **16** 鼻につく
☐ **17** 口が滑る	☐ **18** 口を切る	☐ **19** 口をつぐむ	☐ **20** 肩を持つ
☐ **21** 肩身が狭い	☐ **22** 手が込む	☐ **23** 手に負えない	☐ **24** 手を借りる
☐ **25** 手を省く	☐ **26** 手を貸す	☐ **27** 手をつける	☐ **28** 手を焼く
☐ **29** 腹をくくる	☐ **30** 腰を抜かす	☐ **31** 足が出る	☐ **32** ひざを交える
☐ **33** 気が置けない	☐ **34** 気が利く	☐ **35** 気が差す	☐ **36** 気が進む
☐ **37** 気が散る	☐ **38** 気が気でない	☐ **39** 気が引ける	☐ **40** 気が回る
☐ **41** 気が向く	☐ **42** 気を落とす	☐ **43** 気が咎める	☐ **44** 気を抜く
☐ **45** 気を呑まれる	☐ **46** 気を引く	☐ **47** 気をもむ	☐ **48** 気を許す

01

あたま あ
頭が上がらない

대등하게 맞설 수 없다

昔、お世話になったので今でも先生には頭が上がらない。

옛날에 신세를 져서 지금도 선생님께는 고개를 들지 못한다.

02

かお そろ
顔が揃う

올 사람이 다 모이다

今日は顔が揃わないようなので話し合いは次回にしよう。

오늘은 다 모이지 않는 것 같으니까 이야기는 다음번에 하자.

03

う かお
浮かぬ顔

우울한 얼굴, 심각한 표정

彼は何か心配事でもあるのか、浮かぬ顔をしている。

그는 뭔가 걱정거리라도 있는지, 심각한 얼굴을 하고 있다.

04

かお
顔をつぶす

체면을 손상시키다,
얼굴에 먹칠을 하다

紹介した私の顔をつぶすような彼の行動に腹が立った。

소개한 내 체면을 망치는 듯한 그의 행동에 화가 났다.

05

みみ こ
耳が肥える

조예가 깊다

彼は音楽一家に育ったので、耳が肥えている。

그는 음악가 집안에서 자랐기 때문에, 음악에 대한 조예가 깊다.

06

みみ はさ
耳に挟む

언뜻 듣다, 얼핏 듣다

耳に挟んだ情報が、事件の解決に繋がった。

얼핏 들은 정보가 사건의 해결로 이어졌다.

07
みみ かたむ
耳を傾ける

귀담아듣다, 귀를 기울이다

もっと人の話に耳を傾けなさい。
좀 더 다른 사람이 하는 말을 귀담아들어.

08
まゆ
眉をひそめる

눈살을 찌푸리다

電車の中で騒ぐ若者たちに他の乗客は眉をひそめた。
전철 안에서 떠드는 젊은이들에게 다른 승객은 눈살을 찌푸렸다.

유 顔をしかめる 얼굴을 찡그리다

09
め き
目が利く

보는 눈이 있다,
분별력이 있다

多くの作品の中でこの器に注目するとは、目が利く人だ。
많은 작품 중에서 이 그릇에 주목하다니 보는 눈이 있는 사람이다.

10
め あま
目に余る

묵과할 수 없다, 눈꼴 사납다

彼の失礼な言動には目に余るものがある。
그의 무례한 언동은 묵과할 수 없다.

11
め
目もくれない

거들떠보지도 않다

彼は仕事以外のことには目もくれない。
그는 업무 이외의 일은 거들떠보지도 않는다.

12
め ひか
目を光らせる

눈을 번뜩이다, 주의나 감시를
게을리하지 않다

現場近くにあやしい人がいないか、警官は目を光らせている。
현장 근처에 수상한 사람이 없는지 경찰관은 눈을 부릅뜨고 있다.

13

目をつぶる

눈을 감다, 묵인하다

こんな小さなミスは目をつぶってやろう。

이런 작은 실수는 눈감아 주자.

⊕ 見逃す 묵인하다, 간과하다

14

目を逸らす

눈을 돌리다, 외면하다

環境問題から目を逸らすべきではありません。

환경 문제를 외면해서는 안 됩니다.

15

目を見張る

눈이 휘둥그레지다, 놀라다

彼の演奏は目を見張るものだったよ。

그의 연주는 눈이 휘둥그레질 법했어.

16

鼻につく

싫어지다, 신물이 나다,
역겹다

あの人はエリート意識が鼻について好きになれない。

저 사람은 엘리트 의식이 거슬려서 좋아지지 않는다.

17

口が滑る

입을 잘못 놀리다

つい口が滑ってその場の雰囲気を気まずくして
しまった。

무심코 입을 잘못 놀려서 그 자리의 분위기를 어색하게 만들고 말았다.

18

口を切る

말을 꺼내다(시작하다),
입을 떼다, 마개를 따다

2人はずっとにらみ合っていたが先に女性が話の
口を切った。

두 사람은 계속 서로 노려보고 있었지만, 먼저 여성이 말문을 열었다.

19

くち
口をつぐむ

입을 다물다

彼女は怒って口をつぐんだきり、返事もしない。

그녀는 화가 나서 입을 다문 채로 대답도 하지 않는다.

20

かた　　も
肩を持つ

편들다, 지지하다, 두둔하다

私とお母さんが喧嘩をした時は、お父さんはいつも
お母さんの肩を持つ。

나와 엄마가 싸움을 했을 때는, 아빠는 항상 엄마 편을 든다.

21

かた み　　せま
肩身が狭い

주눅이 들다, 설 곳이 없다

今の時代、タバコを吸う人は肩身が狭い。

지금 시대는 담배를 피는 사람은 설 자리가 없다

22

て　　こ
手が込む

잔손이 많이 가다,
일이 복잡하게 얽히다

このトリックはなかなか手が込んでいる。

이 트릭은 꽤 치밀하게 짜여져 있다.

23

て　　お
手に負えない

감당할 수 없다, 힘에 부치다

飼っている犬がやんちゃすぎて私の手に負えない。

키우고 있는 개가 너무 장난꾸러기라서 힘에 부친다.

24

て　　か
手を借りる

손을 빌리다, 도움을 받다

このぐらいの修理は専門家の手を借りるまでもあり
ません。

이 정도의 수리는 전문가의 도움을 받을 것까지도 없습니다.

25
て はぶ
手を省く
수고를 덜다

工事の期間を短くするため不要な工程は手を省くことにした。
공사 기간을 줄이기 위해 불필요한 공정은 손을 덜기로 했다.

26
て か
手を貸す
손을 빌려주다, 도와주다

締め切りが迫っているので後輩のレポートに手を貸してやった。
마감이 다가와서 후배의 리포트를 도와주었다.

27
て
手をつける
손을 대다, 착수하다

予算がないので新しい事業に手をつける余裕がない。
예산이 없어서 새로운 사업에 손을 댈 여유가 없다.

28
て や
手を焼く
애먹다, 애를 태우다

期待していた実験結果が出ず研究者たちは手を焼いている。
기대했던 실험 결과가 나오지 않아서 연구자들은 애먹고 있다.

29
はら
腹をくくる
마음을 굳게 먹다,
각오하고 결심하다

今度の交渉には腹をくくって臨むつもりです。
이번 교섭에는 마음을 굳게 먹고 임할 생각입니다.

30
こし ぬ
腰を抜かす
기겁을 하다, 깜짝 놀라다

急に雷が鳴って腰を抜かすほど驚いた。
갑자기 천둥이 쳐서 기겁할 정도로 놀랐다.

31
あし で
足が出る

(지출이) 예산을 넘다,
탄로나다

にんずう ひとり ふ よてい いちまんえんあし で
人数が一人増えて予定より一万円足が出てしまった。
인원수가 한 명 늘어서 예정보다 만 엔을 더 쓰고 말았다.

32
まじ
ひざを交える

서로 친밀하게 이야기하다,
툭 터놓고 말하다

かのじょ まじ はな あ ごかい と
彼女とひざを交えて話し合って誤解が解けた。
그녀와 툭 터놓고 함께 이야기해서 오해가 풀렸다.

33
き お
気が置けない

마음이 쓰이지 않다,
스스럼없다, 허물없다

かれ わたし き お あいだがら なん そうだん
彼と私は気が置けない間柄なので、何でも相談できます。
그와 나는 스스럼없는 사이라서, 뭐든 상담할 수 있습니다.

34
き き
気が利く

눈치가 빠르다, 재치 있다

いま めずら き き せいねん
今どき、珍しく気が利く青年だ。
요즘 세상에 드물게 눈치가 빠른 청년이다.

35
き さ
気が差す

마음에 걸려 불안하다,
마음이 꺼림직하다

あいさつ わか き さ
挨拶もしないで別れたので、気が差している。
인사도 못하고 헤어졌기 때문에, 마음에 걸린다.

36
き すす
気が進む

마음이 내키다

の かい さそ き すす
飲み会に誘われたが気が進まない。
술자리에 권유받았지만 마음이 내키지 않는다.

37

気が散る
き　ち

마음이 흐트러지다,
산만해지다

テレビの音に気が散って集中できない。
おと　き　ち　しゅうちゅう

TV 소리에 산만해져서 집중할 수 없다.

38

気が気でない
き　き

(걱정이 되어) 안절부절
못하다, 제정신이 아니다

合格通知をもらうまでは気が気でなかった。
ごうかくつうち　き　き

합격 통지를 받기 전까지는 제정신이 아니었다.

39

気が引ける
き　ひ

기가 죽다, 주눅이 들다,
거리끼는 마음이 들다

同じ人に何度も頼むのは気が引けて別の人に頼んだ。
おな　ひと　なんど　たの　き　ひ　べつ　ひと　たの

같은 사람에게 몇 번이나 부탁하는 것은 의기소침해서 다른 사람에게
부탁했다.

40

気が回る
き　まわ

세세한 데까지 생각이 미치다

彼は気が回るので幹事役にぴったりだと思う。
かれ　き　まわ　かんじやく　おも

그는 세세한 데까지 신경 쓰는 성격이라서 간사(총무)역에 딱이라고
생각한다.

41

気が向く
き　む

기분이 내키다, 마음이 내키다

気が向いたら私も一緒に行くよ。
き　む　わたし　いっしょ　い

기분이 내키면 나도 같이 갈게.

42

気を落とす
き　お

낙심하다, 실망하다

気を落とさずに次の試合を頑張ろう。
き　お　つぎ　しあい　がんば

상심하지 말고 다음 시합을 힘내자.

43

気^きが咎^{とが}める

양심에 찔리다

黙^{だま}っているのは気^きが咎^{とが}めて先生^{せんせい}に本当^{ほんとう}の事^{こと}を話^{はな}した。

입을 다물고 있는 것은 양심에 찔려서 선생님께 사실을 이야기했다.

44

気^きを抜^ぬく

긴장을 늦추다

まだ終^おわったわけじゃないから、最後^{さいご}まで気^きを抜^ぬくな。

아직 끝난 게 아니니까 마지막까지 긴장을 늦추지 마.

45

気^きを呑^のまれる

(기세에) 압도당하다

相手選手^{あいてせんしゅ}の勢^{いきお}いに気^きを呑^のまれてしまった。

상대 선수의 기세에 압도당하고 말았다.

46

気^きを引^ひく

마음을(주의를) 끌다,
넌지시 속을 떠보다

お客^{きゃく}さんの気^きを引^ひくためには、商品^{しょうひん}の見^みせ方^{かた}も重要^{じゅうよう}である。

손님의 마음을 끌기 위해서는 상품을 보여주는 방법도 중요하다.

47

気^きをもむ

마음을 졸이다, 애태우다

もう子供^{こども}じゃないし周^{まわ}りで気^きをもむより結婚^{けっこん}は本人^{ほんにん}に任^{まか}せよう。

이제 어린애도 아닌데 주변에서 애태우기보다 결혼은 본인에게 맡기자.

48

気^きを許^{ゆる}す

경계심을 풀다, 방심하다,
곁을 주다

彼^{かれ}は小学校^{しょうがっこう}からの友達^{ともだち}なので気^きを許^{ゆる}して何^{なん}でも話^{はな}せる。

그는 초등학생 때부터의 친구라서 경계심을 풀고 뭐든지 이야기할 수 있다.

---

1 관용어의 의미를 생각하며 보기 에서 알맞은 단어를 골라 써 넣으세요.

(1) このトリックはなかなか(　　)が込んでいる。

(2) 今日は(　　)が揃わないようなので話し合いは次回にしよう。

(3) 彼の失礼な言動には(　　)に余るものがある。

(4) (　　)に挟んだ情報が、事件の解決に繋がった。

(5) 飲み会に誘われたが(　　)が進まない。

> 보기 　　目　　耳　　手　　気　　顔

2 문맥에 맞는 표현을 보기 에서 골라 써 넣으세요.

(6) 人数が一人増えて予定より一万円(　　　　)しまった。

(7) もっと人の話に(　　　)なさい。

(8) 今どき、珍しく(　　　) 青年だ。

(9) 同じ人に何度も頼むのは(　　　)別の人に頼んだ。

(10) 急に雷が鳴って(　　　) ほど驚いた。

> 보기 　気が引ける　　耳を傾ける　　腰を抜かす　　気が利く　　足が出る

정답 -
(1) 手(て)　(2) 顔(かお)　(3) 目(め)　(4) 耳(みみ)　(5) 気(き)　(6) 足(あし)が出(で)て
(7) 耳(みみ)を傾(かたむ)け　(8) 気(き)が利(き)く　(9) 気(き)が引(ひ)けて　(10) 腰(こし)を抜(ぬ)かす

단어 퀴즈

✤ 단어를 보고 발음과 의미를 적어 보세요.

단어	발음과 의미	
改正	かいせい	개정
耳が肥える		
目に余る		
気が差す		
耳に挟む		
手を省く		
気が散る		
眉をひそめる		
気が咎める		
手に負えない		
足が出る		
目が利く		
手を焼く		
気が利く		
肩身が狭い		
鼻につく		
気を呑まれる		
口が滑る		
気を許す		
目を逸らす		
気が向く		
腰を抜かす		
目もくれない		

선을 따라 접으면 답을 확인할 수 있어요.

✖ 한번 더 복습해 봅시다.

뜻	어휘	발음과 의미	
かいせい / 개정	예 改正	かいせい	개정
みみがこえる / 조예가 깊다	耳が肥える		
めにあまる / 묵과할 수 없다	目に余る		
きがさす / 마음이 걸리다	気が差す		
みみにはさむ / 언뜻 듣다	耳に挟む		
てをはぶく / 수고를 덜다	手を省く		
きがちる / 산만해지다	気が散る		
まゆをひそめる / 눈살을 찌푸리다	眉をひそめる		
きがとがめる / 양심에 찔리다	気が咎める		
てにおえない / 감당할 수 없다	手に負えない		
あしがでる / 예산을 넘다	足が出る		
めがきく / 보는 눈이 있다	目が利く		
てをやく / 애먹다	手を焼く		
きがきく / 눈치가 빠르다	気が利く		
かたみがせまい / 주눅이 들다	肩身が狭い		
はなにつく / 싫어지다, 신물나다	鼻につく		
きをのまれる / 압도당하다	気を呑まれる		
くちがすべる / 입을 잘못 놀리다	口が滑る		
きをゆるす / 경계심을 풀다	気を許す		
めをそらす / 외면하다	目を逸らす		
きがむく / 기분이 내키다	気が向く		
こしをぬかす / 기겁을 하다	腰を抜かす		
めもくれない / 거들떠 보지도 않다	目もくれない		

ファスト・フードの普及

　ファスト・フードのチェーン店は、世界的に広がり、世界中のどの都市に行っても、同じ店舗に出会い、同じ味のハンバーガーを味わわせられる。これは、資本が商業の形態をとりながら文化の様式を携えて世界を均質化する一つの実例だろう。

　しかし、どうしてこんなにファスト・フードが広まったのだろうか。ファスト・フードは都市生活者の食事の仕方が便利さ、気軽さを好むようになったことを示すだけでなく、更に人間の集合状態の変化、例えば家族の関係が緩み、解体する傾向に対応していると言えるだろう。我々がファスト・フードの普及に興味を抱くのは、徹底した食習慣の簡便化を好む都市生活者の一面が世界的に拡散していることが示されているからである。

해석

패스트푸드의 보급

　패스트푸드 체인점은 세계적으로 퍼져서 전 세계 어느 도시에 가도 같은 점포를 만나고 같은 맛의 햄버거를 맛보게 된다. 이것은 자본이 상업의 형태를 취하면서 문화의 양식을 가지고 세계를 균질화하는 하나의 실례일 것이다.

　그러나 어째서 이렇게 패스트푸드가 퍼진 것일까? 패스트푸드는 도시 생활자의 식사 방법이 편리함, 가벼움을 선호하게 되었음을 나타낼 뿐만 아니라, 거기에 인간의 집합 상태의 변화, 예를 들면 가족 관계가 느슨해지고 해체되는 경향에 대응하고 있다고 할 수 있을 것이다. 우리가 패스트푸드의 보급에 관심을 품는 것은 철저한 식습관의 간소화를 선호하는 도시 생활자의 일면이 세계적으로 확산되고 있는 것이 나타나고 있기 때문이다.

시험 직전 집중 공략 어휘

어휘	발음	의미
相部屋	あいべや	같은방에 묵음, 한방을 씀
朝飯前	あさめしまえ	아주 쉬움
円周率	えんしゅうりつ	원주율
仮採用	かりさいよう	임시 채용
議事堂	ぎじどう	의사당
最高値	さいたかね	최고치
座談会	ざだんかい	좌담회
参議院	さんぎいん	참의원
耳鼻科	じびか	이비인후과
衆議院	しゅうぎいん	중의원
柔軟性	じゅうなんせい	유연성
小児科	しょうにか	소아과
使用人	しようにん	고용된 사람
生態系	せいたいけい	생태계
税務署	ぜいむしょ	세무서
先天的	せんてんてき	선천적
大躍進	だいやくしん	대약진
多数決	たすうけつ	다수결
蛋白質	たんぱくしつ	단백질
聴診器	ちょうしんき	청진기

어휘	발음	의미
生中継	なまちゅうけい	생중계
生半可	なまはんか	어중간함, 어설픔
熱帯夜	ねったいや	열대야
配偶者	はいぐうしゃ	배우자
秘密裏	ひみつり	비밀리
氷河期	ひょうがき	빙하기
不本意	ふほんい	본의가 아님
文化財	ぶんかざい	문화재
無邪気	むじゃき	순진함, 천진함
類似性	るいじせい	유사성
箇条書き	かじょうがき	항목별로 씀
喜怒哀楽	きどあいらく	희로애락
生真面目	きまじめ	올곧음, 고지식함
強迫観念	きょうはく かんねん	강박 관념
苦肉の策	くにくのさく	고육지책
試行錯誤	しこうさくご	시행착오
自業自得	じごうじとく	자업자득
弱肉強食	じゃくにく きょうしょく	약육강식
食欲不振	しょくよくふしん	식욕 부진
無我夢中	むがむちゅう	무아지경

어휘	발음	의미
意気込み	いきごみ	마음가짐, 각오
憤り	いきどおり	분노
憩い	いこい	휴식
うたた寝	うたたね	선잠, 얕은 잠
枝	えだ	가지
襟	えり	옷깃
沖	おき	먼바다
表向き	おもてむき	표면상, 겉으로는
趣	おもむき	정취
兆し	きざし	조짐, 징조
口出し	くちだし	말참견
心当たり	こころあたり	짐작가는 것
心構え	こころがまえ	마음가짐, 각오
先行き	さきゆき	전망, 앞날
霜	しも	서리
倅	せがれ	내 아들
焚き火	たきび	모닥불
類い	たぐい	같은 부류
魂	たましい	혼, 정신
翼	つばさ	날개

어휘	발음	의미
壺	つぼ	항아리
強み	つよみ	강점, 강도
手立て	てだて	방법, 수단
掌	てのひら	손바닥
扉	とびら	문, 문짝
取り扱い	とりあつかい	취급
苗	なえ	모종
仲人	なこうど	중매인
端	はし	가장자리
裸	はだか	알몸
鉢	はち	화분, 주발
初耳	はつみみ	처음 듣는 일
火花	ひばな	불똥, 불티
踏み場	ふみば	발 디딜 곳
見込み	みこみ	전망
源	みなもと	근원
紫	むらさき	보라색
芽	め	싹
目盛り	めもり	눈금, 눈대중
枠	わく	틀, 테두리

어휘	의미
アップ	업, 오름, 인상
アドバイス	어드바이스, 충고, 조언
アプローチ	어프로치, 접근
アポ	「アポイントメント」의 준말, 약속
アマチュア	아마추어
アンコール	앙코르
インパクト	임팩트, 충격
インフォメーション	인포메이션
インフレ	인플레이션
ウイルス	바이러스
ウェイト	중점, 무게
エアメール	항공 우편
エンジニア	엔지니어
オートマチック	오토매틱, 자동
オリエンテーション	오리엔테이션
カット	컷, 자름, 장면
カテゴリー	카테고리, 범주
カバー	커버, 표지, 뚜껑
カルテ	카르테, 진료 기록
キャッチ	캐치, 잡음

어휘	의미
キャリア	커리어, 경력
クイズ	퀴즈
クレーム	클레임, 불평
ゲスト	게스트, 손님
ゴール	골, 목표
コマーシャル	CM, 방송 광고, 선전
コメント	코멘트, 논평
コンテスト	콘테스트, 경연
コントラスト	콘트라스트, 대조, 대비
コントロール	컨트롤, 통제, 조절
サイクル	사이클, 순환
シェア	셰어, 시장 점유율
シナリオ	시나리오, 각본
シビア	엄격함
ジャンル	장르
スケール	스케일, 규모
スタジオ	스튜디오
ストック	재고, 비축
ストライキ	스트라이크, 파업
ストレート	스트레이트, 계속적

어휘	의미
スペース	스페이스, 공간
セール	세일, 할인
セクション	섹션, 부분
セレモニー	세리머니
センス	센스
ソロ	솔로
ターゲット	타깃, 목표, 표적
タイトル	타이틀, 제목
タイマー	타이머
タイミング	타이밍
タレント	탤런트, 재능
チームワーク	팀 워크
チェンジ	체인지, 교체
デッサン	데생, 스케치
トーン	톤, 음조, 색조
ドライ	드라이
トラブル	트러블, 분쟁
ドリル	드릴, 반복 연습
ニーズ	니즈, 수요
ニュアンス	뉘앙스

어휘	의미
ネック	목
ノイローゼ	노이로제
ノウハウ	노하우
ノルマ	노르마, 할당량
ハードル	허들, 장애물
バックアップ	백업, 지원
ヒント	힌트
ファイル	파일
ブーム	붐, 유행
フォロー	보조, 지원
プライド	프라이드, 자존심
ブランク	공백
ブレーキ	브레이크
プロセス	프로세스, 과정
フロント	프런트
ペア	페어, 쌍, 짝
ペース	페이스, 보조
ベスト	베스트
ポーズ	포즈
ホール	홀

어휘	의미
ポジション	포지션, 위치, 지위
マーク	마크, 상표
マスコミ	매스컴, 언론
マナー	매너, 예절
ムードメーカー	분위기 메이커
メカニズム	메커니즘, 장치, 구조
メディア	미디어, 매체
メロディー	멜로디, 선율
ユニーク	유니크, 독특함
ユニフォーム	유니폼, 제복
ライバル	라이벌
ラベル	라벨
リード	리드, 지도, 선도
リストアップ	리스트 업
リズム	리듬, 박자
ルーズ	칠칠치 못함
レギュラー	레귤러, 정규, 통례
レッスン	레슨, 개인 교습
レントゲン	뢴트겐, X레이
ロマンチック	로맨틱

어휘	활용 예	
言い~	言い張る 우기다	言い渡す 알리다, 선고하다
受け~	受け継ぐ 계승하다, 이어받다 受け流す 피하다, 받아넘기다	受け止める 받아들이다
打ち~	打ち明ける (비밀 등을) 털어놓다 打ち込む 열중하다, 몰두하다	打ち切る 자르다, 중단하다
追い~	追い返す 되돌려 보내다	追い出す 내쫓다
押し~	押し込む 억지로 밀어 넣다	押し寄せる 밀려오다
落ち~	落ち合う 만나다, 합류하다	落ち込む 침울해지다
思い~	思い返す 다시 생각하다, 생각을 바꾸다 思いつめる 골똘히 생각하다	思い込む 굳게 믿다
駆け~	駆けつける 급히 달려가다	
切り~	切り出す 말을 꺼내다	切り抜ける 극복하다
食い~	食い違う 어긋나다, 엇갈리다	食い止める 저지하다
組み~	組み合わせる 짜맞추다, 편성하다	組み込む 짜 넣다, 집어넣다
差し~	差し出す 내밀다, 제출하다	差し支える 지장이 있다
仕~	仕上がる 완성하다	仕立てる 만들다, 꾸미다
立ち~	立ち去る 물러가다 立て替える 대금을 대신 치르다	立ち寄る 다가서다, 들르다
使い~	使いこなす 구사하다	使い分ける 구분하여 쓰다
取り~	取り扱う 다루다, 취급하다 取り戻す 되찾다, 회복하다	取り組む 맞붙다, 몰두하다 取り寄せる 주문해서 가져오게 하다

어휘	활용 예	
ひ あ 引き~	ひ あ 引き上げる 끌어올리다, 인상하다	ひ さ 引き下げる 내리다, 인하하다
	ひ つ 引き継ぐ 이어받다, 넘겨받다	
み 見~	み あ 見合わせる 보류하다	み うしな 見失う (시야에서) 놓치다
	み おく 見送る 배웅하다, 보류하다	み お 見落とす 간과하다
	み のが 見逃す 놓치다, 눈감아 주다	
よ 呼び~	よ 呼びかける 호소하다	よ お 呼び起こす 불러일으키다, 환기하다
こ ~込む	かか こ 抱え込む 껴안다, 떠안다	の こ 飲み込む 삼키다, 이해하다
	わ こ 割り込む 끼어들다	

어휘	의미
揚げ足をとる	말꼬리를 잡고 늘어지다
足を洗う	그만두다, 손을 씻다
後の祭り	때를 놓쳐 보람이 없음
後を絶たない	끊이지 않다
意地を張る	고집을 부리다
一か八か	되든 안 되든, 죽이 되든 밥이 되든
一目置く	경의를 표하다
瓜二つ	아주 비슷함
上の空	건성, 붕 떠 있음
襟を正す	옷깃을 여미다, 자세를 바로 하다
大目に見る	관대하게 봐주다
お互い様	피차일반
お茶を濁す	적당히 그 자리를 넘기다
柄にもない	답지 않다, 격에 맞지 않다
玄人顔負け	전문가 못지 않음
至難の業	극히 어려운 일
すずめの涙ほど	쥐꼬리만큼, 새 발의 피
使い勝手のいい	쓰기에 편리하다
波に乗る	시세를 타다, 시기를 타다
似たり寄ったり	비슷비슷함

어휘	의미
念を入れる	공들이다, 정성을 들이다
根に持つ	앙심을 품다, 뒤끝이 있다
引くに引けない	물러날래야 물러날 수 없다
ピリオドを打つ	마침표를 찍다, 종지부를 찍다
紛れもない	틀림없다, 명확하다
見栄を張る	허세를(허영을) 부리다
耳寄りな話	솔깃한 이야기
虫がいい	뻔뻔스럽다, 염체 같다
目の黒いうち	살아 있는 동안
もってこい	안성맞춤
焼け石に水	언 발에 오줌 누기

	명사	
어휘	**의미**	**예문**
<ruby>商<rt>あきな</rt></ruby>い	명 장사, 매매	<ruby>商<rt>あきな</rt></ruby>いは<ruby>お客様<rt>きゃくさま</rt></ruby>があってこそ<ruby>成<rt>な</rt></ruby>り<ruby>立<rt>た</rt></ruby>つものです。 장사는 손님이 있어야만 성립되는 것입니다.
<ruby>悪循環<rt>あくじゅんかん</rt></ruby>	명 악순환	<ruby>物価<rt>ぶっか</rt></ruby>が<ruby>上<rt>あ</rt></ruby>がれば<ruby>消費<rt>しょうひ</rt></ruby>が<ruby>落<rt>お</rt></ruby>ち<ruby>込<rt>こ</rt></ruby>んで<ruby>景気<rt>けいき</rt></ruby>が<ruby>後退<rt>こうたい</rt></ruby>する<ruby>悪循環<rt>あくじゅんかん</rt></ruby>が<ruby>発生<rt>はっせい</rt></ruby>する。 물가가 오르면 소비가 줄어 경기가 후퇴하는 악순환이 발생한다.
<ruby>悪天候<rt>あくてんこう</rt></ruby>	명 악천후, 몹시 나쁜 날씨	<ruby>旅行中<rt>りょこうちゅう</rt></ruby>は<ruby>悪天候<rt>あくてんこう</rt></ruby>が<ruby>続<rt>つづ</rt></ruby>き、<ruby>一日<rt>いちにち</rt></ruby>も<ruby>晴<rt>は</rt></ruby>れなかった。 여행 중에는 악천후가 이어져, 하루도 맑지 않았다.
<ruby>憧<rt>あこが</rt></ruby>れ	명 동경	<ruby>先輩<rt>せんぱい</rt></ruby>に<ruby>憧<rt>あこが</rt></ruby>れの<ruby>気持<rt>きも</rt></ruby>ちを<ruby>抱<rt>いだ</rt></ruby>いている。 선배에게 동경의 마음을 품고 있다.
<ruby>足場<rt>あしば</rt></ruby>	명 발판, 기반	<ruby>地域<rt>ちいき</rt></ruby>にしっかりした<ruby>足場<rt>あしば</rt></ruby>を<ruby>築<rt>きず</rt></ruby>くことが<ruby>組織発展<rt>そしきはってん</rt></ruby>の<ruby>土台<rt>どだい</rt></ruby>になります。 지역에 제대로 된 발판을 구축하는 것이 조직 발전의 토대가 됩니다.
<ruby>頭打<rt>あたまう</rt></ruby>ち	명 가망이 없는 상태	<ruby>店<rt>みせ</rt></ruby>の<ruby>売<rt>う</rt></ruby>り<ruby>上<rt>あ</rt></ruby>げが<ruby>頭打<rt>あたまう</rt></ruby>ちになった。 가게 매상이 더이상은 가망이 없다.
<ruby>宛<rt>あ</rt></ruby>て	명 (편지·메일) ~앞	<ruby>他人宛<rt>たにんあ</rt></ruby>ての<ruby>郵便物<rt>ゆうびんぶつ</rt></ruby>を<ruby>誤<rt>あやま</rt></ruby>って<ruby>開<rt>あ</rt></ruby>けてしまいました。 다른 사람에게 온 우편물을 실수로 열어 버렸습니다.
<ruby>穴場<rt>あなば</rt></ruby>	명 널리 알려지지 않은 좋은 곳	あまり<ruby>知<rt>し</rt></ruby>られていないが、ここは<ruby>魚<rt>さかな</rt></ruby>がよく<ruby>釣<rt>つ</rt></ruby>れる<ruby>穴場<rt>あなば</rt></ruby>だ。 잘 알려져 있지 않지만 여기는 물고기가 잘 잡히는 명당자리이다.
<ruby>雨水<rt>あまみず</rt></ruby>	명 빗물	<ruby>雨水<rt>あまみず</rt></ruby>を<ruby>再利用<rt>さいりよう</rt></ruby>して、<ruby>植物<rt>しょくぶつ</rt></ruby>に<ruby>与<rt>あた</rt></ruby>えている。 빗물을 재활용해서 식물에게 주고 있다.
<ruby>過<rt>あやま</rt></ruby>ち	명 잘못, 실수	<ruby>一度<rt>いちど</rt></ruby>の<ruby>過<rt>あやま</rt></ruby>ちで、<ruby>今<rt>いま</rt></ruby>までの<ruby>努力<rt>どりょく</rt></ruby>が<ruby>無駄<rt>むだ</rt></ruby>になってしまった。 한 번의 실수로 지금까지의 노력이 헛수고가 되고 말았다.

어휘	의미	예문
あんざん 暗算	명 する 암산	わたし あんざん とく い 私は暗算が得意です。 나는 암산이 특기입니다.
い がい 生き甲斐	명 사는 보람	たいしょく い がい み じゅうじつ 退職しても生き甲斐を見つけることで充実した ろう ご おく 老後を送れる。 퇴직해도 삶의 보람을 찾음으로써 충실한 노후를 보낼 수 있다.
いく 幾たび	명 여러 번	いく しっぱい へ せいこう 幾たびもの失敗を経て、ようやく成功しました。 몇 번의 실패를 거쳐 드디어 성공했습니다.
い ごこ ち 居心地	명 어떤 장소 · 지위 에 있을 때의 느 낌이나 기분	しょくぶつ い ごこ ち 植物がたくさんあるカフェは居心地がいい。 식물이 많이 있는 카페는 마음이 편안하다.
い しゅく 萎縮	명 する 위축	きんちょう し きんにく い しゅく 緊張していると知らないうちに筋肉が萎縮して しまう。 긴장하고 있으면 모르는 사이에 근육이 위축되어 버린다.
いちじょう 一条	명 일조, 한 줄기	ぜったいぜつめい じょうきょう なか いちじょう ひかり み 絶体絶命の状況の中で、一条の光が見えた。 절체절명의 상황 속에서 한 줄기의 빛이 보였다.
いちりつ 一律	명 ナ 일률	こ ども こ せい む し いちりつ きょういく あやま 子供の個性を無視して一律に教育するのは誤って いる。 아이의 개성을 무시하고 일률적으로 교육하는 것은 잘못된 것이다.
いっかん 一環	명 일환	かつどう がっこう ぎょうじ いっかん このボランティア活動も、学校の行事の一環だ。 이 봉사 활동도 학교 행사의 일환이다.
いっけん 一見	명 する 부 한번 봄, 언뜻 봄	いっけんきび み かのじょ こころ やさ ひと 一見厳しそうに見えるが、彼女は心の優しい人だ。 언뜻 엄격해 보이지만 그녀는 마음이 다정한 사람이다.
いっけん や 一軒家	명 단독 주택	しょうらい じ ぶん いっけん や か 将来は、自分で一軒家を買いたい。 장래에는 내 힘으로 단독 주택을 사고 싶다.

어휘	의미	예문
いっしゅう 一蹴	명 する 일축	事実^{じじつ}を述^のべたところで、結局^{けっきょく}は「言^いい訳^{わけ}」だと 一蹴^{いっしゅう}される。 사실을 말해 봤자 결국은 '변명'이라고 일축당한다.
いっしゅん 一瞬	명 그 순간, 일순간	試験中^{しけんちゅう}は、一瞬^{いっしゅん}でも携帯電話^{けいたいでんわ}を見^みてはいけない。 시험 중에는 한순간도 휴대 전화를 봐서는 안 된다.
いっぺん 一変	명 する 일변, 아주 달라짐	事態^{じたい}が一変^{いっぺん}して、状況^{じょうきょう}が呑^のみ込^こめない。 사태가 완전히 바뀌어 상황을 이해할 수 없다.
いっぺん 一片	명 약간, 조금	彼^{かれ}には一片^{いっぺん}の良心^{りょうしん}すらないのかと思^{おも}わざるを えなかった。 그에게는 조금의 양심조차 없는 것인가 하고 생각하지 않을 수 없었다.
いどう 異動	명 する (직위·근무처의) 이동	会社^{かいしゃ}の意向^{いこう}により大阪支社^{おおさかししゃ}に異動^{いどう}することに なった。 회사의 의향에 따라, 오사카 지사로 이동하게 되었다.
いまどき 今時	명 요즘, 요새, 이제 와서	今時^{いまどき}の若者^{わかもの}の考^{かんが}え方^{かた}にはついていけない。 요즘 젊은이들의 사고방식에는 따라갈 수 없다.
い 胃もたれ	명 더부룩함, 체증	昨日^{きのう}食^たべ過^すぎて、胃^いもたれを起^おこした。 어제 과식해서 체했다.
いんしつ 陰湿	명 ナ 음습, 음침함	自分^{じぶん}の陰湿^{いんしつ}な性格^{せいかく}を何^{なん}とかしたくて接客^{せっきゃく}のバイト を始^{はじ}めた。 자신의 음침한 성격을 어떻게든 하고 싶어서 접객 아르바이트를 시작했다.
う 受け	명 평판, 반응, 인기	ブルーの方^{ほう}が女性^{じょせい}からの受^うけがいいですよ。 파란색 쪽이 여성에게 인기가 좋습니다.
う あ 打ち合わせ	명 する 사전 협의, 미리 상의함	明日^{あした}の打^うち合^あわせのための資料^{しりょう}はもうできており ます。 내일 미팅을 위한 자료는 이미 완성되어 있습니다.

어휘	의미	예문
うつ 写し	명 (사진을) 찍음, (그림·문서 등 을) 베낌	にゅうきょしんせい うつ ひつよう 入居申請にはパスポートの写しが必要だ。 입주 신청에는 패스워드 사본이 필요하다.
のぼ うなぎ登り	명 (물가·지위 등 이) 자꾸 올라감	ことし はい げんゆ かかく のぼ じょうしょう 今年に入って原油価格がうなぎ登りに上昇して いる。 올해 들어서 원유 가격이 계속 상승하고 있다.
うらがわ 裏側	명 뒤쪽, 이면	か れい ぶ たい うらがわ はいゆう きび きょうそう 華麗な舞台の裏側には俳優たちの厳しい競争が ひそ 潜んでいる。 화려한 무대 이면에는 배우들의 혹독한 경쟁이 숨어 있다.
うらな 占い	명 점, 점쟁이	うらな きょう み ほん い み てい ど 占いは興味本位でたまに見ている程度です。 점은 흥미 위주로 가끔 보고 있는 정도입니다.
う あ 売り上げ	명 매상, 매출	げつ う あ ばい 2か月で売り上げを2倍にしたい。 2개월 안에 매출을 두 배로 만들고 싶다.
うれ 憂い	명 근심, 걱정	かのじょ か ぞく はな せいかつ うれ かか 彼女は家族と離れて生活することに、憂いを抱え ていた。 그녀는 가족과 떨어져 생활하는 것에 걱정을 품고 있었다.
う すじ 売れ筋	명 잘 팔림, 잘 팔리는 상품	う すじ しょうひん コンビニでは売れ筋の商品にランキングがついて いる。 편의점에서는 잘 팔리는 상품에 순위가 매겨져 있다.
う ゆ 売れ行き	명 팔림새, 팔리는 상태	しんさく う ゆ き 新作の売れ行きが気になる。 신작의 매출 상태가 신경 쓰인다.
えいびん 鋭敏	명 ナ 예민, 민감함	いぬ はな にんげん まんばい えいびん 犬の鼻は人間の10万倍も鋭敏だといわれる。 개의 코는 인간의 십만 배나 민감하다고 일컬어진다.
え て ふ え て 得手不得手	명 잘하고 못함	ひと だれ え て ふ え て 人は誰でも、得手不得手がある。 사람은 누구나 잘하는 것과 못하는 것이 있다.

어휘	의미	예문
えんざい 冤罪	명 누명, 억울한 죄	えんざい は べんごし こよう 冤罪を晴らすために弁護士を雇用した。 누명을 풀기 위해 변호사를 고용했다.
おうたい 応対	명 する 응대, 대응, 접대	けんしゅう き かん おうたい き そ てっていてき まな 研修期間には、応対の基礎を徹底的に学びます。 연수 기간에는 응대의 기초를 철저하게 배웁니다.
おうべい 欧米	명 구미(서양), 유럽과 미국	しょく おうべい か に ほんじん へいきんしんちょう の 食の欧米化により、日本人の平均身長が伸びた。 식사의 서양화로 인해 일본인의 평균 신장이 높아졌다.
お ば 置き場	명 물건 등을 두는 장소	お ば おお す ゴミ置き場に大きいぬいぐるみが捨ててあった。 쓰레기장에 커다란 봉제 인형이 버려져 있었다.
そろ お揃い	명 옷이나 무늬 등이 같음, 모두 같이 맞춤	かれ し そろ ゆうえん ち い 彼氏とお揃いのTシャツで遊園地に行った。 남자 친구와 커플 티셔츠를 입고 놀이공원에 갔다.
お こ 落ち込み	명 하락, 하강, 의기소침	きょねん くら う あ お こ あき 去年に比べ、売り上げの落ち込みは明らかだ。 작년에 비해 매출의 하락은 명확하다.
お あな 落とし穴	명 함정, 모략	お あな ぜんぜん き そんな落とし穴があるなんて、全然気がつかな かった。 그런 함정이 있다니 전혀 눈치채지 못했다.
おりおり 折々	명 그때그때	とうてん き せつおりおり じゅん び 当店では季節折々のメニューを準備しています。 우리 가게에서는 계절마다 메뉴를 준비하고 있습니다.
お こ 折り込み	명 삽지 광고	きんよう び しんぶん お こ こうこく おお 金曜日には新聞の折り込み広告が多い。 금요일에는 신문에 끼어오는 광고물이 많다.
おんだん か 温暖化	명 온난화	おんだん か えいきょう なつ あつ す 温暖化の影響で、夏が暑過ぎる。 온난화의 영향으로 여름이 너무 덥다.
か あ 買い上げ	명 구매, 구입	てん か あ ぜん ぶ まん せんえん 13点のお買い上げで、全部で2万5千円でござい ます。 13개 구입하셔서, 전부 다해 2만 5천 엔입니다.

어휘	의미	예문
かいぜん 改善	명 する 개선	びょうじょう かいぜん 病状が改善したので、薬を減らすことにした。 병세가 호전되었기 때문에 약을 줄이기로 했다.
かいそう 改装	명 する 개장, 새로 단장함	ふる みせ かいそう 古くなった店を改装して、リニューアルオープン した。 낡은 가게를 새로 단장해서 리뉴얼 오픈했다.
かいにゅう 介入	명 する 개입	せいふ きんゆうしじょう かいにゅう とうめん きき 政府が金融市場に介入することで当面の危機は ふせ 防げるだろう。 정부가 금융 시장에 개입함으로써 당면의 위기는 막을 수 있을 것이다.
かいふう 開封	명 する 개봉	ゆうびんばこ はい て がみ かいふう 郵便箱に入っていた手紙が開封されていた。 우편함에 들어 있던 편지가 개봉되어 있었다.
かく い 各位	명 각위, 여러분	かんけいしゃかく い かい ぎ にってい つう ち 関係者各位にメールで会議の日程を通知した。 관계자 모두에게 메일로 회의 일정을 통지했다.
かく さ 格差	명 격차	せいかつすいじゅん ち いきかく さ きんねん 生活水準の地域格差は近年になっていっそう ひろ 広がっている。 생활 수준의 지역 격차는 최근 들어 한층 더 벌어지고 있다.
かくじゅう 拡充	명 する 확충	こうれい か しゃかい む かい ご し せつ かくじゅう 高齢化社会に向けて、介護施設を拡充しなければ ならない。 고령화 사회에 맞춰 요양 시설을 확충해야 한다.
かくだい 拡大	명 する 확대	ろうがん も じ かくだい み 老眼のためスマホの文字は拡大しないと見えない。 노안 때문에 스마트폰 글씨는 확대하지 않으면 보이지 않는다.
かげぐち 陰口	명 험담	かれ だれ かげぐち 彼はいつも誰かの陰口をたたいている。 그는 늘 누군가의 험담을 하고 있다.
か ごえ 掛け声	명 구호	し あい まえ か ごえ も あ 試合の前にキャプテンの掛け声で盛り上げる。 시합 전에 주장의 구호로 분위기를 고조시킨다.

어휘	의미	예문
かざい 家財	명 살림살이, 가구	おおあめ　　　しんすい　　　　かざい 大雨による浸水で、家財がほとんどだめになった。 호우로 인한 침수로 살림살이가 거의 못 쓰게 되었다.
かちかん 価値観	명 가치관	かのじょ　　　　かちかん　　ちが　　　わか 彼女とは、価値観の違いで別れた。 그녀와는 가치관의 차이로 헤어졌다.
がっさん 合算	명 する 합산	こっかい　　でんきだい　　　　　　じゅしんりょう　がっさん　　ちょうしゅう 国会で電気代とテレビ受信料を合算して徴収する き ことが決まった。 국회에서 전기세와 TV 수신료를 합산하여 징수하는 것이 결정되었다.
かび	명 곰팡이	しつど　たか　　　　かべ　　　は 湿度が高く、壁にかびが生えてしまった。 습도가 높아서 벽에 곰팡이가 피고 말았다.
かぶか 株価	명 주가	かぶか　　さ　　　　　　　　おも ここまで株価が下がるとは思わなかった。 여기까지 주가가 내려갈 거라고는 생각하지 않았다.
かぶれ	명 독이 오름, 또는 그로 인한 피부병	はだ　　　　　　　　ぬ　ぐすり　いちばんこうかてき 肌のかぶれには、塗り薬が一番効果的だった。 피부염에는 바르는 약이 가장 효과적이었다.
がれき	명 잔해, 쓰레기	じしん　　あと　まち 地震の後の町は、がれきの山だった。 지진이 일어난 후의 마을은 잔해 더미였다.
かわせそうば 為替相場	명 환율 시세	まいにち　　　　　　　　かわせそうば　　うご　　　かくにん 毎日ニュースで為替相場の動きを確認している。 매일 뉴스로 환율 시세의 움직임을 확인하고 있다.
かん 勘	명 직감, 육감	けいじ　かん　かれ　はんにん　　い 刑事の勘が彼を犯人だと言っている。 형사의 감이 그를 범인이라고 말하고 있다.
かんこんそうさい 冠婚葬祭	명 관혼상제	かんこんそうさい　　ばめん　えら　　　ぶなん　は　　　くつ 冠婚葬祭など場面を選ばず無難に履ける靴が ほしい。 관혼상제 등 장소를 타지 않고 무난하게 신을 수 있는 구두를 가지고 싶다.
かんさん 換算	명 する 환산	かんさん　　きょり　かくにん ヤードをメートルに換算して距離を確認した。 야드를 미터로 환산해서 거리를 확인했다.

어휘	의미	예문
かんしゅう 慣習	名 관습	この地域には成人を迎えた男性が合宿して訓練を 受ける慣習がある。 이 지역에는 성인이 된 남성이 합숙하여 훈련을 받는 관습이 있다.
かんせつ 関節	名 관절	雨が降ると、腰や膝などの関節が痛くなる。 비가 내리면 허리나 무릎 등의 관절이 아파진다.
かんせんしょう 感染症	名 감염증, 전염병	新たな感染症が流行っていて、みんな不安になって いる。 새로운 전염병이 유행하고 있어서 모두 불안해하고 있다.
かんちが 勘違い	名 する 착각, 잘못 생각함	彼は自分がかっこいいと勘違いしているようだ。 그는 자신이 멋있다고 착각하고 있는 것 같다.
かん む りょう 感無量	名 ナ 감개무량	花嫁の父が感無量の表情で娘を見つめていた。 신부 아버지가 감개무량한 표정으로 딸을 바라보고 있었다.
かんよう 寛容	名 ナ 관용, 너그러움	彼は心が広くて寛容な人です。 그는 마음이 넓고 너그러운 사람입니다.
かんよう 肝要	名 ナ 긴요, 중요	細かい部分まで注意を払うことが肝要だ。 사소한 부분까지 주의를 기울이는 것이 중요하다.
き き 危機	名 위기	温暖化によりたくさんの北極熊が命の危機に直面 しているそうだ。 온난화로 인해 많은 북극곰이 생명의 위기에 직면해 있다고 한다.
き め 効き目	名 효력, 효과, 효능	この薬の効き目は約5時間続きます。 이 약의 효과는 약 5시간 지속됩니다.
き けん 棄権	名 する 기권	その選手は体調不良で大会参加を棄権した。 그 선수는 몸 상태가 안 좋아서 대회 참가를 기권했다.

어휘	의미	예문
ぎ こう 技巧	몡 기교	てん じ かい　　　しょくにん　ぎ こう　こ　　　　さくひん　なら 展示会には職人の技巧を凝らした作品が並んでいた。 전시회에는 장인의 기교를 녹인 작품이 진열되어 있었다.
き し 岸	몡 물가, 벼랑, 낭떠러지	かわ　きし 川の岸には、いくつものボートが停まっている。 강가에는 몇 개의 보트가 정박해 있다.
き せき 軌跡	몡 궤적, 자취	かれ　いま　　　　じんせい　き せき　ほん　　　だ 彼は今までの人生の軌跡を本にして出した。 그는 지금까지의 인생의 궤적을 책으로 엮어 냈다.
き せき 奇跡	몡 기적	いっしょうけんめいど りょく　ひと　　　かなら　き せき　お　　　　おも 一生懸命努力した人には必ず奇跡が起きると思う。 열심히 노력한 사람에게는 반드시 기적이 일어난다고 생각한다.
き てい 規定	몡 する 규정	かいしゃ　き てい　にゅうしゃ　　　　げつかん　けんしゅう き かん 会社の規定で入社して3か月間は研修期間となっている。 회사 규정으로 입사하고 3개월 동안은 연수 기간으로 되어 있다.
きゅうせい 急性	몡 급성	はは　　　げつまえ　きゅうせいしん ふ ぜん　たお　　　　いま　げん き 母は3か月前に急性心不全で倒れたが、今は元気を と　もど 取り戻している。 어머니는 3개월 전에 급성 심부전으로 쓰러졌지만, 지금은 건강을 되찾았다.
きゅうぼう 窮乏	몡 する 궁핍	せ かい　　　きゅうぼうもんだい　け っ　　　た にんごと　　　　　おも 世界の窮乏問題は決して他人事ではないと思う。 세계의 궁핍 문제는 결코 남 일이 아니라고 생각한다.
きゅう む 急務	몡 급무, 급선무	ほうこくしょ　きゅう む　　　　さき この報告書が急務なので、先にやってください。 이 보고서가 급선무니까 먼저 해 주세요.
きゅうめい 究明	몡 する 구명, 규명	いじょう　じ こ　げんいん　きゅうめい　　すべ もうこれ以上、事故の原因を究明する術がない。 이제 더 이상 사고의 원인을 규명할 방법이 없다.
ぎょう ぎ 行儀	몡 예의범절, 예의	むすめ　ぎょう ぎ　　　まじめ　こ　そだ 娘は行儀よく真面目な子に育ちました。 딸은 예의 바르고 성실한 아이로 자랐습니다.

어휘	의미	예문
きょうせい 共生	명 する 공생	クマノミとイソギンチャクは共生関係にある。 흰동가리와 말미잘은 공생 관계에 있다.
きょしょくしょう 拒食症	명 거식증	無理にダイエットをすると拒食症になる恐れがある。 무리하게 다이어트를 하면 거식증에 걸릴 우려가 있다.
ぎょそん 漁村	명 어촌	私は漁村に生まれ育ったのに泳げない。 나는 어촌에서 나고 자랐는데 헤엄을 못 친다.
ぎり 義理	명 의리	バレンタインデーに男友達に義理チョコをあげた。 밸런타인 데이에 남사친에게 의리 초코를 주었다. この人は、私の実の兄ではなく義理の兄だ。 이 사람은 나의 친형이(친오빠가) 매형(아주버니)이다.
ぎわく 疑惑	명 의혹	疑惑の渦中にいる人物に話を聞いてみました。 의혹의 중심에 있는 인물에게 이야기를 들어 보았습니다.
きんゆう 金融	명 금융	父は金融業界で働いている。 아버지는 금융 업계에서 일하고 있다.
きんり 金利	명 금리	金利を引き下げる動きがあるとニュースで言っていた。 금리를 낮추려는 움직임이 있다고 뉴스에서 말했다.
きんりん 近隣	명 근린, 가까운 이웃	近隣の住民との関係に気を使っている。 이웃 주민과의 관계에 신경을 쓰고 있다.
くうきょ 空虚	명 ナ 공허	はっきりした目標もなく空虚な人生を送っているのは情けない。 뚜렷한 목표도 없이 공허한 인생을 보내고 있는 것은 한심하다.

어휘	의미	예문
くうそう 空想	명 する 공상	子供の頃は現実離れした空想にひたることが 多かった。 어릴 때는 현실과 동떨어진 공상에 빠져 있는 일이 많았다.
くじょ 駆除	명 する 구제, 쫓아내 없앰	虫の駆除を業者にお願いした。 벌레 퇴치를 업체에 요청했다.
くち 口コミ	명 입소문	この商品は宣伝ではなく、口コミだけで人気が 出た。 이 상품은 선전이 아니라 입소문만으로 인기를 끌었다.
くんりん 君臨	명 する 군림	彼は、演劇界のスターとして長年君臨している。 그는 연극계의 스타로 장기간 군림하고 있다.
けいぐ 敬具	명 경구 (편지 맺음말)	手紙やメールの最後には敬具と書きます。 편지나 메일의 마지막에는 '경구'라고 씁니다.
けいげん 軽減	명 する 경감	消費税の増税にあたっては商品の種類によって 税率を軽減する。 소비세를 증세함에 있어 상품의 종류에 따라 세율이 경감된다.
けいちょう 傾聴	명 する 경청	講義を傾聴させていただきました。 강의를 경청했습니다.
けいばつ 刑罰	명 형벌	犯した罪に比べ、この刑罰は軽すぎるという意見 がある。 지은 죄에 비해 이 형벌은 너무 가볍다는 의견이 있다.
けいり 経理	명 경리	会計を専攻して、今は経理課で働いています。 회계를 전공하고 지금은 경리과에서 일하고 있습니다.
か ひ 駆け引き	명 する 흥정	駆け引きは、商売の基本です。 흥정은 장사의 기본입니다.

어휘	의미	예문
けた 桁	명 (숫자) 자릿수	さすがメジャーリーガーの<ruby>年収<rt>ねんしゅう</rt></ruby>は<ruby>桁<rt>けた</rt></ruby>が<ruby>違<rt>ちが</rt></ruby>う。 역시 메이저 리거의 연봉은 자릿수가 다르다.
けつい 決意	명 する 결의	<ruby>彼女<rt>かのじょ</rt></ruby>の<ruby>決意<rt>けつい</rt></ruby>は、どんなに<ruby>説得<rt>せっとく</rt></ruby>しても<ruby>揺<rt>ゆ</rt></ruby>るがなかった。 그녀의 결의는 아무리 설득해도 흔들리지 않았다.
けっこう 決行	명 する 결행	<ruby>日程表<rt>にっていひょう</rt></ruby>には、<ruby>雨天決行<rt>うてんけっこう</rt></ruby>と<ruby>書<rt>か</rt></ruby>かれていた。 일정표에는 비가 와도 결행한다고 쓰여 있었다.
げらく 下落	명 する 하락	<ruby>株価<rt>かぶか</rt></ruby>が<ruby>下落<rt>げらく</rt></ruby>し、<ruby>業界<rt>ぎょうかい</rt></ruby>がショックを<ruby>受<rt>う</rt></ruby>けている。 주가가 하락하여 업계가 충격을 받고 있다.
けんお 嫌悪	명 する 혐오	ネットには<ruby>人<rt>ひと</rt></ruby>に<ruby>対<rt>たい</rt></ruby>する<ruby>嫌悪<rt>けんお</rt></ruby>をむき<ruby>出<rt>だ</rt></ruby>しにした<ruby>表現<rt>ひょうげん</rt></ruby>があふれている。 인터넷에는 사람에 대한 혐오를 그대로 드러낸 표현이 넘쳐나고 있다.
けんかい 見解	명 견해	<ruby>医師会<rt>いしかい</rt></ruby>は<ruby>感染症<rt>かんせんしょう</rt></ruby>について<ruby>二<rt>ふた</rt></ruby>つの<ruby>見解<rt>けんかい</rt></ruby>を<ruby>発表<rt>はっぴょう</rt></ruby>した。 의사회는 전염병에 대해 두 가지 견해를 발표했다.
けんきょ 謙虚	명 ナ 겸허	<ruby>部長<rt>ぶちょう</rt></ruby>はいつも<ruby>謙虚<rt>けんきょ</rt></ruby>で、<ruby>自慢話<rt>じまんばなし</rt></ruby>を<ruby>一切<rt>いっさい</rt></ruby>しない。 부장님은 언제나 겸손해서 자기 자랑을 전혀 하지 않는다.
げんこう 原稿	명 원고	<ruby>明日<rt>あした</rt></ruby>が<ruby>原稿<rt>げんこう</rt></ruby>の<ruby>締<rt>し</rt></ruby>め<ruby>切<rt>き</rt></ruby>りなのにまだ<ruby>半分<rt>はんぶん</rt></ruby>も<ruby>書<rt>か</rt></ruby>けていない。 내일이 원고 마감일인데 아직 반도 쓰지 못 했다.
けんしょう 検証	명 する 검증	この<ruby>論文<rt>ろんぶん</rt></ruby>の<ruby>信憑性<rt>しんぴょうせい</rt></ruby>に<ruby>関<rt>かん</rt></ruby>しては<ruby>検証<rt>けんしょう</rt></ruby>が<ruby>必要<rt>ひつよう</rt></ruby>だ。 이 논문의 신빙성에 관해서는 검증이 필요하다.
げんそう 幻想	명 환상	<ruby>学生<rt>がくせい</rt></ruby>の<ruby>頃<rt>ころ</rt></ruby>は<ruby>社会人<rt>しゃかいじん</rt></ruby>という<ruby>言葉<rt>ことば</rt></ruby>に<ruby>幻想<rt>げんそう</rt></ruby>を<ruby>抱<rt>いだ</rt></ruby>いていた。 학창 시절에는 사회인이라는 말에 환상을 품고 있었다.
げんてい 限定	명 する 한정	このチョコレートは<ruby>期間限定<rt>きかんげんてい</rt></ruby>のもので<ruby>冬<rt>ふゆ</rt></ruby>だけ<ruby>食<rt>た</rt></ruby>べられる。 이 초콜릿은 기간 한정 상품이라서 겨울에만 먹을 수 있다.

어휘	의미	예문
けんとう 見当	명 목표, 예측, 짐작	このダイヤの値段は見当もつかない。 이 다이아몬드의 가격은 짐작도 가지 않는다.
げんどうりょく 原動力	명 원동력	愛する家族の存在が彼の原動力になっている。 사랑하는 가족의 존재가 그의 원동력이 되고 있다.
こうけん 貢献	명 する 공헌	社会貢献の一環としてボランティア活動に参加した。 사회 공헌의 일환으로 자원 봉사 활동에 참가했다.
こうじょ 控除	명 する 공제	税金を申告する時、独身者は既婚者に比べ控除される金額が少ない。 세금을 신고할 때 독신자는 기혼자에 비해 공제되는 금액이 적다.
こうしん 更新	명 する 갱신	来月までに免許を更新しなければならない。 다음 달까지 면허를 갱신해야 한다.
こうせい 公正	명 ナ 공정	公正な立場でものを見ることは難しい。 공정한 입장에서 사리를 보기는 어렵다.
こうそう 抗争	명 する 항쟁	政治の世界では、派閥の抗争がよく起きる。 정치 세계에서는 파벌 항쟁이 자주 일어난다.
こうどく 購読	명 する 구독	ネットニュースの年間購読を申し込んだ。 인터넷 뉴스의 연간 구독을 신청했다.
こうりてん 小売店	명 소매점	小売店の朝は荷受けの作業から始まる。 소매점의 아침은 짐을 받는 작업부터 시작된다.
ごうりゅう 合流	명 する 합류	後から合流するので、先に行っていてください。 나중에 합류할 테니까 먼저 가 있으세요.
ごくらく 極楽	명 극락	温泉に入って極楽気分を味わった。 온천에 들어가서 극락에 있는 듯한 기분을 느꼈다.

어휘	의미	예문
<ruby>誤差<rt>ご さ</rt></ruby>	명 오차	<ruby>多少<rt>た しょう</rt></ruby>の<ruby>誤差<rt>ご さ</rt></ruby>は<ruby>大目<rt>おお め</rt></ruby>に<ruby>見<rt>み</rt></ruby>るが、いくら<ruby>何<rt>なん</rt></ruby>でもこれはひどすぎる。 다소의 오차는 봐 주겠지만, 아무리 그래도 이건 너무 심하다.
<ruby>誤作動<rt>ご さ どう</rt></ruby>	명 する 오작동	システムが<ruby>誤作動<rt>ご さ どう</rt></ruby>を<ruby>起<rt>お</rt></ruby>こし、<ruby>現場<rt>げん ば</rt></ruby>は<ruby>一時騒然<rt>いち じ そう ぜん</rt></ruby>となった。 시스템이 오작동을 일으켜 현장은 잠깐동안 어수선해졌다.
<ruby>呼称<rt>こ しょう</rt></ruby>	명 호칭	この<ruby>建物<rt>たて もの</rt></ruby>には、<ruby>正式名称<rt>せい しき めい しょう</rt></ruby>とは<ruby>別<rt>べつ</rt></ruby>に「つばき<ruby>荘<rt>そう</rt></ruby>」という<ruby>呼称<rt>こ しょう</rt></ruby>がある。 이 건물에는 정식 명칭과는 별개로 '동백장'이라는 호칭이 있다.
<ruby>諺<rt>ことわざ</rt></ruby>	명 속담	<ruby>諺<rt>ことわざ</rt></ruby>は<ruby>現代社会<rt>げん だい しゃ かい</rt></ruby>においても<ruby>教訓<rt>きょう くん</rt></ruby>になっている。 속담은 현대 사회에서도 교훈이 되고 있다.
<ruby>根幹<rt>こん かん</rt></ruby>	명 근간	この<ruby>話題<rt>わ だい</rt></ruby>は<ruby>人間<rt>にん げん</rt></ruby>の<ruby>根幹<rt>こん かん</rt></ruby>に<ruby>関<rt>かか</rt></ruby>わる<ruby>重大<rt>じゅう だい</rt></ruby>な<ruby>問題<rt>もん だい</rt></ruby>を<ruby>含<rt>ふく</rt></ruby>んでいる。 이 화제는 인간의 근간에 관련된 중대한 문제를 포함하고 있다.
<ruby>懇親会<rt>こん しん かい</rt></ruby>	명 친목회	<ruby>学校<rt>がっ こう</rt></ruby>の<ruby>先生方<rt>せん せい がた</rt></ruby>との<ruby>懇親会<rt>こん しん かい</rt></ruby>が<ruby>開<rt>ひら</rt></ruby>かれた。 학교 선생님들과의 친목회가 열렸다.
<ruby>根絶<rt>こん ぜつ</rt></ruby>	명 する 근절	<ruby>政府<rt>せい ふ</rt></ruby>は<ruby>麻薬<rt>ま やく</rt></ruby>の<ruby>根絶<rt>こん ぜつ</rt></ruby>に<ruby>取<rt>と</rt></ruby>り<ruby>組<rt>く</rt></ruby>んでいる。 정부는 마약 근절에 힘쓰고 있다.
<ruby>混沌<rt>こん とん</rt></ruby>	명 혼돈	<ruby>戦争<rt>せん そう</rt></ruby>が<ruby>終<rt>お</rt></ruby>わった<ruby>直後<rt>ちょく ご</rt></ruby>の<ruby>混沌<rt>こん とん</rt></ruby>とした<ruby>時代<rt>じ だい</rt></ruby>を<ruby>彼<rt>かれ</rt></ruby>はたくましく<ruby>生<rt>い</rt></ruby>きた。 전쟁이 끝난 직후의 혼돈스러운 시대를 그는 씩씩하게 살았다.
<ruby>根本的<rt>こん ぽん てき</rt></ruby>	명 ナ 근본적	<ruby>彼女<rt>かの じょ</rt></ruby>とは<ruby>根本的<rt>こん ぽん てき</rt></ruby>に<ruby>考<rt>かんが</rt></ruby>え<ruby>方<rt>かた</rt></ruby>が<ruby>違<rt>ちが</rt></ruby>う。 그녀와는 근본적으로 사고방식이 다르다.
<ruby>再現<rt>さい げん</rt></ruby>	명 する 재현	20<ruby>年前<rt>ねん まえ</rt></ruby>の<ruby>事故<rt>じ こ</rt></ruby>を<ruby>再現<rt>さい げん</rt></ruby>したドキュメンタリーが<ruby>放送<rt>ほう そう</rt></ruby>された。 20년 전의 사고를 재현한 다큐멘터리가 방송되었다.

어휘	의미	예문
ざいじゅう 在住	명 する 재주, 거주	つぎ 次は、京都府在住の主婦Aさんのお話です。 다음은, 교토부에 거주하는 주부 A씨의 이야기입니다.
ざいせき 在籍	명 する 재적	かのじょ けいえいがく ぶ ざいせき 彼女は、経営学部に在籍している。 그녀는 경영학부에 재적하고 있다.
さい ど 再度	명 두번, 재차	しょく ば さい ど れんらく で 職場から再度連絡があったが、出られなかった。 직장에서 다시 연락이 있었지만 받지 못했다.
さいばい 栽培	명 재배	さいばいほうほう こうりつてき この栽培方法はあまり効率的ではない。 이 재배 방법은 그다지 효율적이지 않다.
さきまわ 先回り	명 する 앞질러 함	おや なん さきまわ おし こ ども 親が何でも先回りして教えるのは、かえって子供 よ に良くない。 부모가 뭐든 먼저 알려 주는 것은 오히려 아이에게 좋지 않다.
さくもつ 作物	명 작물, 농작물	さくもつ みの ひ りょう 作物がたくさん実るように肥料をまいた。 농작물이 많이 열리도록 비료를 뿌렸다.
ざ せつ 挫折	명 좌절	じんせい ざ せつ あじ ひつよう おも 人生で挫折を味わうことも必要だと思います。 인생에서 좌절을 맛보는 것도 필요하다고 생각합니다.
さっきゅう そうきゅう 早急・早急	명 ナ 시급함, 급함	いっこく あらそ じ たい おちい さっきゅう たいおう のぞ 一刻を争う事態に陥り、早急な対応が望まれた。 일각을 다투는 사태에 빠져 시급한 대응이 요구되었다.
さっこん 昨今	명 작금, 요즘	ぼうえきせんそう さっこん わ だい あつ 貿易戦争が昨今の話題を集めている。 무역 전쟁이 작금의 화제를 모으고 있다.
さ ほう 作法	명 예의범절, 작법	かいがい れい ぎ さ ほう きょうみ 海外の礼儀や作法に興味がある。 해외의 예의와 예법에 관심이 있다.
ざわめき	명 웅성거림, 술렁거림	ひとびと なか しゅえん はいゆう とうじょう 人々のざわめきの中、いよいよ主演の俳優が登場 した。 사람들의 웅성거림 속에 드디어 주연 배우가 등장했다.

388

어휘	의미	예문
さんさく 散策	명 する 산책	最近いい天気が続いていて、散策するにはちょうどいい。 최근에 좋은 날씨가 계속되고 있어서 산책하기에는 딱 좋다.
じあい 自愛	명 する 몸조심함	季節の変わり目、ご自愛ください。 환절기 건강에 유의하시기 바랍니다.
じか 時価	명 시가, 시세	時価に換算して値段を付けた。 시가로 환산해 가격을 붙였다.
しがいせん 紫外線	명 자외선	私は紫外線アレルギーがあって帽子とサングラスが欠かせない。 나는 자외선 알레르기가 있어서 모자와 선글라스가 없어서는 안 된다.
しかえし 仕返し	명 する 복수, 앙갚음	不当なことをされたら必ず仕返ししてやると決心した。 부당한 일을 당하면 반드시 복수해 주겠다고 결심했다.
しかけ 仕掛け	명 장치, 속임수	仕掛けが分かるとマジックがつまらなくなってしまう。 속임수를 알면 마술이 재미없어지고 만다.
しきち 敷地	명 부지, 대지	この牧場では広大な敷地に牛を飼っている。 이 목장에서는 넓은 부지에 소를 키우고 있다.
しきゅう 支給	명 する 지급	制服はバイト先から支給される。 유니폼은 아르바이트 하는 곳에서 지급된다.
じく 軸	명 축, 족자	社長はどんなことがあってもぶれない軸をもっている。 사장님은 어떤 일이 있어도 흔들리지 않는 중심축을 가지고 있다.
じげん 次元	명 차원	私が理解できない次元の話がどんどん出てきて、ついていけない。 내가 이해할 수 없는 차원의 이야기가 자꾸 나와서 따라갈 수 없다.

어휘	의미	예문
<ruby>私語<rt>し ご</rt></ruby>	명 する 사담	<ruby>授業中<rt>じゅぎょうちゅう</rt></ruby>に<ruby>私語<rt>し ご</rt></ruby>はやめなさい。 수업 중에 잡담은 하지 마.
<ruby>試作品<rt>し さくひん</rt></ruby>	명 시제품	<ruby>新商品<rt>しんしょうひん</rt></ruby>の<ruby>試作品<rt>し さくひん</rt></ruby>を<ruby>作<rt>つく</rt></ruby>ってみました。 신상품의 시제품을 만들어 보았습니다.
<ruby>支持<rt>し じ</rt></ruby>	명 する 지지	<ruby>彼女<rt>かのじょ</rt></ruby>の<ruby>小説<rt>しょうせつ</rt></ruby>は<ruby>特<rt>とく</rt></ruby>に<ruby>若年層<rt>じゃくねんそう</rt></ruby>に<ruby>支持<rt>し じ</rt></ruby>されている。 그녀의 소설은 특히 젊은 층에 지지받고 있다.
<ruby>支社<rt>し しゃ</rt></ruby>	명 지사	<ruby>我<rt>わ</rt></ruby>が<ruby>社<rt>しゃ</rt></ruby>は<ruby>全国<rt>ぜんこく</rt></ruby>に6か<ruby>所<rt>しょ</rt></ruby>の<ruby>支社<rt>し しゃ</rt></ruby>がある。 우리 회사는 전국에 여섯 곳의 지사가 있다.
<ruby>思春期<rt>し しゅん き</rt></ruby>	명 사춘기	<ruby>思春期<rt>し しゅん き</rt></ruby>は、<ruby>精神的<rt>せいしんてき</rt></ruby>に<ruby>不安定<rt>ふ あんてい</rt></ruby>な<ruby>時期<rt>じ き</rt></ruby>だ。 사춘기는 정신적으로 불안정한 시기이다.
<ruby>下請<rt>した う</rt></ruby>け	명 する 하청	<ruby>下請<rt>した う</rt></ruby>け<ruby>会社<rt>がいしゃ</rt></ruby>に<ruby>商品<rt>しょうひん</rt></ruby>の<ruby>生産<rt>せいさん</rt></ruby>を<ruby>依頼<rt>いらい</rt></ruby>した。 하청 회사에 상품 생산을 의뢰했다.
<ruby>下地<rt>した じ</rt></ruby>	명 소질, 기초, 밑바탕	<ruby>彼<rt>かれ</rt></ruby>は<ruby>語学<rt>ご がく</rt></ruby>の<ruby>下地<rt>した じ</rt></ruby>があるから<ruby>上達<rt>じょうたつ</rt></ruby>も<ruby>早<rt>はや</rt></ruby>い。 그는 어학에 소질이 있어서 실력 향상도 빠르다. <ruby>下地<rt>した じ</rt></ruby>を<ruby>丁寧<rt>ていねい</rt></ruby>に<ruby>塗<rt>ぬ</rt></ruby>って、<ruby>化粧<rt>け しょう</rt></ruby>をした。 기초를 꼼꼼하게 바르고 화장을 했다.
<ruby>失脚<rt>しっきゃく</rt></ruby>	명 する 실각	<ruby>失言<rt>しつげん</rt></ruby>により<ruby>大物<rt>おおもの</rt></ruby>の<ruby>政治家<rt>せいじ か</rt></ruby>が<ruby>失脚<rt>しっきゃく</rt></ruby>した。 실언으로 인해 거물 정치인이 실각했다.
<ruby>実業<rt>じつぎょう</rt></ruby>	명 실업	<ruby>若手<rt>わかて</rt></ruby><ruby>実業家<rt>じつぎょうか</rt></ruby>を<ruby>集<rt>あつ</rt></ruby>め、シンポジウムを<ruby>開<rt>ひら</rt></ruby>いた。 젊은 실업가를 모아서 심포지엄을 열었다.
<ruby>実権<rt>じっけん</rt></ruby>	명 실권	この<ruby>会社<rt>かいしゃ</rt></ruby>の<ruby>実権<rt>じっけん</rt></ruby>を<ruby>握<rt>にぎ</rt></ruby>っているのは<ruby>理事長<rt>り じ ちょう</rt></ruby>だそうだ。 이 회사의 실권을 쥐고 있는 것은 이사장이라고 한다.
<ruby>実証<rt>じっしょう</rt></ruby>	명 する 실증	<ruby>彼<rt>かれ</rt></ruby>は<ruby>自分<rt>じ ぶん</rt></ruby>の<ruby>理論<rt>り ろん</rt></ruby>を<ruby>実証<rt>じっしょう</rt></ruby>するために<ruby>実験<rt>じっけん</rt></ruby>をした。 그는 자신의 이론을 실증하기 위해 실험을 했다.

어휘	의미	예문
じっせき 実績	명 실적	彼の昇進は今までの実績を考えれば当然のことだった。 그의 승진은 지금까지의 실적을 생각하면 당연한 것이었다.
しっぴつ 執筆	명 する 집필	彼は30才から執筆活動を始めた。 그는 30살부터 집필 활동을 시작했다.
しなかず 品数	명 상품 종류	この店舗は品数も豊富でサービスもいい。 이 점포는 상품 종류도 풍부하고 서비스도 좋다.
しも 霜	명 서리	今朝早く外に出てみると、庭に霜が降りていた。 오늘 아침 일찍 밖에 나가 보니, 정원에 서리가 내려 있었다.
じもと 地元	명 그 고장, 그 지방	久しぶりに故郷に帰って地元の名物をたくさん食べた。 오랜만에 고향에 돌아가서 우리 지역 명물을 많이 먹었다.
しゃくど 尺度	명 척도, 기준, 표준, 치수	業績は採用や昇進を決める尺度の一つです。 업적은 채용이나 승진을 결정하는 척도 중 하나입니다.
しゃりん 車輪	명 차륜, 수레바퀴	この車は車輪のサイズが大きいのが特徴だ。 이 자동차는 바퀴 사이즈가 큰 것이 특징이다.
じゅうあつ 重圧	명 중압	重圧をものともせず、彼は最高のパフォーマンスを見せた。 중압에 아랑곳하지 않고 그는 최고의 퍼포먼스를 보여 주었다.
しゅうかく 収穫	명 する 수확	米の収穫を手伝ってから、ご飯のありがたみを感じるようになった。 쌀의 수확을 도운 이후로 밥에 대한 고마움을 느끼게 되었다.
しゅうかつ 就活	명 する 취업 활동	就活がうまくいかず、大学院への進学を考えている。 취업 활동이 잘 되지 않아서 대학원으로의 진학을 생각하고 있다.

어휘	의미	예문
しゅうけい 集計	명 する 집계	けいたい とうひょう しゅうけい い はっぴょう 携帯の投票を集計して1位が発表された。 휴대 전화 투표를 집계하여 1위가 발표되었다.
しゅうし 修士	명 석사	しゅうし ろんぶん かんせい 修士論文がついに完成した。 석사 논문이 드디어 완성되었다.
しゅうのう 収納	명 する 수납	このリビングは収納スペースが多くて気に入って いる。 이 거실은 수납 공간이 많아서 마음에 든다.
しゅうよう 収容	명 する 수용, 수감	ひ さいしゃ しゅうよう し せつ た 被災者を収容する施設が足りない。 이재민을 수용할 시설이 부족하다.
しゅうりょう 修了	명 する 수료	かいしゃ うんえい しょくぎょうがっこう か てい しゅうりょう もの 会社が運営する職業学校の課程を修了した者は にゅうしゃ し けん めんじょ 入社試験が免除される。 회사가 운영하는 직업 학교의 과정을 수료한 사람은 입사 시험이 면제된다.
じゅくりょ 熟慮	명 する 숙려, 숙고	じゅくりょ うえ たいしゃ けっしん 熟慮した上で退社を決心した。 숙고 끝에 퇴사를 결심했다.
しゅっか 出荷	명 する 출하	と やさい しゅっか 取れたての野菜を出荷した。 갓 수확한 채소를 출하했다.
しゅっし 出資	명 する 출자	しゅっし さき かぶぬしそうかい しゅっせき よてい 出資先の株主総会に出席する予定です。 출자하는 곳의 주주총회에 참석할 예정입니다.
しゅっせ 出世	명 する 출세	かれ どう き なか いちばんしゅっせ はや 彼は同期の中で一番出世するのが早かった。 그는 동기 중에서 출세하는 것이 가장 빨랐다.
しゅどうけん 主導権	명 주도권	どちらが先に主導権を握るかが、勝負を分ける だろう。 어느 쪽이 먼저 주도권을 잡을지가 승패를 가를 것이다.
じゅんのう 順応	명 する 순응, 적응	かのじょ あたら かんきょう じゅんのう のうりょく たか 彼女は新しい環境に順応する能力が高い。 그녀는 새로운 환경에 적응하는 능력이 높다.

어휘	의미	예문
しょうがくきん 奨学金	명 장학금	だいがく しょうがくきん がくひ まかな 大学は奨学金をもらって学費を賄った。 대학은 장학금을 받아서 학비를 조달했다.
じょうぎ 定規	명 자	じょうぎ つくえ なが はか 定規で机の長さを測った。 자로 책상의 길이를 쟀다.
しょうげき 衝撃	명 충격	じこ しょうげき きおく うしな 事故の衝撃で記憶を失ってしまった。 사고의 충격으로 기억을 잃고 말았다.
しょうしゃ 商社	명 상사, 무역 회사	しょうらい しょうしゃ はたら かいがいきんむ 将来は商社で働き、海外勤務もしてみたい。 장래에는 상사에서 일하며 해외 근무도 해 보고 싶다.
じょうじゅ 成就	명 する 성취	しょうがつ じんじゃ い だいがくごうかく ゆめ じょうじゅ 正月に神社に行って大学合格の夢が成就するよう いの に祈った。 정월에 신사에 가서 대학 합격의 꿈이 성취되도록 빌었다.
しょうだん 商談	명 する 상담, 장사(거래) 이야기	しょうだん ながび かいしゃ もど おそ 商談が長引いて、会社に戻るのが遅くなった。 거래 이야기가 길어져서 회사에 돌아가는 게 늦어졌다.
しょうどうが 衝動買い	명 する 충동구매	むだづか わ しょうどうが 無駄遣いだと分かっていても、衝動買いがやめら れない。 낭비라는 것을 알면서도 충동구매를 끊을 수 없다.
じょうほ 譲歩	명 する 양보	たが いっぽ じょうほ こうしょう なんこう お互いに一歩も譲歩しないため、交渉が難航して いる。 서로 한 치도 양보하지 않아서 교섭은 난항을 겪고 있다.
しょうもう 消耗	명 する 소모	しごと たいりょく しょうもう はげ この仕事は体力の消耗が激しい。 이 업무는 체력 소모가 심하다.
しょうれい 奨励	명 する 장려	わ しゃ しゃいん がいこくご がくしゅう しょうれい 我が社では社員に外国語の学習を奨励している。 우리 회사에서는 사원에게 외국어 학습을 장려하고 있다.
しょくにん 職人	명 장인	こども ころ すし しょくにん 子供の頃は、寿司職人になりたかった。 어릴 때는 초밥 장인이 되고 싶었다.

어휘	의미	예문
しょくりん 植林	명 する 식림	せいふ きぎょう いちがん しょくりんじぎょう と く 政府と企業が一丸となり植林事業に取り組んで いる。 정부와 기업이 하나가 되어 식림 사업에 힘을 쏟고 있다.
しょさい 書斎	명 서재	ちち しょさい むずか ほん 父の書斎には難しそうな本がたくさんある。 아버지 서재에는 어려워 보이는 책이 많이 있다.
しょじ 所持	명 する 소지	けいさつかん しょじひん しら 警察官に所持品を調べられた。 경찰관이 소지품을 검사했다.
じょじゅつ 叙述	명 する 서술	かれ じけん じょじゅつ しゅちょう 彼は事件をありのままに叙述したと主張している。 그는 사건을 있는 그대로 서술했다고 주장하고 있다.
しょせき 書籍	명 서적	みせ ちゅうこ しょせき やす う あの店では、中古の書籍を安く売っている。 저 가게에서는 중고 서적을 저렴하게 팔고 있다.
しょぞう 所蔵	명 する 소장	び じゅつかん おお こくほう しょぞう あの美術館は、多くの国宝を所蔵している。 저 미술관은 많은 국보를 소장하고 있다.
しょてい 所定	명 소정, 정해져 있음	しょうご しょてい ばしょ もど 使用後は所定の場所にお戻しください。 사용 후는 정해진 장소에 돌려 놓아 주세요.
じょや かね 除夜の鐘	명 제야의 종	じょや かね おおみそか しん や れい じ かい 除夜の鐘は大晦日の深夜０時のころ、108回つく。 제야의 종은 섣달그믐날 심야 0시 즈음, 108번 친다.
じょれつ 序列	명 서열, 차례	おお きぎょう ねんこうじょれつ じつりょくしゅぎ か 多くの企業が年功序列から実力主義に変わって いっている。 많은 기업들이 연공서열에서 실력주의로 바뀌어 가고 있다.
しりと 尻取り	명 끝말잇기	い どうちゅう こ ども しりと 移動中は、子供たちと尻取りをした。 이동 중에는 아이들과 끝말잇기를 했다.
じれい 事例	명 사례	か せいこう じ れい あつ レポートを書くために、まず成功事例だけを集め た。 보고서를 쓰기 위해 우선 성공 사례만을 모았다.

어휘	의미	예문
しんさ 審査	명 する 심사	そつぎょう あと ろんぶん しんさ のこ 卒業まで後は論文の審査だけが残っている。 졸업까지 앞으로 논문 심사만이 남아 있다.
しんしゅくせい 伸縮性	명 신축성	しんしゅくせい すぐ このニットは伸縮性に優れている。 이 니트는 신축성이 뛰어나다.
しんすい 浸水	명 する 침수	さくねん なつ かくち しんすい ひがいほうこく 昨年の夏は、各地で浸水の被害報告があった。 작년 여름에는 각지에서 침수 피해 보고가 있었다.
しんぞうご 新造語	명 신조어	まいとしおお しんぞうご で き 毎年多くの新造語が出て、消えていく。 매년 많은 신조어가 나오고 사라져 간다.
しんちょう 慎重	명 ナ 신중	せいふ せろん き ぞうぜい たい しんちょう しせい 政府は世論を気にして増税に対しては慎重な姿勢 と を取っている。 정부는 여론을 신경 써서 증세에 대해서는 신중한 자세를 취하고 있다.
しんとう 浸透	명 する 침투	せいぶん はだ しんとう かお パックの成分が肌に浸透し、顔がつるつるになった。 팩의 성분이 피부에 침투하여 얼굴이 매끈매끈해졌다.
しんまい 新米	명 신참, 풋내기, 햅쌀	しんまいきょうし きょうだん た これから新米教師として、教壇に立つ。 앞으로 신참 교사로서 교단에 선다.
しんりん 森林	명 삼림	あた むかし しんりん ひろ この辺りは昔、森林が広がっていた。 이 주변은 옛날에 삼림이 펼쳐져 있었다.
すいじゃく 衰弱	명 する 쇠약	びょうき せいしんてき すいじゃく 病気のせいで精神的にも衰弱している。 병 때문에 정신적으로도 쇠약해져 있다.
すいみんやく 睡眠薬	명 수면제	ふみんしょう すいみんやく しょほう 不眠症になって、睡眠薬を処方された。 불면증에 걸려 수면제를 처방 받았다.
すいろん 推論	명 する 추론	しょうひしゃ けっか すいろん ほうこくしょ 消費者アンケートの結果から推論し、報告書を か 書いた。 소비자 앙케트 결과에서 추론하여 보고서를 썼다.

어휘	의미	예문
すじみち 筋道	명 사리, 이치, 절차, 순서	ちち すじみち とお ぜったい だきょう 父は筋道の通らないことには絶対に妥協しない せいかく 性格だ。 아버지는 이치에 맞지 않는 일에는 절대 타협하지 않는 성격이다.
すみ か 住処	명 거처	いえ ひとびと すみか ここは家のない人々の住処になっている。 여기는 집 없는 사람들의 거처가 되고 있다.
ちが すれ違い	명 스치듯 지나감, 어긋나서 만나지 못함	し ごと いそが こいびと ちが せいかつ 仕事が忙しく、恋人とすれ違いの生活になった。 일이 바빠서 연인과 어긋나서 만나지 못하는 생활이 되었다.
せいえい 精鋭	명 정예	かれ こんかい さくせん せいえい ぶ たい 彼らは今回の作戦のための、精鋭部隊だ。 그들은 이번 작전을 위한 정예 부대이다.
せい か 盛夏	명 한여름	きょう せいか おも ひ ざ 今日は盛夏を思わせる日差しだ。 오늘은 한여름을 연상시키는 햇살이다.
せいきゅう 請求	명 する 청구	じ ぶん う ひ がい たい ひ よう せいきゅう 自分が受けた被害に対して費用を請求するのは とうぜん 当然だ。 자신이 입은 피해에 대해 비용을 청구하는 것은 당연하다.
ぜいたく 贅沢	명 ナ する 사치	つき いちど か ぞく ぜいたく しょくじ 月に一度、家族で贅沢な食事をする。 한 달에 한 번 가족끼리 호화로운 식사를 한다.
せいとう か 正当化	명 する 정당화	む り ろんり じ ぶん こうどう せいとう か 無理な論理で自分の行動を正当化しようとしても む だ 無駄です。 무리한 논리로 자신의 행동을 정당화하려 해도 소용없습니다.
せっけん 席巻	명 する 석권	しんき た あ しじょう せっけん 新規に立ち上げたビジネスが市場を席巻した。 신규로 시작한 비즈니스가 시장을 석권했다.
ぜっちょう 絶頂	명 절정	へいしゃ う あ きょねん ぜっちょう たっ 弊社の売り上げは、去年に絶頂に達しました。 저희 회사의 매출은 작년에 절정에 달했습니다.

어휘	의미	예문
せつでん 節電	명 する 절전	ことし せつでん つか 今年は節電のため、クーラーがあまり使わなかった。 올해는 절전을 위해 에어컨을 별로 사용하지 않았다.
ぜつめつ 絶滅	명 する 멸종, 근절	きょうりゅう ぜつめつ げんいん いんせき しゅちょう がくしゃ 恐竜が絶滅した原因は隕石だと主張している学者 もいる。 공룡이 멸종한 원인은 운석이라고 주장하고 있는 학자도 있다.
ぜ ひ 是非	명 する 부 시비, 옳고 그름, 꼭, 아무쪼록	し ぎかい しょ りじょう けんせつ ぜ ひ はな あ 市議会でごみ処理場の建設の是非が話し合われて いる。 시의회에서 쓰레기 처리장 건설의 시비가 논의되고 있다. し ごと ぜ ひ わたし その仕事、是非私にやらせてください。 그 업무, 꼭 제가 하게 해 주세요.
せん く しゃ 先駆者	명 선구자	かれ おんがくぎょうかい せん くしゃ よ 彼は音楽業界の先駆者と呼ばれている。 그는 음악 업계의 선구자라고 불리고 있다.
せんこう 線香	명 향, 선향	まいとし ぼん せん ぞ はか せんこう か ぞく 毎年お盆になると先祖の墓に線香をあげて家族の けんこう いの 健康を祈る。 매년 오봉이 되면 조상 무덤에 향을 올리고 가족의 건강을 기원한다.
せんざい 潜在	명 する 잠재	かれ じぶん なか せんざい のうりょく き 彼は自分の中に潜在する能力に気づいていない。 그는 자기 안에 잠재된 능력을 깨닫지 못하고 있다.
せんてい 選定	명 する 선정	と しょかん い しんかんぼん せんてい おこな 図書館に入れる新刊本の選定を行った。 도서관에 들일 신간 도서 선정을 실시했다.
ぜんてい 前提	명 전제	かのじょ けっこん ぜんてい つ あ 彼女とは結婚を前提にお付き合いをしている。 그녀와는 결혼을 전제로 교제하고 있다.
せんにゅうかん 先入観	명 선입관, 선입견, 고정 관념	と ざん つら せんにゅうかん じっさい 登山は辛いという先入観があったが、実際はとても たの 楽しい。 등산은 힘들다는 선입견이 있었는데, 실제로는 굉장히 즐겁다.

어휘	의미	예문
せんりょく 戦力	명 전력, 수행 능력 이 있는 사람	かのじょ せんりょく むか い 彼女をチームの戦力として迎え入れた。 그녀를 팀의 전력으로 영입했다.
そうき 早期	명 조기	せいせき ゆうしゅう がくせい そうき そつぎょうせい ど りょう つうじょう 成績が優秀な学生は早期卒業制度を利用して通常 はや そつぎょう より早く卒業することができる。 성적이 우수한 학생은 조기 졸업 제도를 이용하여 보통보다 빨리 졸업할 수 있다.
そうさく 捜索	명 する 수색	ようぎしゃ じたく そうさく しょうこ み 容疑者の自宅を捜索したが、証拠は見つかりま せんでした。 용의자의 자택을 수색했지만 증거는 발견되지 않았습니다.
ぞうしょく 増殖	명 する 증식	しま ぞうしょく じゅうみん こま 島にうさぎが増殖しすぎて住民が困っている。 섬에 토끼가 너무 증식하여 주민들이 곤란해 하고 있다.
そうちょう 早朝	명 조조, 이른 아침	くうこう む そうちょう しゅっぱつ 空港に向かうため、早朝に出発した。 공항으로 향하기 위해 이른 아침에 출발했다.
そうにゅう 挿入	명 する 삽입	し りょう そうにゅう か なお 資料にグラフを挿入して書き直してください。 자료에 그래프를 삽입하여 다시 써 주세요.
そうほう 双方	명 쌍방, 양측	そうほう いけん 双方の意見をバランスよくまとめることができま した。 양측의 의견을 균형 있게 정리할 수 있었습니다.
そうむ 総務	명 총무	そうむ か ははばひろ しごと 総務課では幅広い仕事をやっています。 총무과에서는 폭넓은 업무를 하고 있습니다.
そくばく 束縛	명 する 속박	けっこん じんせい そくばく おも ひと ぜったいひつよう 結婚を人生の束縛だと思う人もいれば、絶対必要 おも ひと だと思う人もいる。 결혼을 인생의 속박이라고 생각하는 사람도 있고 절대 필요하다고 생각하 는 사람도 있다.
そばかす	명 주근깨	こ ども とき 子供の時はそばかすがコンプレックスだった。 어릴 적에는 주근깨가 콤플렉스였다.

어휘	의미	예문
そんがい 損害	명 손해	わたし 私のミスで会社に大きな損害を与えてしまった。 내 실수로 회사에 커다란 손해를 입히고 말았다.
そんげん 尊厳	명 ナ 존엄	ひと 人の尊厳を守るためにも、死刑制度には反対だ。 사람의 존엄을 지키기 위해서라도 사형 제도에는 반대한다.
だいく 大工	명 목수, 목수일	ちち 父に憧れて大工になる決意をした。 아버지를 동경하여 목수가 될 결심을 했다.
だいこう 代行	명 する 대행	か もの 買い物を代行してくれるサービスが人気だそうだ。 구매를 대행해 주는 서비스가 인기라고 한다.
たいじ 退治	명 する 퇴치	このブログでは、ゴキブリを退治する方法を紹介しています。 이 블로그에서는 바퀴벌레를 퇴치하는 방법을 소개하고 있습니다.
たいしょう 対称	명 대칭	かんぺき さゆうたいしょう かお 完璧な左右対称の顔を持つ人はいない。 완벽한 좌우 대칭의 얼굴을 가진 사람은 없다.
だいたん 大胆	명 ナ 대담	かのじょ 彼女の大胆な行動に、周りはいつも驚かされる。 그녀의 대담한 행동에 주변 사람은 늘 놀라게 된다.
たいはん 大半	명 태반, 대부분	だいがくせい 大学生の大半はアルバイトをしている。 대학생의 대부분은 아르바이트를 하고 있다.
たいよ 貸与	명 する 대여	アルバイトで貸与された制服はいつも清潔に使用しなければならない。 아르바이트에서 대여받은 유니폼은 항상 청결하게 사용해야 한다.
たう 田植え	명 모내기	ことし はる へいねん さむ たう 今年の春は平年より寒くて田植えの時期が遅れている。 올 봄은 평년보다 추워서 모내기 시기가 늦어지고 있다.

어휘	의미	예문
たぐ 類い	명 같은 부류, 종류, 유례	かのじょ 彼女はみかんやオレンジといった類いの果物が す 好きだ。 그녀는 귤이나 오렌지 같은 부류의 과일을 좋아한다.
た さい 多彩	명 ナ 다채	まちぜんたい た さい ぎょうじ よてい クリスマスには町全体で多彩な行事を予定して いる。 크리스마스에는 동네 전체에서 다채로운 행사를 예정하고 있다.
たつまき 竜巻	명 회오리	しょっかん たつまき いえ かんたん カリッとした食感の竜巻ポテトは家でも簡単に つく 作れます。 바삭한 식감의 회오리 감자는 집에서도 간단히 만들 수 있습니다.
たなばた 七夕	명 칠석	たなばた かみ ねが ごと か ささ 七夕には、紙に願い事を書いて笹につるす。 칠석 때는 종이에 소원을 적어서 대나무에 매단다.
た はた 田畑	명 논밭, 전답	た はた たがや せいかつ これからはここで田畑を耕して生活するつもりだ。 이제부터는 여기에서 밭을 일궈 생활할 생각이다.
いき ため息	명 한숨	なに しんぱいごと はは なん ど いき 何か心配事でもあるのか、母は何度もため息をつ いている。 뭔가 걱정거리라도 있는 건지, 어머니는 몇 번이나 한숨을 쉬고 있다.
ぐち ため口	명 반말	ともだち ぐち はな 友達なら、ため口で話してもいいです。 친구라면 반말로 말해도 좋습니다.
だんげん 断言	명 する 단언	じつりょく つね か だんげん どんなに実力があっても常に勝つと断言すること はできない。 아무리 실력이 있어도 늘 이길 거라고는 단언할 수 없다.
たんしゅく 短縮	명 する 단축	あたら どうにゅう ぎょうむ じ かん たんしゅく 新しいシステムが導入されると業務時間が短縮さ れるようになった。 새로운 시스템이 도입되자 업무 시간이 단축되게 되었다.
だんねん 断念	명 する 단념	いえ じ じょう しんがく だんねん しゅうしょく 家の事情で進学は断念して就職することにした。 집안 사정으로 진학은 단념하고 취직하기로 했다.

어휘	의미	예문
ちかごろ 近頃	명 요즈음, 근래	ちかごろ こども も ふうふ ふ 近頃は子供を持たない夫婦が増えている。 요즘에는 아이를 갖지 않는 부부가 늘고 있다.
ちくせき 蓄積	명 する 축적	かれ なが あいだちくせき ざいさん どだい あたら じぎょう 彼は長い間蓄積した財産を土台に新しい事業を はじ 始めようとした。 그는 오랫동안 축적한 재산을 토대로 새로운 사업을 시작하려 했다.
ちせい 知性	명 지성	かのじょ はな かた わだい ちせい かん 彼女の話し方や話題からは知性が感じられる。 그녀의 말투나 화제에서는 지성이 느껴진다.
ちゃくがん 着眼	명 する 착안	だれ き げんしょう ちゃくがん ビジネ 誰も気がつかない現象に着眼することからビジネ う スチャンスが生まれる。 아무도 깨닫지 못한 현상에 착안함으로써 비즈니스의 기회가 생겨난다.
ちゃくばら 着払い	명 착불	つうはん か しょうひん ちゃくばら とど 通販で買った商品が着払いで届いた。 홈쇼핑으로 산 상품이 착불로 도착했다.
ちゆ 治癒	명 する 치유	こころ お きず ちゆ なが じかん ひつよう 心に負った傷は治癒するまでに長い時間が必要だ。 마음에 입은 상처는 치유할 때까지 오랜 시간이 필요하다.
ちゅうちょ 躊躇	명 する 주저, 망설임	かのじょ へんじ ちゅうちょ 彼女は、プロポーズの返事に躊躇した。 그녀는 청혼의 대답을 주저했다.
ちゅうふく 中腹	명 중턱	ふじさん ちゅうふく くも 富士山の中腹に雲がかかっている。 후지산 중턱에 구름이 걸려 있다.
ちょうえき 懲役	명 징역	ひこく ちょうえき ねん けい しょ 被告を懲役３年の刑に処す。 피고를 징역 3년 형에 처한다.
ちょうこう 兆候	명 징후, 조짐	けんさ がん ちょうこう み 検査では癌の兆候は見られませんでした。 검사에서는 암의 징후는 볼 수 없었습니다.
ちょくげき 直撃	명 する 직격	こんかい きんゆうきき ゆしゅつ いぞん きぎょう ちょくげき 今回の金融危機は輸出に依存する企業を直撃した。 이번 금융 위기는 수출에 의존하는 기업을 직격했다.

어휘	의미	예문
ちょしょ 著書	명 저서	この授業は教授の著書を教材として使っている。 이 수업은 교수님의 저서를 교재로 사용하고 있다.
ついほう 追放	명 する 추방	このゲームは国を追放された青年が英雄になって戻ってくるという物語である。 이 게임은 나라에서 추방당한 청년이 영웅이 되어 돌아온다는 이야기이다.
つうわ 通話	명 する 통화	いつも無料の通話アプリで国の家族と電話をしている。 항상 무료 통화 어플로 본국의 가족과 전화를 하고 있다.
つぼ 坪	명 평	店の広さは、何坪くらいを考えていらっしゃいますか。 가게 면적은 몇 평 정도를 생각하고 계십니까?
つり橋	명 현수교	子供の頃は今にも落ちそうなつり橋を渡るのが怖かった。 어릴 때는 금방이라도 떨어질 듯한 현수교를 건너는 것이 무서웠다.
ていか 定価	명 정가	テレビを定価の3割引きで売っていた。 TV를 정가의 30% 할인된 가격으로 팔고 있었다.
ていけつ 締結	명 する 체결	契約の締結には、代表者の署名が必要だ。 계약 체결에는 대표자의 서명이 필요하다.
ていしょう 提唱	명 する 제창, 주장	有名な医者が提唱する新しい健康法が話題になっている。 유명 의사가 주장하는 새로운 건강법이 화제가 되고 있다.
ていめい 低迷	명 する 좋지 않은 상태가 계속됨, 침체, 저조	最近はドラマの人気が低迷している。 요즘은 드라마의 인기가 저조하다.
でいり 出入り	명 する 출입	この施設への出入りは外国人にのみ許されている。 이 시설의 출입은 외국인에게만 허용되고 있다.

어휘	의미	예문
てい 手入れ	명 する 손질함, 보살핌	にわ　てい　　たいへん　　きら 庭の手入れは大変だが嫌いではない。 정원 손질은 힘들지만 싫어하지는 않는다.
て おく 手遅れ	명 한발 늦음, 때를 놓침	いまさら き　　　　　　て おく 今更気づいても、もう手遅れだ。 이제와서 깨달아도 이미 늦었다.
てきかく 的確	명 ナ 적확, 딱 들어맞음	かれ　　　　　　　　　　　　てきかく　たよ 彼のアドバイスはいつも的確で頼りになる。 그의 충고는 언제나 정확해서 의지가 된다.
てきしゅつ 摘出	명 する 적출	がん　すべ　てきしゅつ　　　　　あんしん 癌は全て摘出したので、もう安心してください。 암은 모두 적출했으니 이제 안심해 주세요.
て すうりょう 手数料	명 수수료	しゅうまつ　　へいじつ　　　　　　て すうりょう　たか 週末は平日よりATMの手数料が高い。 주말은 평일보다 ATM의 수수료가 비싸다.
て もと 手元	명 손이 미치는 범위, 수중	て もと　のこ　　　　　　　　　　　ちょきん　　　　　こん ご 手元に残っているのはわずかな貯金だけで、今後 ふ あん が不安でならない。 수중에 남아 있는 것은 적은 저금뿐으로, 앞으로가 불안해 죽겠다.
てん じ かい 展示会	명 전시회	あした　　　　　び じゅつかん　　しゅうかんてん じ かい　ひら 明日から美術館で1週間展示会が開かれる。 내일부터 미술관에서 일주일간 전시회가 열린다.
てんとう 店頭	명 가게 앞	てんとう　　　　し しょく 店頭では試食イベントをしていた。 가게 앞에서는 시식 행사를 하고 있었다.
でんとうげいのう 伝統芸能	명 전통 예능, 전통 예술	に ほん　　でんとうげいのう　い　　　　か ぶ き 日本の伝統芸能と言えば歌舞伎でしょう。 일본의 전통 예능하면 가부키지요.
てんねん 天然	명 ナ 천연	くに　　てんねん し げん　　ほう ふ この国は天然資源が豊富だ。 이 나라는 천연자원이 풍부하다.
てんらく 転落	명 する 전락, 굴러 떨어짐	こう じ げん ば　　さ ぎょういん　　　かい　　　てんらく　　じ こ 工事現場で作業員が５階から転落する事故があり ました。 공사 현장에서 작업자가 5층에서 떨어지는 사고가 있었습니다.

어휘	의미	예문
とうえい 投影	명 する 투영	この作品には作家の子供の頃の体験が投影されている。 이 작품에는 작가의 어린 시절 체험이 투영되어 있다.
とうげ 峠	명 고개, 고비, 절정기	祖母の病状も峠を越し、今は安定している。 할머니의 병세도 고비를 넘겨 지금은 안정되어 있다.
とうけい 統計	명 する 통계	統計に表れた数字が経営の実態を表すとは限らない。 통계에 나타난 숫자가 경영의 실태를 나타낸다고는 할 수 없다.
とうげいひん 陶芸品	명 도예품	芸術作品の中でも、陶芸品が一番好きだ。 예술 작품 중에서도 도예품을 가장 좋아한다.
どうさつりょく 洞察力	명 통찰력	彼女の鋭い洞察力は、チームの大きな力となっている。 그녀의 날카로운 통찰력은 팀의 큰 힘이 되고 있다.
とうせい 統制	명 する 통제	政府によって商品の価格が統制された。 정부에 의해 상품의 가격이 통제되었다.
とうだい 当代	명 당대, 지금 시대	当代の英雄が、今また注目されている。 당대의 영웅이 지금 다시 주목받고 있다.
とうにょうびょう 糖尿病	명 당뇨병	糖尿病にはインスリンという薬を投与する。 당뇨병에는 인슐린이라는 약을 투여한다.
どうよう 動揺	명 する 동요	彼は同期が自分より早く昇進すると聞いて動揺している。 그는 동기가 자신보다 빨리 승진한다고 듣고 동요하고 있다.
とおまわし 遠回し	명 ナ 에두름, 간접적임	日本人は直接的ではなく、遠回しな表現を好む。 일본인은 직접적이지 않고, 에두른 표현을 선호한다.

어휘	의미	예문
とくてん 特典	명 특전, 특별한 혜택	そうきとうろく とくてん 早期登録の特典で、キャラクターのぬいぐるみが もらえた。 조기 등록 특전으로 캐릭터 봉제 인형을 받을 수 있었다.
どくとく 独特	명 ナ 독특	かれ どくとく はな かた き ひと みりょう 彼は独特の話し方で聴く人を魅了する。 그는 독특한 말투로 듣는 사람을 매료한다.
とくばい 特売	명 する 특매, 특별히 싸게 팜	まいつき にち にく とくばい このスーパーでは毎月29日に肉の特売をしている。 이 슈퍼에서는 매월 29일에 고기 특별 할인 판매를 하고 있다.
とく は いん 特派員	명 특파원	しんぶんしゃ とく は いん かれ とうきょう は けん 新聞社の特派員として、彼は東京に派遣された。 신문사 특파원으로서 그는 도쿄에 파견되었다.
ど しゃくず 土砂崩れ	명 토사 붕괴, 산사태	おおあめ こうずい ど しゃくず ひがい かくち あいつ 大雨による洪水や土砂崩れの被害が各地で相次いで いる。 폭우로 인한 홍수나 산사태 피해가 각지에서 이어지고 있다.
ど しゃぶ 土砂降り	명 비가 억수같이 쏟아짐, 장대비	とつぜん ど しゃぶ しあい ちゅうし 突然の土砂降りで試合が中止となった。 갑작스러운 장대비로 시합이 중지되었다.
ど じょう 土壌	명 토양, 흙	ち いき ど じょう くだもの そだ この地域の土壌では、果物が育ちにくい。 이 지역의 토양에서는 과일이 자라기 어렵다.
ど だい 土台	명 토대, 기초	うんえい ど だい き ぎょう じゅんちょう 運営の土台がしっかりしていれば企業は順調に はってん 発展する。 운영의 토대가 견고하면 기업은 순조롭게 발전한다.
とっ か 特価	명 특가	きょう はじ こうきゅう しょうひん とっか 今日からセールが始まって高級な商品も特価で はんばい 販売される。 오늘부터 세일이 시작되어 고급 상품도 특가로 판매된다.
とっぷう 突風	명 돌풍	たつまき とっぷう さいがい お おそ 竜巻など、突風による災害が起こる恐れがあり ます。 회오리 등, 돌풍에 의한 재해가 발생할 우려가 있습니다.

어휘	의미	예문
にせもの 偽物	몡 가짜, 모조품	ブランド品の偽物を売るのは違法だ。 명품의 모조품을 파는 것은 위법이다.
にづく 荷造り	몡 する 짐을 쌈, 짐 꾸리기	私は、旅行は好きだが荷造りは嫌いだ。 나는 여행은 좋아하지만 짐 싸는 것은 싫어한다.
にっしょう 日照	몡 일조, 햇볕이 내리 쬠	夏には日照時間が長くなる。 여름에는 일조 시간이 길어진다.
ぬく 温もり	몡 온기, 따스함	一人暮らしをしていると人の温もりが恋しくなる 時がある。 혼자 살면 사람의 온기가 그리워질 때가 있다.
ね ふだ 値札	몡 가격표, 정찰	服の値札を取り忘れて、そのまま着て出かけて しまった。 옷의 가격표를 떼는 것을 잊고 그대로 입고 외출해 버렸다.
ねら 狙い	몡 겨눔, 목적, 목표	その会社が土地を買収する狙いは地価を上げる ところにある。 그 회사가 토지를 매수하는 목적은 땅값을 올리는 것에 있다.
ねんきん 年金	몡 연금	毎月給料から年金が引かれている。 매월 급여에서 연금이 빠져나가고 있다.
ねんまつねん し 年末年始	몡 연말연시	年末年始も休まず営業致します。 연말연시에도 쉬지 않고 영업합니다.
のちのち	몡 장래, 그 이후	今回の経験がのちのち貴重な財産になると思う。 이번 경험이 장래에 귀중한 재산이 될 거라고 생각한다.
ば あ 場当たり	몡 ナ 임기응변	部長の指示は、いつも場当たり的で一貫性がない。 부장님의 지시는, 언제나 임기응변적이고 일관성이 없다.

어휘	의미	예문
ばい う ぜんせん 梅雨前線	명 장마 전선	梅雨前線の活動が活発になり、雨が降り続くでしょう。 장마 전선의 활동이 활발해져서 비가 계속 올 것입니다.
ばいきゃく 売却	명 する 매각	家を売却して田舎に帰ることにした。 집을 매각하고 고향으로 돌아가기로 했다.
はいきゅう 配給	명 する 배급	各地から送られてきた支援物資が被災地の住民に配給された。 각지에서 보내 온 지원(구호) 물자가 재해지의 주민에게 배급되었다.
はいけい 拝啓	명 삼가 아룀 (편지 인사말)	手紙の冒頭は「拝啓」で始めるのが一般的だ。 편지의 서두는 '삼가 아룁니다'로 시작하는 것이 일반적이다.
はいしゃく 拝借	명 する 삼가 빌려씀	皆さんのお知恵を拝借したいと思い、お呼びしました。 여러분의 지혜를 빌리고 싶어서 불렀습니다.
はいしん 配信	명 する (정보) 전송, (방송) 송신	うちの会社は動画の配信サービスをしている。 우리 회사는 동영상 송신 서비스를 하고 있다.
は いた　し つう 歯痛・歯痛	명 치통	歯痛で眠れなかったので、次の日病院へ行った。 치통으로 잠을 못 자서 다음 날 병원에 갔다.
ばいたい 媒体	명 매체	様々な媒体を通して宣伝を行った。 다양한 매체를 통해 선전을 했다.
ば　もの 化け物	명 도깨비, 요괴	映画に出てくるような化け物は現実には存在しない。 영화에 나오는 것 같은 도깨비는 현실에는 존재하지 않는다.
は けん 派遣	명 する 파견	最近は正社員より派遣社員の募集が多い。 요즘에는 정규직보다 파견 사원 모집이 많다.
はだ あ 肌荒れ	명 피부가 거칠어짐	肌荒れを防ぐために、クリームを塗っている。 피부가 거칠어지는 것을 막기 위해서 크림을 바르고 있다.

어휘	의미	예문
はだざわ 肌触り	명 촉감, 감촉	このタオルは肌触りがよく、赤ちゃんにも使える。 이 수건은 촉감이 좋아서 아기에게도 쓸 수 있다.
は たん 破綻	명 する 파탄, 파산	大手銀行が経営破綻し、世間を騒がせた。 대형 은행이 경영 파탄하여 세상을 떠들썩하게 했다.
はついく 発育	명 する 발육	子供の発育の状態を知るため、定期的に検診を受けている。 아이의 발육 상태를 알기 위해 정기적으로 검진을 받고 있다.
ばっさい 伐採	명 する 벌채, 채벌	企業の無理な伐採に環境団体が抗議をしている。 기업의 무리한 벌채에 환경 단체가 항의를 하고 있다.
はつばい 発売	명 する 발매	新しく発売したお菓子を見ると、つい買ってしまいます。 새로 발매한 과자를 보면 무심코 사고 맙니다.
は ど 歯止め	명 제동	悪条件が重なり景気の後退に歯止めが利かない。 악조건이 겹쳐 경기 후퇴에 제동이 걸리지 않는다.
はや 早とちり	명 する 성급하게 판단하여 실수함	せっかちな彼は、よく早とちりをする。 성미가 급한 그는 자주 지레짐작해서 실수를 한다.
はんえい 反映	명 する 반영	この雑誌は時代の流れを反映している。 이 잡지는 시대의 흐름을 반영하고 있다.
はんしょく 繁殖	명 する 번식	湿度が高いと、菌が繁殖しやすい。 습도가 높으면 균이 번식하기 쉽다.
ひいき	명 する 편을 들어줌, 편애, 단골	この店は昔からひいきにしているところだ。 이 가게는 옛날부터 단골로 오는 곳이다.
ひか め 控え目	명 ナ 소극적임, 적은 듯이 함	ダイエットのため、ご飯は控え目にした。 다이어트를 위해 밥은 적게 먹었다.

408

어휘	의미	예문
<ruby>被告<rt>ひこく</rt></ruby>	명 피고	<ruby>被告<rt>ひこく</rt></ruby>の<ruby>主張<rt>しゅちょう</rt></ruby>は、<ruby>事実<rt>じじつ</rt></ruby>ではないと<ruby>判断<rt>はんだん</rt></ruby>された。 피고의 주장은 사실이 아니라고 판단되었다.
<ruby>日差<rt>ひざ</rt></ruby>し	명 햇살, 햇볕	<ruby>今年<rt>ことし</rt></ruby>の<ruby>夏<rt>なつ</rt></ruby>は<ruby>日差<rt>ひざ</rt></ruby>しがとても<ruby>強<rt>つよ</rt></ruby>い。 올해 여름은 햇살이 굉장히 강하다.
<ruby>悲惨<rt>ひさん</rt></ruby>	명 ナ 비참	<ruby>事件現場<rt>じけんげんば</rt></ruby>は<ruby>悲惨<rt>ひさん</rt></ruby>な<ruby>状況<rt>じょうきょう</rt></ruby>だったそうだ。 사건 현장은 비참한 상황이었다고 한다.
<ruby>非正規<rt>ひせいき</rt></ruby>	명 비정규	<ruby>最近<rt>さいきん</rt></ruby><ruby>企業<rt>きぎょう</rt></ruby>では、<ruby>非正規<rt>ひせいき</rt></ruby><ruby>雇用<rt>こよう</rt></ruby>を<ruby>増<rt>ふ</rt></ruby>やしている。 최근 기업에서는 비정규 고용을 늘리고 있다.
<ruby>引<rt>ひ</rt></ruby>っ<ruby>張<rt>ぱ</rt></ruby>りだこ	명 (인기가 있어) 사방에서 끎, 또는 그런 사람 이나 물건	<ruby>人気<rt>にんき</rt></ruby><ruby>俳優<rt>はいゆう</rt></ruby>はどんな<ruby>作品<rt>さくひん</rt></ruby>にも<ruby>引<rt>ひ</rt></ruby>っ<ruby>張<rt>ぱ</rt></ruby>りだこだ。 인기 배우는 어떤 작품에서나 서로 데려가려고 한다.
<ruby>一筋<rt>ひとすじ</rt></ruby>	명 ナ 외곬, 한결같음	<ruby>先輩<rt>せんぱい</rt></ruby>は<ruby>研究<rt>けんきゅう</rt></ruby><ruby>一筋<rt>ひとすじ</rt></ruby>の<ruby>学者<rt>がくしゃ</rt></ruby><ruby>気質<rt>きしつ</rt></ruby>を<ruby>持<rt>も</rt></ruby>っている<ruby>人<rt>ひと</rt></ruby>だ。 선배는 연구 외곬수의 학자 기질을 가지고 있는 사람이다.
<ruby>一通<rt>ひととお</rt></ruby>り	명 대강, 얼추	<ruby>災害時<rt>さいがいじ</rt></ruby>の<ruby>避難経路<rt>ひなんけいろ</rt></ruby>を<ruby>一通<rt>ひととお</rt></ruby>り<ruby>確認<rt>かくにん</rt></ruby>した。 재해 시의 피난 경로를 대강 확인했다.
<ruby>人並<rt>ひとな</rt></ruby>み	명 ナ 보통 정도, 평범함	<ruby>今<rt>いま</rt></ruby>まで<ruby>人並<rt>ひとな</rt></ruby>みには<ruby>努力<rt>どりょく</rt></ruby>してきたと<ruby>思<rt>おも</rt></ruby>います。 지금까지 남들만큼은 노력해 왔다고 생각합니다.
<ruby>一目惚<rt>ひとめぼ</rt></ruby>れ	명 する 한눈에 반함	<ruby>合宿<rt>がっしゅく</rt></ruby>で<ruby>会<rt>あ</rt></ruby>った<ruby>彼女<rt>かのじょ</rt></ruby>に<ruby>一目惚<rt>ひとめぼ</rt></ruby>れした。 합숙에서 만난 그녀에게 첫눈에 반했다.
<ruby>日<rt>ひ</rt></ruby>なた	명 양지, 양달	<ruby>春<rt>はる</rt></ruby>の<ruby>日<rt>ひ</rt></ruby>に<ruby>日<rt>ひ</rt></ruby>なたでのんびりするのは<ruby>気持<rt>きも</rt></ruby>ちがいい。 봄날에 양지에서 느긋하게 지내는 것은 기분이 좋다.
<ruby>飛躍<rt>ひやく</rt></ruby>	명 する 비약	<ruby>基礎学力<rt>きそがくりょく</rt></ruby>を<ruby>固<rt>かた</rt></ruby>めて<ruby>初<rt>はじ</rt></ruby>めて<ruby>次<rt>つぎ</rt></ruby>の<ruby>段階<rt>だんかい</rt></ruby>に<ruby>飛躍<rt>ひやく</rt></ruby>できる。 기초 학력을 단단히 다져야 비로소 다음 단계로 비약할 수 있다.
<ruby>表札<rt>ひょうさつ</rt></ruby>	명 표찰, 문패	<ruby>最近<rt>さいきん</rt></ruby>は、<ruby>玄関<rt>げんかん</rt></ruby>に<ruby>表札<rt>ひょうさつ</rt></ruby>を<ruby>出<rt>だ</rt></ruby>さない<ruby>家<rt>いえ</rt></ruby>も<ruby>多<rt>おお</rt></ruby>い。 요즘은 현관에 문패를 달지 않는 집도 많다.

어휘	의미	예문
ひょうし 表紙	명 표지	オーディションに合格して雑誌の表紙モデルに ごうかく　ざっし　ひょうし 選ばれた。 えら 오디션에 합격하여 잡지의 표지 모델로 선정되었다.
ひょうろん か 評論家	명 평론가	彼は、評論家の話を自分の意見かのように話して かれ　ひょうろん か　はなし　じ ぶん　い けん　はな いる。 그는 평론가의 이야기를 자신의 의견인 것처럼 말하고 있다.
ひん い 品位	명 품위	彼女の行動は自分の品位を下げるようなものだった。 かのじょ　こうどう　じ ぶん　ひん い　さ 그녀의 행동은 자신의 품위를 낮추는 것과 같았다.
ふ い 不意	명 ナ 불의	期待されていた俳優が不意の事故により引退を き たい　はいゆう　ふ い　じ こ　いんたい 余儀なくされた。 よ ぎ 기대받고 있던 배우가 불의의 사고로 인해 어쩔 수 없이 은퇴하게 되었다.
ふうりゅう 風流	명 풍류	社長は経済活動の合間に風流を楽しむ余裕を しゃちょう　けいざいかつどう　あいま　ふうりゅう　たの　よ ゆう 持っている。 も 사장님은 경제 활동 틈틈이 풍류를 즐기는 여유를 가지고 있다.
ふえ 笛	명 피리, 호루라기	音楽室から笛を吹く音が聞こえてくる。 おんがくしつ　ふえ　ふ　おと　き 음악실에서 피리를 부는 소리가 들려온다.
ふ かけつ 不可欠	명 ナ 불가결, 꼭 필요함	ベテランでも初心者でも泳ぐ前の準備運動は しょしんしゃ　およ　まえ　じゅんび うんどう 不可欠です。 ふ かけつ 베테랑이라도 초보자라도 수영하기 전의 준비 운동은 빼놓을 수 없다.
ふ きげん 不機嫌	명 ナ 불쾌함, 기분 이 좋지 않음	母が不機嫌な理由がやっと分かった。 はは　ふ きげん　り ゆう　わ 어머니가 언짢아하는 이유를 이제야 알았다.
ふくつう 腹痛	명 복통	給食のあとに腹痛を訴える学生が出てきた。 きゅうしょく　ふくつう　うった　がくせい　で 급식을 먹은 후에 복통을 호소하는 학생이 나왔다.
ふくぶくろ 福袋	명 복주머니, 여러가지 물건을 넣어 파는 것, 랜덤 박스	正月には特売やお得な福袋をよく見る。 しょうがつ　とくばい　とく　ふくぶくろ　み 정월에는 특별 할인 판매나 득템 랜덤 박스를 많이 본다.

어휘	의미	예문
ふしょうじ 不祥事	명 불상사	ぶちょう　ふしょうじ　せきにん　と　　かいしゃ　や 部長は不祥事の責任を取って、会社を辞めた。 부장님은 불상사의 책임을 지고 회사를 그만두었다.
ぶじょく 侮辱	명 する 모욕	そんけい　　　　せんせい　　　　　ぶじょく　　　　　わたし 尊敬している先生のことを侮辱されて、つい私も かっとなってしまった。 존경하는 선생님에 대해 모욕 당해서 나도 그만 발끈해 버렸다.
ふしん 不振	명 ナ 부진	にほん　　だいひょう　　　きぎょう　けいえいふしん　おちい 日本を代表する企業が経営不振に陥った。 일본을 대표하는 기업이 경영 부진에 빠졌다.
ふぜい 風情	명 풍정, 운치	とうきょう　ふぜい　　　　しゃしん　と　　　　　しょうかい 東京で風情のある写真が撮れるスポットをご紹介 します。 도쿄에서 운치 있는 사진을 찍을 수 있는 장소를 소개하겠습니다.
ふちゃく 付着	명 する 부착	もど　　　　くるま　ちゅうしゃいはん コンビニから戻ったら車に駐車違反のシールが ふちゃく 付着していた。 편의점에서 돌아오니 자동차에 주차 위반 스티커가 부착되어 있었다.
ぶっけん 物件	명 (부동산) 물건	だいがく　ちか　　　ふどうさんや　　　　　ぶっけん　み 大学の近くの不動産屋でいい物件を見つけた。 대학 근처 부동산에서 좋은 물건을 발견했다.
ふはい 腐敗	명 する 부패	びせいぶつ　なか　　　しょくひん　ふはい　　　　しょくちゅうどく　お 微生物の中には食品を腐敗させて食中毒を起こす ものもある。 미생물 중에는 식품을 부패시켜 식중독을 일으키는 것도 있다.
ふぶき 吹雪	명 눈보라	ふぶき　しや　わる　　　　　　でんしゃ　と 吹雪で視野が悪くなり、電車も止まってしまった。 눈보라로 시야가 나빠져서 전철도 멈추고 말았다.
ふへい 不平	명 ナ 불평	ふへいふまん　い　まえ　　　　　　　　　じしん 不平不満を言う前に、まずあなた自身がやるべき ことをやりなさい。 불평 불만을 말하기 전에 우선 당신 자신이 해야 할 일을 하세요.
ふゆかい 不愉快	명 ナ 불쾌	わたし　　　　　　　　　　き　　　　　かれ　ふゆかい　おも 私のスピーチを聞いて、彼は不愉快な思いをした かもしれない。 내 연설을 듣고 그는 불쾌하다고 느꼈을지도 모른다.

어휘	의미	예문
ふ こ 振り込め さ ぎ 詐欺	명 입금 사기, 보이스피싱	ふ こ さぎ こうみょうか かつての振り込め詐欺がもっと巧妙化したスマホ さぎ 詐欺となっている。 한때의 입금 사기가 더욱 교묘해진 스마트폰 사기가 되었다.
ふ つ 振り付け	명 안무	かれ わた ふ つ べんきょう 彼はアメリカに渡って、振り付けの勉強をした。 그는 미국으로 건너가 안무 공부를 했다.
ふ ま 振る舞い	명 행동, 행동거지, 대접	かのじょ はな かた ふ ま じょうひん 彼女は話し方や振る舞いがとても上品だ。 그녀는 말투나 행동이 매우 고상하다.
ふ あ 触れ合い	명 접촉, 맞닿음, 교류	どうぶつ こども いっしょ あそ ふ あ ば もう 動物と子供が一緒に遊べる、触れ合いの場を設け ました。 동물과 아이가 함께 놀 수 있는 교류의 장을 마련했습니다.
ふ ろ しき 風呂敷	명 보자기, 허풍	ふ ろ しき にもつ とき べんり ちょうほう 風呂敷は、荷物がたくさんある時に便利で重宝し ている。 보자기는 짐이 많을 때 편리해서 요긴하게 쓰고 있다.
ぶんげい 文芸	명 문예	げいにん か しょうせつ ことし ぶんげいしょう えら 芸人が書いた小説が今年の文芸賞に選ばれた。 코미디언이 쓴 소설이 올해의 문예상에 선정되었다.
ぶんけん 文献	명 문헌	ろんぶん か ぶんけん あつ 論文を書くための文献を集めている。 논문을 쓰기 위한 문헌을 모으고 있다.
ぶんこ 文庫	명 문고	わたし ぶんこぼん しょうせつ いっさつも ある 私はいつも文庫本の小説を一冊持ち歩いている。 나는 늘 문고본 소설을 한 권 들고 다닌다.
ぶんさん 分散	명 する 분산	とうきょう しゅうちゅう きのう ちほう ぶんさん ひつよう 東京に集中している機能を地方に分散する必要が ある。 도쿄에 집중되어 있는 기능을 지방으로 분산할 필요가 있다.
ふんしゅつ 噴出	명 する 분출	しゃちょう どくぜんてき けいえいほうしき しゃいん ふ まん ふんしゅつ 社長の独善的な経営方式に社員たちの不満が噴出 した。 사장의 독선적인 경영 방식에 사원들의 불만이 분출되었다.

어휘	의미	예문
ぶんぱい 分配	명 する 분배	りえき ただ ぶんぱい 利益は正しく分配しなければならない。 이익은 정당하게 분배하지 않으면 안 된다.
ぶんみゃく 文脈	명 문맥, 맥락	ことば いみ じしょ ぶんみゃく なか かんが 言葉の意味は辞書ではなく文脈の中から考えなく てはならない。 말의 의미는 사전이 아닌 문맥 안에서 생각해야만 한다.
へいじょうしん 平常心	명 평상심	だいじ とき へいじょうしん のぞ 大事な時こそ平常心で臨むべきだ。 중요한 때야말로 평상심으로 임해야 한다.
へいせい 平静	명 ナ 평정	おちい なか かのじょ みんながパニックに陥っている中、彼女だけは へいせい たも 平静を保っていた。 모두가 패닉에 빠져 있을 때, 그녀만은 평정을 유지하고 있었다.
へいぜい 平生	명 평소	かれ たいど へいぜい すこ か 彼の態度は平生と少しも変わらなかった。 그의 태도는 평소와 조금도 다르지 않았다.
へいそ 平素	명 평소, 평상시	へいそ しず まち まつ とき にぎ 平素は静かな町だが、祭りの時は賑やかになる。 평소에는 조용한 마을이지만, 축제 때는 시끌벅적해진다.
へいたん 平坦	명 ナ 평탄	ちい なみかぜ へいたん じんせい おく 小さな波風はあったが、平坦な人生を送ってきた。 작은 풍파는 있었지만 평탄한 인생을 보내 왔다.
へきち 僻地	명 벽지	かれ とし とお はな へきち がっこう ふにん 彼は都市から遠く離れた僻地の学校への赴任を きぼう 希望した。 그는 도시에서 멀리 떨어진 벽지 학교로의 부임을 희망했다.
へんそう 返送	명 する 반송	まちが おく こづつみ へんそう 間違って送られてきた小包を返送した。 잘못 보내 온 소포를 반송했다.
へんよう 変容	명 する 변모, 모양이 달라짐	ひさびさ じもと かえ かのじょ おどろ へんよう 久々に地元に帰ってきた彼女は、驚くほど変容を と 遂げていた。 오랜만에 고향에 돌아온 그녀는 놀랄 만큼 모습이 달라져 있었다.

어휘	의미	예문
ぼうきゃく 忘却	명 する 망각, 잊어버림	ひと 人はいつも苦痛を忘却して同じミスを繰り返す。 사람은 언제나 고통을 망각하고 같은 실수를 반복한다.
ほうげん 方言	명 방언, 사투리	いなか ともだち ほうげん はな 田舎の友達とは方言で話す。 시골(고향) 친구와는 사투리로 이야기한다.
ほう こ 宝庫	명 보고, 보물 창고	みせ むかし ほう こ この店は昔のレコードの宝庫だ。 이 가게는 옛 음반의 보고이다.
ほう し 奉仕	명 する 봉사	かのじょ のこ じんせい こ ども ほう し き 彼女は残りの人生を子供のために奉仕すると決めた。 그녀는 남은 인생을 아이들을 위해 봉사하겠다고 결정했다.
ほうていしき 方程式	명 방정식	い ぜん すうがく にが て たんじゅん ほうていしき と 以前から数学が苦手で単純な方程式さえ解けな かった。 예전부터 수학을 못해서 단순한 방정식조차 풀지 못했다.
ほうようりょく 包容力	명 포용력	り そう だんせい ほうようりょく ひと 理想の男性は、包容力がある人です。 이상형의 남성은 포용력이 있는 사람입니다.
ほ きょう 補強	명 する 보강	じ しん そな いえ ほきょうこう じ 地震に備えて家の補強工事をすることにした。 지진에 대비하여 집의 보강 공사를 하기로 했다.
ぼくじょう 牧場	명 목장	ぼくじょう うし そだ 牧場では、牛やヤギを育てている。 목장에서는 소나 염소를 키우고 있다.
ほこ 誇り	명 자랑, 긍지	まじ め はたら ちち ほこ おも いつも真面目に働く父を誇りに思っている。 항상 성실하게 일하는 아버지를 자랑스럽게 생각하고 있다.
ほ じ 保持	명 する 계속 유지함	いま ち い ほ じ けっこうたいへん 今の地位を保持するのも、結構大変だ。 지금의 지위를 유지하는 것도 상당히 힘들다.
ほんそう 奔走	명 する 분주하게 뛰어 다님	こんかい き かく せいこう ほんそう 今回の企画を成功させるために奔走している。 이번 기획을 성공시키기 위해 동분서주하고 있다.

어휘	의미	예문
まえ む 前向き	명 긍정적, 적극적	せんぽう まえ む けんとう はな 先方には、前向きに検討すると話しました。 상대편에는 긍정적으로 검토하겠다고 말했습니다.
ま ぞ 巻き添え	명 (사건에) 말려듦, 연좌, 연루	じ こ ま ぞ く あし ど 事故の巻き添えを食って足止めされた。 사고에 말려들어 발이 묶였다.
まち な 街並み	명 거리 풍경	まち な か ここの街並みもずいぶん変わったものだ。 이곳 거리 풍경도 꽤나 달라졌다.
まど ご 窓越し	명 창 너머	まど ご み けしき すば 窓越しに見る景色が素晴らしかった。 창 너머로 보는 경치가 훌륭했다.
ま ど 間取り	명 방 배치	ふ どうさん や へ や ま ど かくにん けいやく 不動産屋で部屋の間取りを確認してから契約を した。 부동산에서 방 배치를 확인한 다음에 계약을 했다.
ま あ 目の当たり	명 눈앞, 목전	じ こ げんば ま あ しょうげき う 事故の現場を目の当たりにして衝撃を受けた。 사고 현장을 눈앞에서 보고 충격을 받았다.
まるあん き 丸暗記	명 する 통 암기	ないよう り かい まるあん き ちゅうかん 内容が理解できなくて丸暗記して、中間テストを う 受けた。 내용이 이해되지 않아서 통째로 암기하여 중간고사를 봤다.
まんせい 慢性	명 만성	わたし まんせい い えん つね くすり も ある 私は慢性の胃炎で、常に薬を持ち歩いている。 나는 만성 위염이라서 늘 약을 가지고 다닌다.
みぎかた あ 右肩上がり	명 우상향, 상태가 점점 커지거나 좋아짐	き ぎょう ぎょうせき みぎかた あ の この企業の業績は右肩上がりで伸びている。 이 기업의 업적은 우상향으로 오르고 있다.
み なお 見直し	명 する 다시 봄, 재검토	さいしんせい ど み なお もと こえ あ 再審制度の見直しを求める声が上がっている。 재심 제도의 재검토를 요구하는 목소리가 나오고 있다.
むし く 虫食い	명 벌레 먹음	むし く しょうひん しゅっ か 虫食いのリンゴは商品として出荷できない。 벌레 먹은 사과는 상품으로 출하할 수 없다.

어휘	의미	예문
めいげん 名言	명 명언	かがくしゃ こと ば あつ めいげんしゅう しゅっぱん 科学者たちの言葉を集めた名言集を出版した。 과학자들의 말을 모은 명언집을 출판했다.
めいしょう 名称	명 명칭	しやくしょ ちいき めいしょう ぼしゅう 市役所で地域のキャラクターの名称を募集して いる。 시청에서 지역 캐릭터의 명칭을 모집하고 있다.
めつぼう 滅亡	명 する 멸망	れきし なか せんそう こっか めつぼう れい 歴史の中では戦争によって国家が滅亡した例が おお 多い。 역사 속에는 전쟁으로 인해 국가가 멸망한 예가 많다.
ものおき 物置	명 헛간, 광	ものおき そうじ こども とき 物置を掃除していたら、子供の時のおもちゃが で 出てきた。 창고를 청소하는데, 어릴 때의 장난감이 나왔다.
ものかげ 物陰	명 그늘, (물건 뒤에) 가려 서 보이지 않는 곳	ものかげ かく み ほうこう 物陰に隠れて見えないが、この方向にスカイツリー がある。 (건물) 그늘에 가려서 보이지 않지만 이 방향에 스카이트리가 있다.
ものさ 物差し	명 척도, 기준, 잣대	おとな かんが かた ものさ こども せっとく 大人の考え方を物差しにしても子供を説得できな い。 어른의 사고방식을 척도로 해 봐야 어린이를 설득할 수 없다.
もみじ が 紅葉狩り	명 단풍 구경, 단풍놀이	あき きょうと もみじ が い おも 秋は京都へ紅葉狩りに行こうと思っています。 가을에는 교토로 단풍놀이 하러 가려고 생각하고 있습니다.
もよお 催し	명 주최, 행사	きゅうじつ かくち もよお かいさい 休日には各地で催しを開催している。 휴일에는 각지에서 행사를 개최하고 있다.
も 漏れ	명 샘, 누출, 누락	じょうし きかくしょ ないよう も してき 上司から企画書の内容に漏れがあると指摘された。 상사에게 기획서 내용에 누락이 있다고 지적받았다.
や 焼きもの	명 흙으로 구워 만든 물건, 도자기	むかし うつわ や あつ す 昔から器などの焼きものを集めるのが好きだった。 옛날부터 그릇 등의 도자기를 모으는 것을 좋아했다.

어휘	의미	예문
やくがら 役柄	명 직무·배역의 성질, 직책	こんかい やくがら いま あくやく 今回の役柄は今までしたことがない悪役だ。 이번 역할은 지금까지 한 적이 없는 악역이다.
やくめ 役目	명 임무, 책임	わたし やくめ かいぎ つうやく 私の役目はこの会議で通訳をすることだ。 내 역할은 이 회의에서 통역을 하는 것이다.
やたい 屋台	명 노점, 포장마차	むかし ふゆ やたい で こころ あたた 昔は冬になるとおでんの屋台が出て心まで温めて くれたものだ。 옛날에는 겨울이 되면 오뎅 노점이 나와서 마음까지 따뜻하게 해 주곤 했다.
やまづ 山積み	명 する 산더미처럼 쌓여 있음	さいきんしごと いそが かじ やまづ 最近仕事が忙しくて家事が山積みになっている。 최근 일이 바빠서 집안일이 산더미처럼 쌓여 있다.
ゆううつ 憂鬱	명 ナ 우울	てんき わる きぶん ゆううつ 天気が悪いと気分も憂鬱になる。 날씨가 나쁘면 기분도 우울해진다.
ゆうこう 有効	명 ナ 유효	らいしゅう ゆうこう このクーポンは来週まで有効です。 이 쿠폰은 다음 주까지 유효합니다.
ゆうし 融資	명 する 융자	ぎんこう かなら ゆうし う じょうきょう 銀行から必ず融資を受けなければならない状況だ。 은행에서 반드시 융자를 받아야 하는 상황이다.
ゆだん 油断	명 する 방심, 부주의	お ゆだん まだ終わったわけじゃないから油断するな。 아직 끝난 게 아니니까 방심하지 마.
よげん 予言	명 する 예언	ねん ちきゅう めつぼう よげん あ 1999年に地球が滅亡するという予言は当たら なかった。 1999년에 지구가 멸망한다는 예언은 맞지 않았다.
よびこう 予備校	명 입시 학원	こうこう とき だいがくしんがく よびこう かよ 高校の時、大学進学のために予備校に通っていた。 고등학교 때 대학 진학을 위해 입시 학원에 다녔다.
よみち 寄り道	명 する 가는 길에 들름	がっこう かえ ほんや よ みち たの 学校の帰りに本屋に寄り道するのが楽しみだった。 하굣길에 서점에 들르는 것이 낙이었다.

어휘	의미	예문
よりょく 余力	名 여력, 남은 힘	しごと かえ かじ よりょく のこ 仕事から帰ると家事をする余力が残っていない。 일이 끝나고 돌아오면 집안일을 할 여력이 남아 있지 않다.
りこう 利口	名 ナ 영리함, 똑똑함	かのじょ こども ころ りこう こ 彼女は子供の頃から利口な子だった。 그녀는 아이 때부터 똑똑한 아이였다.
りつあん 立案	名 する 입안, 계획을 세움	わたし りつあん はんばいけいかく せいこう う あ 私が立案した販売計画が成功して、売り上げが ばいぞう 倍増した。 내가 입안한 판매 계획이 성공하여 매출이 배로 올랐다.
りっこう ほ 立候補	名 する 입후보	せいと かいちょう りっこう ほ ぜんぶ にん 生徒会長に立候補したのは全部で4人だ。 학생회장에 입후보한 것은 전부 네 명이다.
りっ ち 立地	名 입지	りっ ち や ちん まんえん やす この立地で家賃8万円は安いですよ。 이 입지에서 집세 8만 엔은 저렴한 거예요.
りっぷく 立腹	名 する 역정을 냄	りっぷく ゆる 立腹されるのはもっともですが、どうかお赦しくだ さい。 역정 내시는 것은 지당합니다만, 아무쪼록 용서해 주세요.
りっぽう 立方	名 세제곱	すいぞくかん りっぽう すいそう この水族館には6,000立方メートルの水槽がある。 이 수족관에는 6,000㎥의 수조가 있다.
りゅうつう 流通	名 する 유통	しょうらい ぼうえき りゅうつうかんけい しごと 将来は貿易や流通関係の仕事がしたい。 장래에는 무역이나 유통 관계의 일을 하고 싶다.
りゅう ほ 留保	名 する 유보, 분류	せい ふ あいまい たい ど かいとう りゅう ほ 政府は曖昧な態度で回答を留保した。 정부는 애매한 태도로 답변을 유보했다.
りょうきょく か 両極化	名 する 양극화	くに けいざい りょうきょく か しゃかいもんだい どこの国でも経済の両極化が社会問題になって いる。 어느 나라에서나 경제 양극화가 사회 문제가 되고 있다.
りょうしん 良心	名 양심	ともだち うそ りょうしん とが 友達に嘘をついて、良心が咎める。 친구에게 거짓말을 해서 양심에 찔린다.

어휘	의미	예문
りれきしょ 履歴書	명 이력서	この会社は採用の際に英語の履歴書を求める。 이 회사는 채용 시에 영어 이력서를 요구한다.
れいぐう 冷遇	명 する 냉대, 무대접	以前の会社では冷遇されていたが、今は優遇されている。 이전 회사에서는 무대접을 받았지만, 지금은 후한 대접을 받고 있다.
ろうえい 漏洩	명 する 누설	社員が会社の機密を漏洩したことで首になった。 사원이 회사 기밀을 누설한 일로 해고되었다.
ろうさい 労災	명 산재	労災保険について詳しく知っておくべきだ。 산재 보험에 대해서 자세히 알아 두어야 한다.
ろうし 労使	명 노사	以前は労使の対立が多かったが、最近は収まってきた。 이전에는 노사의 대립이 많았지만 최근에는 진정되기 시작했다.
ろうすい 老衰	명 する 노쇠	17年飼っていた犬が老衰で死んでしまった。 17년 길렀던 개가 노쇠로 죽고 말았다.
わき 脇	명 겨드랑이, 옆, 곁	舞台の脇に控えて出番を待った。 무대 옆에 대기하며 나갈 차례를 기다렸다.
わし 和紙	명 일본 전통 종이	落ち葉を使って模様が入った和紙を作った。 낙엽을 사용해서 무늬가 들어간 종이를 만들었다.

동사

어휘	의미	예문
<ruby>遭<rt>あ</rt></ruby>う	图 (어떤 일을) 당하다, 겪다	<ruby>目<rt>め</rt></ruby>を<ruby>覚<rt>さ</rt></ruby>ますと<ruby>病室<rt>びょうしつ</rt></ruby>で、<ruby>事故<rt>じこ</rt></ruby>に<ruby>遭<rt>あ</rt></ruby>った<ruby>日<rt>ひ</rt></ruby>の<ruby>記憶<rt>きおく</rt></ruby>がない。 눈을 뜨자 병실이고, 사고를 당한 날의 기억이 없다.
<ruby>赤<rt>あか</rt></ruby>らむ	图 붉은 빛을 띠다, 홍조를 띠다	<ruby>彼女<rt>かのじょ</rt></ruby>は<ruby>少<rt>すこ</rt></ruby>し<ruby>赤<rt>あか</rt></ruby>らんだ<ruby>顔<rt>かお</rt></ruby>で<ruby>話<rt>はな</rt></ruby>し<ruby>始<rt>はじ</rt></ruby>めた。 그녀는 약간 홍조를 띤 얼굴로 이야기하기 시작했다.
<ruby>呆<rt>あき</rt></ruby>れる	图 놀라다, 기막히다, 질리다	<ruby>彼<rt>かれ</rt></ruby>の<ruby>行動<rt>こうどう</rt></ruby>には、<ruby>呆<rt>あき</rt></ruby>れて<ruby>何<rt>なに</rt></ruby>も<ruby>言<rt>い</rt></ruby>えない。 그의 행동에는 질려서 아무 말도 할 수 없다.
<ruby>挙<rt>あ</rt></ruby>げる	图 들다, 거행하다, (예로) 들다	<ruby>新<rt>あたら</rt></ruby>しい<ruby>制度<rt>せいど</rt></ruby>の<ruby>必要性<rt>ひつようせい</rt></ruby>について、いくつか<ruby>例<rt>れい</rt></ruby>を<ruby>挙<rt>あ</rt></ruby>げて<ruby>説明<rt>せつめい</rt></ruby>した。 새로운 제도의 필요성에 대해 몇 개 예를 들어 설명했다.
あざ<ruby>笑<rt>わら</rt></ruby>う	图 비웃다, 조소하다	<ruby>他人<rt>たにん</rt></ruby>の<ruby>失敗<rt>しっぱい</rt></ruby>をあざ<ruby>笑<rt>わら</rt></ruby>う<ruby>前<rt>まえ</rt></ruby>に<ruby>自分自身<rt>じぶんじしん</rt></ruby>を<ruby>見直<rt>みなお</rt></ruby>すべきだ。 타인의 실수를 비웃기 전에 자기 자신을 다시 돌아봐야 한다.
<ruby>焦<rt>あせ</rt></ruby>る	图 안달하다, 초조해하다	<ruby>試験<rt>しけん</rt></ruby>は<ruby>来週<rt>らいしゅう</rt></ruby>だと<ruby>思<rt>おも</rt></ruby>っていたのに<ruby>今週<rt>こんしゅう</rt></ruby>だと<ruby>言<rt>い</rt></ruby>われて<ruby>焦<rt>あせ</rt></ruby>った。 시험은 다음 주라고 생각하고 있었는데 이번 주라고 듣고 초조했다.
<ruby>危<rt>あや</rt></ruby>ぶむ	图 위태롭게 여기다, 우려하다, 의심하다	その<ruby>選手<rt>せんしゅ</rt></ruby>は<ruby>試合出場<rt>しあいしゅつじょう</rt></ruby>が<ruby>危<rt>あや</rt></ruby>ぶまれたが、<ruby>無事<rt>ぶじ</rt></ruby>に<ruby>出場<rt>しゅつじょう</rt></ruby>した。 그 선수는 시합 출전이 우려되었지만, 무사히 출전했다.
<ruby>荒<rt>あ</rt></ruby>れる	图 거칠어지다, 험악해지다, 날뛰다	<ruby>台風<rt>たいふう</rt></ruby>の<ruby>影響<rt>えいきょう</rt></ruby>で<ruby>海<rt>うみ</rt></ruby>が<ruby>荒<rt>あ</rt></ruby>れている。 태풍의 영향으로 바다가 거칠어져 있다.
<ruby>負<rt>お</rt></ruby>う	图 지다, 업다, 힘입다	<ruby>自分<rt>じぶん</rt></ruby>の<ruby>仕事<rt>しごと</rt></ruby>に<ruby>責任<rt>せきにん</rt></ruby>を<ruby>負<rt>お</rt></ruby>う<ruby>覚悟<rt>かくご</rt></ruby>をしなさい。 자기 일에 책임을 질 각오를 하세요. <ruby>今回<rt>こんかい</rt></ruby>の<ruby>成功<rt>せいこう</rt></ruby>は<ruby>彼<rt>かれ</rt></ruby>の<ruby>協力<rt>きょうりょく</rt></ruby>に<ruby>負<rt>お</rt></ruby>うところが<ruby>大<rt>おお</rt></ruby>きい。 이번 성공은 그의 협력에 힘입은 바가 크다.

어휘	의미	예문
おぼ 溺れる	동 물에 빠지다, 열중하다	みず おぼ じこ へ かくち すいえいきょうしつ 水に溺れる事故を減らすように各地で水泳教室が ひら 開かれる。 물에 빠지는 사고를 줄이도록 각지에서 수영 교실이 열린다.
かいまみ 垣間見る	동 틈으로 살짝 엿보다	こんど ぶたい でんとうぶよう しんか かいまみ 今度の舞台では伝統舞踊の真価を垣間見たような き 気がした。 이번 무대에서는 전통 무용의 진가를 엿본 듯한 기분이 들었다.
かか 抱える	동 껴안다, 떠안다	かのじょ あか ふるま じつ おお なや 彼女は明るく振舞っているが、実は大きな悩みを かか 抱えている。 그녀는 밝게 행동하고 있지만, 실은 큰 고민을 안고 있다.
か 欠かす	동 빠뜨리다, 거르다	まいにちか ぎゅうにゅう の 毎日欠かさず牛乳を飲んでいる。 매일 거르지 않고 우유를 마시고 있다.
か 賭ける	동 걸다, 내기를 하다	かれ せんしゅせいめい か しあい のぞ みごと しょうり 彼は選手生命を賭けて試合に臨み、見事に勝利し た。 그는 선수 생명을 걸고 시합에 임하여 멋지게 승리했다.
かぶ 被せる	동 덮다, 씌우다	ひ ざ つよ こども ぼうし かぶ 日差しが強くて子供に帽子を被せた。 햇빛이 강해서 아이에게 모자를 씌웠다.
かろ 軽んじる・ かろ 軽んずる	동 얕보다, 깔보다, 가볍게 보다	ひと かろ むやみに人を軽んじてはいけない。 무턱대고 사람을 얕봐서는 안 된다. まいにち じみち どりょく かろ しあい じつりょく はっき 毎日の地道な努力を軽んじては試合で実力を発揮 できない。 매일의 착실한 노력을 가볍게 여기면 시합에서 실력을 발휘할 수 없다.
き 切らす	동 다 없애다, 다 쓰다	りょうり つか ぎゅうにゅう き か 料理に使う牛乳を切らしていたから、買いに い 行った。 요리에 쓸 우유를 다 써서 사러 갔다.
くち 口ずさむ	동 읊조리다, 흥얼거리다	むかしはや うた くち しごと はじ 昔流行った歌を口ずさみながら仕事を始めた。 옛날에 유행한 노래를 흥얼거리면서 업무를 시작했다.

어휘	의미	예문
<ruby>被<rt>こうむ</rt></ruby>る	图 받다, 입다, 당하다	<ruby>店<rt>みせ</rt></ruby>の<ruby>商品<rt>しょうひん</rt></ruby>を<ruby>盗<rt>ぬす</rt></ruby>まれて、30<ruby>万円近<rt>まんえんちか</rt></ruby>く<ruby>被害<rt>ひがい</rt></ruby>を<ruby>被<rt>こうむ</rt></ruby>った。 가게의 상품을 도난당해서 30만 엔 가까이 피해를 입었다.
<ruby>漕<rt>こ</rt></ruby>ぎつける	图 (목적지·목표에) 간신히 도달하다	<ruby>営業<rt>えいぎょう</rt></ruby>の<ruby>甲斐<rt>かい</rt></ruby>あって、なんとか<ruby>新規契約<rt>しんきけいやく</rt></ruby>に<ruby>漕<rt>こ</rt></ruby>ぎつけた。 영업한 보람이 있어서 간신히 신규 계약에 이르렀다.
<ruby>心掛<rt>こころが</rt></ruby>ける	图 마음에 새기다, 유념하다	<ruby>名刺<rt>めいし</rt></ruby>をもらった<ruby>時<rt>とき</rt></ruby>、その<ruby>人<rt>ひと</rt></ruby>の<ruby>特徴<rt>とくちょう</rt></ruby>をメモするよう<ruby>心掛<rt>こころが</rt></ruby>けている。 명함을 받았을 때, 그 사람의 특징을 메모하도록 유념하고 있다.
こじれる	图 악화되다, 꼬이다, 복잡해지다	<ruby>誤解<rt>ごかい</rt></ruby>が<ruby>重<rt>かさ</rt></ruby>なり、<ruby>友達<rt>ともだち</rt></ruby>との<ruby>関係<rt>かんけい</rt></ruby>がこじれてしまった。 오해가 거듭되어 친구와의 관계가 꼬여 버렸다.
ごまかす	图 속이다, 얼버무리다	<ruby>失敗<rt>しっぱい</rt></ruby>をごまかすために<ruby>嘘<rt>うそ</rt></ruby>をついてしまった。 실수를 얼버무리기 위해서 거짓말을 하고 말았다.
<ruby>探<rt>さぐ</rt></ruby>る	图 뒤지다, 찾다, 탐색하다	<ruby>警察<rt>けいさつ</rt></ruby>は<ruby>容疑者<rt>ようぎしゃ</rt></ruby>と<ruby>被害者<rt>ひがいしゃ</rt></ruby>の<ruby>接点<rt>せってん</rt></ruby>を<ruby>探<rt>さぐ</rt></ruby>っている。 경찰은 용의자와 피해자의 접점을 탐색하고 있다.
<ruby>差<rt>さ</rt></ruby>し<ruby>込<rt>こ</rt></ruby>む	图 찔러 넣다, 꽂다	カードキーを<ruby>差<rt>さ</rt></ruby>し<ruby>込<rt>こ</rt></ruby>むと、<ruby>部屋<rt>へや</rt></ruby>の<ruby>電気<rt>でんき</rt></ruby>が<ruby>付<rt>つ</rt></ruby>きます。 카드 키를 꽂으면 방 불이 켜집니다.
<ruby>捌<rt>さば</rt></ruby>く	图 처리하다, 수습하다, (음식 재료를) 해체하다, 손질하다	<ruby>彼<rt>かれ</rt></ruby>は<ruby>山積<rt>やまづ</rt></ruby>みになっている<ruby>仕事<rt>しごと</rt></ruby>を<ruby>一人<rt>ひとり</rt></ruby>で<ruby>捌<rt>さば</rt></ruby>いた。 그는 산처럼 쌓여 있는 일을 혼자서 처리했다. <ruby>彼女<rt>かのじょ</rt></ruby>はあっという<ruby>間<rt>ま</rt></ruby>に<ruby>鮭<rt>さけ</rt></ruby>を<ruby>一匹捌<rt>いっぴきさば</rt></ruby>いて<ruby>見<rt>み</rt></ruby>せた。 그녀는 순식간에 연어를 한 마리 손질해 보였다.
さまよう	图 헤매다, 떠돌다, 방황하다	<ruby>自分<rt>じぶん</rt></ruby>の<ruby>進路<rt>しんろ</rt></ruby>を<ruby>決<rt>き</rt></ruby>められずさまよっていたが、ようやく<ruby>道<rt>みち</rt></ruby>を<ruby>定<rt>さだ</rt></ruby>めた。 자신의 진로를 정하지 못하고 방황하고 있었지만, 간신히 나아갈 길을 정했다.
さらう	图 날치기하다, 채다	<ruby>公園<rt>こうえん</rt></ruby>でお<ruby>菓子<rt>かし</rt></ruby>を<ruby>食<rt>た</rt></ruby>べようと<ruby>手<rt>て</rt></ruby>に<ruby>取<rt>と</rt></ruby>ったら、カラスにさらわれた。 공원에서 과자를 먹으려고 손에 쥐자 까마귀가 채 갔다.

어휘	의미	예문
し か 仕掛ける	图 걸다, 장치하다	テロリストが爆弾を仕掛けるところから映画は始まる。 테러리스트가 폭탄을 설치하는 장면에서 영화는 시작된다.
し た 仕立てる	图 (옷을) 짓다, 꾸미다, 만들다, 양성하다	彼を犯人に仕立てたのは、彼の職場の同僚だった。 그를 범인으로 꾸민 것은 그의 직장 동료였다.
しぼ 絞る	图 짜다, 좁히다, 압축하다	レモンをたっぷり絞ってカクテルを作った。 레몬을 듬뿍 짜서 칵테일을 만들었다.
じゃれる	图 (달라붙어서) 재롱부리다, 장난하다	毛玉にじゃれる猫を見ていると、笑顔になる。 털뭉치로 장난치는 고양이를 보고 있으면 미소가 지어진다.
す 据える	图 붙박다, 거치하다, 자리를 잡다	しばらくは腰を据えて研究に打ち込もうと思う。 당분간은 차분히 연구에 몰두하려고 한다.
ずらす	图 위치나 시간을 조금 옮기다, 겹치지 않게 하다	友達の結婚式と重なったので旅行の予定をずらすことにした。 친구의 결혼식과 겹쳐서 여행 일정을 옮기기로 했다.
そ 添う	图 더하다, 부응하다	期待に添えるように努力致します。 기대에 부응할 수 있도록 노력하겠습니다.
そろ 揃える	图 가지런히 하다, 갖추다	この店は色んなアニメグッズを豊富に揃えている。 이 가게는 다양한 애니메이션 상품을 풍부하게 갖추고 있다.
たがや 耕す	图 (논밭을) 갈다	荒れ地を耕して畑にする事業を行っている。 황무지를 갈아 밭으로 만드는 사업을 실시하고 있다.
ただ 正す	图 바로잡다, (시비·명분을) 밝히다	状況がもっとひどくならないうちに今までの誤りを正すべきだ。 상황이 더 심해지기 전에 지금까지의 잘못을 바로잡아야 한다.

어휘	의미	예문
<ruby>絶<rt>た</rt></ruby>つ	동 끊다, 없애다	<ruby>彼女<rt>かのじょ</rt></ruby>とは<ruby>半年<rt>はんとし</rt></ruby>ほど<ruby>前<rt>まえ</rt></ruby>に<ruby>大喧嘩<rt>おおげんか</rt></ruby>してから<ruby>連絡<rt>れんらく</rt></ruby>を<ruby>絶<rt>た</rt></ruby>っている。 그녀와는 반년 정도 전에 크게 싸우고 나서 연락을 끊고 있다.
<ruby>近寄<rt>ちかよ</rt></ruby>る	동 접근하다, 가까이 가다, 다가가다	<ruby>彼<rt>かれ</rt></ruby>はいつも<ruby>無表情<rt>むひょうじょう</rt></ruby>で、どこか<ruby>近寄<rt>ちかよ</rt></ruby>りがたい<ruby>感<rt>かん</rt></ruby>じの<ruby>人<rt>ひと</rt></ruby>だった。 그는 늘 무표정이라서 어딘지 다가가기 어려운 느낌의 사람이었다.
<ruby>散<rt>ち</rt></ruby>りばめる	동 아로새기다, 온통 박아 넣다	きらめく<ruby>夜景<rt>やけい</rt></ruby>がまるで<ruby>宝石<rt>ほうせき</rt></ruby>を<ruby>散<rt>ち</rt></ruby>りばめたようだ。 반짝이는 야경이 마치 보석을 박아 놓은 듯 하다.
<ruby>散<rt>ち</rt></ruby>る	동 지다, 떨어지다	<ruby>昨日<rt>きのう</rt></ruby>の<ruby>雨<rt>あめ</rt></ruby>のせいで、<ruby>桜<rt>さくら</rt></ruby>の<ruby>花<rt>はな</rt></ruby>が<ruby>散<rt>ち</rt></ruby>ってしまった。 어제 내린 비 때문에 벚꽃이 지고 말았다.
<ruby>掴<rt>つか</rt></ruby>む	동 잡다, (손에) 쥐다	オーディションの<ruby>参加者<rt>さんかしゃ</rt></ruby>は<ruby>実力<rt>じつりょく</rt></ruby>で<ruby>審査員<rt>しんさいん</rt></ruby>の<ruby>心<rt>こころ</rt></ruby>を<ruby>掴<rt>つか</rt></ruby>んだ。 오디션 참가자는 실력으로 심사 위원의 마음을 사로잡았다.
<ruby>浸<rt>つ</rt></ruby>かる	동 (액체에) 잠기다, 빠지다	<ruby>温泉<rt>おんせん</rt></ruby>にゆっくり<ruby>浸<rt>つ</rt></ruby>かって<ruby>疲<rt>つか</rt></ruby>れを<ruby>取<rt>と</rt></ruby>る。 온천에 느긋하게 몸을 담그고 피로를 푼다.
<ruby>就<rt>つ</rt></ruby>く	동 취직하다, 취임하다	この<ruby>仕事<rt>しごと</rt></ruby>に<ruby>就<rt>つ</rt></ruby>くまでは、まともに<ruby>働<rt>はたら</rt></ruby>いたことはなかった。 이 일을 하기까지는 제대로 일한 적은 없었다.
<ruby>躓<rt>つまず</rt></ruby>く	동 발이 걸려 넘어지다, 실패하다	よそ<ruby>見<rt>み</rt></ruby>しながら<ruby>歩<rt>ある</rt></ruby>いていたら<ruby>躓<rt>つまず</rt></ruby>いてしまった。 한눈팔며 걷다가 발이 걸려 넘어지고 말았다.
<ruby>詰<rt>つ</rt></ruby>まる	동 가득 차다, 막히다	スマホのアルバムの<ruby>中<rt>なか</rt></ruby>には、<ruby>思<rt>おも</rt></ruby>い<ruby>出<rt>で</rt></ruby>がいっぱい<ruby>詰<rt>つ</rt></ruby>まっている。 스마트폰 앨범 속에는 추억이 가득 담겨 있다.
<ruby>徹<rt>てっ</rt></ruby>する	동 철저하다, 투철하다, 사무치다	<ruby>父<rt>ちち</rt></ruby>は<ruby>家<rt>いえ</rt></ruby>では<ruby>母<rt>はは</rt></ruby>の<ruby>話<rt>はなし</rt></ruby>を<ruby>聞<rt>き</rt></ruby>くことだけに<ruby>徹<rt>てっ</rt></ruby>している。 아버지는 집에서는 어머니의 이야기를 듣는 것만 집중한다.

어휘	의미	예문
とど 留まる	동 머물다, 체재하다	どうきゅうせい なか じもと とど 同級生の中で、地元に留まっているのは私だけ です。 동급생 중에서 우리 지역에 머물고 있는 것은 나뿐입니다.
とぼ 惚ける	동 시치미 떼다, 얼빠지다	とぼ むだ 惚けても無駄だよ。 시치미 떼도 소용없어.
と 富む	동 풍부하다, 많다	かれ しょうばい さいのう と ひと 彼は商売の才能に富んだ人だ。 그는 장사 재능이 풍부한 사람이다.
と 捕らえる	동 잡다, 붙잡다	けいさつ はんにん と てじょう か 警察が犯人を捕らえ、手錠を掛けた。 경찰이 범인을 붙잡아 수갑을 채웠다.
とら 捉える	동 포착하다, 파악하다, 사로잡다	まんび しゅんかん ぼうはん とら 万引きする瞬間を防犯カメラが捉えていた。 물건을 훔치는 순간을 방범 카메라가 포착하고 있었다.
なご 和む	동 누그러지다, 온화해지다	きんちょうかん いっき ば くうき なご ピリピリした緊張感から、一気に場の空気が和んだ。 날카롭게 곤두서 있던 긴장감에서 단번에 그 자리의 분위기가 누그러졌다.
にかよ 似通う	동 서로 꼭 닮다, 비슷하다	はは にかよ ふく き 母はいつも似通ったスタイルの服ばかり着ている。 어머니는 언제나 비슷한 스타일의 옷만 입고 있다.
ねぎ 値切る	동 값을 깎다	みせ じょうず ねぎ し 店で上手に値切るコツを知りたい。 가게에서 능숙하게 값을 깎는 요령을 알고 싶다.
ねん 念じる・ ねん 念ずる	동 빌다, 염원하다	むすめ だいがく ごうかく こころ なか ねん 娘が大学に合格するようにと、心の中で念じた。 딸이 대학에 합격하기를 마음 속으로 염원했다.
のぞ 覗く	동 엿보다, 훔쳐보다, 살짝 보다	きょうしつ まど あ せんせい く のぞ 教室の窓を開けて、先生が来るか覗いてみた。 교실 창문을 열고 선생님이 오는지 살짝 내다보았다.
の と 乗っ取る	동 납치하다, 점령하다, 탈취하다	いっぱんじん の ひこうき 一般人が乗っている飛行機がテロリストに の と 乗っ取られた。 일반 시민이 타고 있는 비행기가 테러리스트에게 납치되었다.

어휘	의미	예문
の だ 乗り出す	동 착수하다	あたら しゅうにん しゃちょう かいしゃ さいけん の だ 新しく就任した社長が会社の再建に乗り出した。 새롭게 취임한 사장이 회사 재건에 착수했다.
はさ 挟む	동 끼우다, 사이에 두다	お えき ちか よ ほん 降りる駅が近づいたから読んでいた本にしおりを はさ 挟んだ。 내릴 역이 가까워져서 읽고 있던 책에 책갈피를 끼웠다.
は 果たす	동 다하다, 완수하다	せんせい やくそく は ぼこう ほうもん 先生との約束を果たすために母校を訪問した。 선생님과의 약속을 다하기 위해 모교를 방문했다.
ばてる	동 지치다, 기진하다	こども なつ あつ 子供が夏の暑さでばててしまった。 아이가 여름 더위에 기진해 버렸다(더위를 먹고 말았다).
は かえ 跳ね返る	동 (반동으로) 되돌 아오다, 튀어 오 르다	な かべ あ は かえ 投げたボールが壁に当たって跳ね返ってきた。 던진 공이 벽을 맞고 되돌아왔다.
は つ 張り付く	동 달라붙다, 곁을 떠나지 않다	さい むすこ つま は つ まだ4才の息子はいつも妻に張り付いている。 아직 네 살인 아들은 항상 아내에게 달라붙어 있다.
は 張る	동 뻗다, 퍼져 덮이다	さむ かわ こおり は あまりの寒さに、川には氷が張っていました。 엄청난 추위에 강에는 얼음이 서려 있었습니다.
ひ 惹かれる	동 끌리다	かれ せいじつ ひとがら ひ 彼の誠実な人柄に惹かれました。 그의 성실한 인품에 끌렸습니다.
ひ い 引き入れる	동 끌어넣다, 끌어들이다	かのじょ のうりょく たか ひょうか ひ い 彼女の能力を高く評価し、チームに引き入れた。 그녀의 능력을 높이 평가해서 팀으로 끌어들였다.
ひ お 引き落とす	동 자동 이체하다	こうねつひ まいつきとおか こうざ じどう ひ お 光熱費は毎月十日に口座から自動で引き落とされて いる。 광열비는 매월 10일에 계좌에서 자동으로 이체되고 있다.
ひ 引きこもる	동 틀어박히다, 들어앉다	あに ねんかん へや なか ひ 兄は5年間、部屋の中に引きこもっている。 형은(오빠는) 5년 동안 방 안에 틀어박혀 있다.

어휘	의미	예문
ひ 引きずる	图 질질 끌다, 지연시키다, 잊지 못하다	かえ みち ころ あし ひ かえ 帰り道に転んで、足を引きずって帰った。 귀갓길에 넘어져서 발을 질질 끌고 돌아갔다. かのじょ わか ねん た ひ 彼女と別れて1年が経つが、まだ引きずっている。 여자 친구와 헤어지고 1년이 지났지만 아직도 잊지 못하고 있다.
ひそ 潜める	图 숨기다, 감추다, 간직하다	はんにん けいさつ そうさ さ み 犯人は警察の捜査を避けるため、どこかに身を ひそ 潜めているようだ。 범인은 경찰 조사를 피하기 위해 어딘가에 몸을 숨기고 있는 것 같다.
ひ か 引っ掻く	图 긁다, 할퀴다	ねこ とつぜん かお ひ か 猫に突然、顔を引っ掻かれた。 고양이가 갑자기 얼굴을 할퀴었다.
ふざける	图 장난치다, 까불다, 깔보다	しょうがくせい とき じゅぎょうちゅう せんせい おこ 小学生の時、授業中にふざけて先生によく怒られ ていた。 초등학생 때 수업중에 장난쳐서 선생님께 자주 혼났다.
ほ 吠える	图 짖다, 으르렁거리다	となり いぬ ほ 隣の犬がずっと吠えている。 옆집 개가 계속 짖고 있다.
ほぐす	图 풀다	からだ はい ストレッチして、体をほぐしてからプールに入った。 스트레칭을 해서 몸을 풀고 난 다음 수영장에 들어갔다.
ほ 褒める	图 칭찬하다	にが て せんせい ほ 苦手なダンスを先生に褒められてうれしかった。 잘 못하는 춤을 선생님께 칭찬 받고 기뻤다.
まごつく	图 당황하다, 갈팡질팡하다	めんせつ よそう しつもん で 面接で予想しなかった質問が出てまごついて しまった。 면접에서 예상치 못한 질문이 나와 당황하고 말았다.
ま ね 真似る	图 흉내내다, 모방하다	だれ ふく かみがた ま ね す 誰かの服や髪型を真似るのは好きじゃない。 누군가의 옷이나 헤어스타일을 흉내내는 것은 좋아하지 않는다.
み あ 見合う	图 걸맞다, 어울 리다, (상대를) 서로 보다	かれ じぶん せんもんてきぎじゅつ み あ ほうしゅう ようきゅう 彼は自分の専門的技術に見合った報酬を要求した。 그는 자신의 전문적인 기술에 걸맞는 보수를 요구했다.

어휘	의미	예문
みの 実る	동 열매를 맺다, 결실하다	どりょく みの いし ゆめ かな 努力が実って、医師になる夢を叶えた。 노력이 결실을 맺어, 의사가 되는 꿈을 이루었다.
む く 浮腫む	동 (몸이) 붓다, 부어오르다	よる あし むく は 夜になると足が浮腫んでブーツが履けないことが ある。 밤이 되면 다리가 부어서 부츠를 신지 못하게 되는 경우가 있다.
もがく	동 발버둥 치다, 안달하다	いまさら べんきょう けっか か 今更もがいて勉強しても結果は変わらないだろう。 이제 와서 바동대며 공부해도 결과는 바뀌지 않을 것이다.
ゆ 揺さぶる	동 뒤흔들다, 동요시키다	じぶん ぎせい じんめい すく はなし おお ひとびと 自分を犠牲にして人命を救った話は多くの人々の こころ ゆ 心を揺さぶった。 스스로 희생하여 인명을 구한 이야기는 많은 사람들의 마음을 흔들었다.
よ 避ける	동 (물리적인 것을) 피하다, 비키다	いま ぬ よ そこは今ペンキを塗ったばかりなので、避けて とお 通ってください。 거기는 지금 페인트를 막 바른 참이니 피해서 지나가 주세요.
よ 寄せる	동 밀려오다, 가까이 대다, 보내다	かいがん はだし ある なみ よ あしもと きも 海岸を裸足で歩くと波が寄せてきて足元が気持ち いい。 바닷가를 맨발로 걸으면 파도가 밀려와서 발 언저리가 기분 좋다. しちょうしゃ ばんぐみ いけん よ 視聴者が番組に意見を寄せた。 시청자가 프로그램에 의견을 보냈다.
よど 淀む	동 괴다, 흐르지 않다, 정체하다	かりゅう こうじ かわ みず よど 下流で工事をしていて川の水が淀んでいる。 하류에서 공사를 하고 있어서 강물이 고여 있다.
わきま 弁える	동 도리를 알다, 변별하다, 판별하다	じぶん たちば わきま こうどう きも 自分の立場を弁えて行動することをいつも肝に めい 銘じている。 자신의 분수를 알고 행동하는 것을 늘 명심하고 있다.
わ き 割り切る	동 딱 잘라 결론 짓다	ほんとう しごと わ き と 本当はしたくないが、仕事だと割り切って取り く 組んだ。 사실은 하고 싶지 않지만 업무라고 선을 긋고 착수했다.

형용사

어휘	의미	예문
いと 愛しい	イ 사랑스럽다	むすめ わたし なに いと そんざい 娘は、私にとって何よりも愛しい存在です。 딸은 나에게 있어 무엇보다도 사랑스러운 존재입니다.
うっとうしい	イ 우울하다, 성가시다, 짜증스럽다	つゆ じき しつど たか きぶん 梅雨の時期は湿度が高くて、うっとうしい気分に なる。 장마 시기에는 습도가 높아서 짜증스러운 기분이 된다.
き わる 決まり悪い	イ 쑥스럽다, 겸연쩍다	かれ き わる ひょうじょう はな だ 彼は決まり悪そうな表情で話し出した。 그는 겸연쩍은 표정으로 입을 뗐다.
き み わる 気味悪い	イ (어쩐지) 무섭다, 꺼림직하다	ごえ き き み わる どこからかカラスの鳴き声が聞こえてきて気味悪 かった。 어디에선가 까마귀가 우는 소리가 들려와서 꺼림직했다.
くすぐったい	イ 간지럽다, 겸연쩍다	いぬ くびもと うご 犬のしっぽが首元で動き、くすぐったかった。 개 꼬리가 목 언저리에서 움직여 간지러웠다.
けが 汚らわしい	イ 더럽다, 추잡스럽다, 역겹다	あくとくせいじ か けが かね う と 悪徳政治家の汚らわしい金を受け取ることはでき ない。 악덕 정치인의 더러운 돈을 받을 수는 없다.
すばしこい	イ 재빠르다, 날쌔다	ねこ に まわ つか 猫がすばしこく逃げ回って、まったく捕まえられ ない。 고양이가 재빠르게 도망다녀서 전혀 잡을 수가 없다.
て あつ 手厚い	イ 극진하다, 융숭하다	て あつ かんげい う かんげき 手厚い歓迎を受け、感激しております。 극진한 환영을 받고 감격하고 있습니다.
なに げ 何気ない	イ 아무렇지 않다, 무심하다	かれ なに げ ひとこと ふか きず 彼の何気ない一言に深く傷ついた。 그의 무심코 한 한마디에 깊이 상처받았다.
みっともない	イ 보기 흉하다, 꼴사납다, 창피하다	ひとまえ おお こえ けんか 人前で大きい声で喧嘩するとは、みっともないよ。 사람들 앞에서 큰 소리로 싸우다니 꼴사납잖아.

어휘	의미	예문
めまぐるしい	[イ] (변화가) 빠르다, 어지럽다	世界経済のめまぐるしい変化に対する対応が求められている。 세계 경제의 빠른 변화에 대한 대응이 요구되고 있다.
物足りない もの た	[イ] 뭔가 아쉽다, 어쩐지 섭섭하다, 부족하다	コンビニ弁当だけでは物足りなくて、パンを買ってきた。 편의점 도시락만으로는 조금 부족해서 빵을 사 왔다.
やるせない	[イ] 기분을 풀 길이 없다, 안타깝다, 처량하다	他に方法が思い浮かばず、やるせない思いだ。 달리 방법이 떠오르지 않아 안타까운 심정이다.
過酷 か こく	[ナ] 과혹, 지나치게 가혹함	新しい社長は過酷な労働環境の改善を約束した。 새로운 사장은 과혹한 노동 환경의 개선을 약속했다.
確固 かっ こ	[ナ] 확고	確固たる決意で、裁判官の道に進んだ。 확고한 결의로 재판관의 길로 나아갔다.
奇妙 き みょう	[ナ] [명] 기묘	日本には狐に関する奇妙な話がたくさんある。 일본에는 여우에 관한 기묘한 이야기가 많이 있다.
くたくた	[ナ] [부] 녹초가 됨, 후줄근해짐, 나른한 모양	納期が近いから、毎日くたくたになるまで働いている。 납기일이 가까워서 매일 녹초가 될 때까지 일하고 있다.
軽快 けいかい	[ナ] 경쾌	10年のブランクを感じさせない軽快なステップだった。 10년의 공백이 느껴지지 않는 경쾌한 스텝이었다.
しなやか	[ナ] 탄력이 있고 부드러운 모양, 낭창낭창함, 나긋나긋함	彼女のしなやかな踊りは一度見たら忘れられない。 그녀의 부드러운 춤은 한번 보면 잊을 수 없다.
迅速 じんそく	[ナ] [명] 신속	お客様のクレームには迅速に対応すべきだ。 고객의 클레임에는 신속하게 대응해야 한다.

430

어휘	의미	예문
たいそう 大層	ナ 부 훌륭함, 굉장함, 매우, 몹시	孫ができたことを伝えると、両親は大層喜んでくれた。 손주가 생겼다는 사실을 전하자 부모님은 매우 기뻐해 주었다.
ちめいてき 致命的	ナ 치명적	オーディションで致命的なミスをしてしまった。 오디션에서 치명적인 실수를 하고 말았다.
つうせつ 痛切	ナ 명 통절, 뼈에 사무침	一人暮らしを始めてから、親のありがたさを痛切に感じている。 자취를 시작하고 나서 부모님의 고마움을 뼈저리게 느끼고 있다.
のんき 呑気	ナ 명 태평함	彼は、今は呑気に暮らしているが、前は鬼コーチと呼ばれていたらしい。 그는 지금은 태평하게 살고 있지만 전에는 호랑이 코치라고 불렸다고 한다.
ひっきりなし	ナ 끊임없음	さっきから、ひっきりなしに電話がかかってくる。 아까부터 끊임없이 전화가 걸려 온다.
ひ 冷ややか	ナ 차가움, 냉담함, 쌀쌀함	担当者のあまりに冷ややかな態度に失望した。 담당자의 너무나도 냉담한 태도에 실망했다.
ふへんてき 普遍的	ナ 보편적	この問題には時代や地域性を超えた普遍的な見方が必要だ。 이 문제에는 시대나 지역성을 넘어선 보편적인 견해가 필요하다.
むやみやたら	ナ 명 무턱대고, 마구	今日は機嫌が悪く、むやみやたらに腹が立つ。 오늘은 기분이 나쁘고 그냥 마구 화가 난다.
ゆる 緩やか	ナ 완만한, 느릿함	駅前の緩やかな坂が、ある日階段に変わっていた。 역 앞의 완만한 비탈길이 어느 날 계단으로 바뀌어 있었다.
わず 僅か	ナ 부 조금, 약간	僅かな望みをかけて宝くじを買ってみた。 작은 희망을 걸고 복권을 사 보았다.

어휘	의미	예문
<ruby>悪<rt>あ</rt></ruby>しからず	부 언짢게 생각지 마시기를	<ruby>悪<rt>あ</rt></ruby>しからずご<ruby>了承<rt>りょうしょう</rt></ruby>ください。 부디 언짢게 생각하지 마시고 양해해 주시기 바랍니다.
あっさり(と)	부 する 산뜻하고 담백한 모양, 간단하게, 깨끗이	<ruby>揚<rt>あ</rt></ruby>げ<ruby>物<rt>もの</rt></ruby>にレモン<ruby>汁<rt>じる</rt></ruby>をかけると<ruby>味<rt>あじ</rt></ruby>があっさりするから<ruby>好<rt>す</rt></ruby>きです。 튀김에 레몬즙을 뿌리면 맛이 산뜻해서 좋아합니다.
あまねく	부 널리, 보편적으로, 골고루	<ruby>主役<rt>しゅやく</rt></ruby>を<ruby>務<rt>つと</rt></ruby>めた<ruby>俳優<rt>はいゆう</rt></ruby>は、<ruby>全国<rt>ぜんこく</rt></ruby>にあまねく<ruby>知<rt>し</rt></ruby>られることになった。 주역을 맡은 배우는 전국에 널리 알려지게 되었다.
<ruby>危<rt>あや</rt></ruby>うく	부 가까스로, 하마터면	<ruby>危<rt>あや</rt></ruby>うく<ruby>遅刻<rt>ちこく</rt></ruby>するところだった。 하마터면 지각할 뻔했다.
いかにも	부 정말이지, 자못, 어떻게든지, 아무리 생각해도	この<ruby>西洋風<rt>せいようふう</rt></ruby>の<ruby>家具<rt>かぐ</rt></ruby>は、いかにも<ruby>彼女<rt>かのじょ</rt></ruby>が<ruby>好<rt>す</rt></ruby>きそうだ。 이 서양풍의 가구는 정말이지 그녀가 좋아할 것 같다.
いささか	부 조금, 약간	この<ruby>仕事<rt>しごと</rt></ruby>を<ruby>新人<rt>しんじん</rt></ruby>に<ruby>任<rt>まか</rt></ruby>せるのは、いささか<ruby>不安<rt>ふあん</rt></ruby>だが<ruby>仕方<rt>しかた</rt></ruby>ない。 이 일을 신참에게 맡기는 것은 조금 불안하지만 어쩔 수 없다.
いずれ	부 어쨌든, 결국, 얼마 안 있어	いずれ<ruby>真実<rt>しんじつ</rt></ruby>を<ruby>知<rt>し</rt></ruby>る<ruby>時<rt>とき</rt></ruby>が<ruby>来<rt>く</rt></ruby>るだろう。 곧 진실을 알게 될 때가 올 것이다.
いずれにせよ	부 어느 쪽이든, 어쨌든, 어떻든	いずれにせよ、<ruby>発表会<rt>はっぴょうかい</rt></ruby>が<ruby>無事<rt>ぶじ</rt></ruby>に<ruby>終<rt>お</rt></ruby>わってよかった。 어쨌든 발표회가 무사히 끝나서 다행이다.
いずれも	부 어느 것이나, 모두	<ruby>並<rt>なら</rt></ruby>んでるパンがいずれもおいしそうで、どれを<ruby>買<rt>か</rt></ruby>うか<ruby>迷<rt>まよ</rt></ruby>ってしまう。 진열되어 있는 빵이 전부 맛있어 보여서 어느 것을 살지 망설이고 만다.
<ruby>依然<rt>いぜん</rt></ruby>として	부 여전히	この<ruby>曲<rt>きょく</rt></ruby>は<ruby>依然<rt>いぜん</rt></ruby>として<ruby>人気<rt>にんき</rt></ruby>が<ruby>続<rt>つづ</rt></ruby>いている。 이 곡은 여전히 인기가 계속되고 있다.

어휘	의미	예문
いっせい 一斉に	부 일제히	ガラスが割れる音がして、みんな一斉にカウンターを見た 유리가 깨지는 소리가 나서 모두 일제히 계산대를 보았다.
いっそう 一層	부 한층 더, 더욱더	より一層努力して参ります。 한층 더 노력해 나가겠습니다.
いったん 一旦	부 일단, 잠시	一旦落ち着いてゆっくり話しましょう。 일단 진정하고 천천히 이야기합시다.
いっぺん 一遍に	부 한꺼번에, 단번에, 동시에	3人で一遍にしゃべらないで、一人ずつ話して。 세 명이 한꺼번에 말하지 말고 한 명씩 이야기하렴.
いま 未だに	부 아직껏, 아직(까지)도	3週間前に転んでできた傷が未だに治らない。 3주일 전에 넘어져서 생긴 상처가 아직도 낫지 않는다.
いまひと 今一つ	부 하나 더, 아직 조금	おいしいけど、今一つ物足りない。 맛있지만 뭔가 좀 아쉽다.
いま 今や	부 이제는, 이미	彼は今や韓国を代表するサッカー選手だ。 그는 이제는 한국을 대표하는 축구 선수이다.
いよいよ	부 드디어, 점점	いよいよ明日から夏休みが始まる。 드디어 내일부터 여름 방학이 시작된다.
いわゆる	부 소위, 이른바	彼はいわゆる天才だ。 그는 소위 말하는 천재이다.
うっすら(と)	부 살짝, 엷게, 어렴풋이	今日は曇っているため、富士山はうっすらとしか見えない。 오늘은 날이 흐리기 때문에 후지산은 어렴풋이 밖에 보이지 않는다.
うっとり(と)	부 する 황홀한 모양, 멍한 모양	彼女はうっとりとした目で夜景を見ていた。 그녀는 황홀한 눈으로 야경을 보고 있었다.

어휘	의미	예문
おお 多かれ すく 少なかれ	🟦 많든 적든, 다소간	かいしゃ けいえい おお すく とも 会社の経営には多かれ少なかれリスクが伴うもの だ。 회사 경영에는 많든 적든 리스크가 뒤따르는 법이다.
かえって	🟦 도리어, 오히려	うんどう かえって からだ 運動しすぎるとかえって体によくないらしい。 운동을 너무 많이 하면 오히려 몸에 좋지 않은 듯 하다.
がさがさ(と)	🟦 🟩する 꺼칠꺼칠, 버석버석	となり へや なに ものおと 隣の部屋から、何かがさがさと物音がした。 옆방에서 뭔가 바스락거리는 소리가 났다.
がっくり(と)	🟦 🟩する 갑자기 꺾이는 모양, 푹, 축, 풀썩	しあい けっか き かんとく かた お 試合の結果を聞いた監督はがっくりと肩を落とし た。 시합 결과를 들은 감독은 (실망하여) 어깨를 축 늘어뜨렸다.
がっしり(と)	🟦 🟩する 튼튼하고 다부진 모양	かれ たいけい ちから つよ 彼はがっしりとした体形のわりに力が強くない。 그는 다부진 체형에 비해 힘이 세지 않다.
かれこれ	🟦 이러쿵저러쿵, 이래저래, 그럭저럭	かわしま ねん なか 川島さんとは、もうかれこれ20年の仲だ。 가와시마 씨와는 벌써 이래저래 20년 지기이다.
がんらい 元来	🟦 원래	うみ めん とし がんらいぼうえき りゅうつう ちゅうしんち 海に面したこの都市は元来貿易や流通の中心地 だった。 바다에 인접한 이 도시는 원래 무역이나 유통의 중심지였다.
きた 来る	🟩 오는, 다가오는	きた にちようび 来る日曜日は、いよいよファンクラブのイベント です。 다가오는 일요일은 드디어 팬클럽의 이벤트입니다.
ぐっと	🟦 단숨에 하는 모양, 확, 꾹, 감동을 받는 모양, 뭉클	まえ な なみだ みんなの前では泣きたくなかったので、涙をぐっと こらえた。 모두의 앞에서는 울고 싶지 않았기 때문에 눈물을 꾹 참았다. かれ こころづか き 彼の心遣いにぐっと来た。 그의 마음 배려에 뭉클했다.

어휘	의미	예문
ぐんぐん	부 부쩍부쩍, 쭉쭉	外国語は現地で習うと実力がぐんぐん伸びる。 외국어는 현지에서 배우면 실력이 쭉쭉 오른다.
さぞ(かし)	부 틀림없이, 필시	こんなに濡れて、さぞかし寒かっただろう。 이렇게 젖어서, 틀림없이 추웠겠구나.
ざっくり(と)	부 する 대략적으로, 대충	これまでの経緯をざっくり説明した。 지금까지의 경위를 대략적으로 설명했다.
さっさと	부 지체 없이, 빨리, 얼른	さっさと仕事を終わらせて、飲みに行きたい。 얼른 일을 끝내고 한잔 하러 가고 싶다.
早速 (さっそく)	부 즉시	早速ですが、会議を始めたいと思います。 거두절미하고 회의를 시작하려고 합니다.
更に (さらに)	부 더욱 더, 거듭	夜になって更に雨が激しく降ってきた。 밤이 되자 더욱 더 비가 세차게 내리기 시작했다.
徐々に (じょじょに)	부 서서히	一生懸命に頑張れば徐々に慣れていくはずです。 열심히 노력하면 서서히 익숙해져 갈 것입니다.
真に (しんに)	부 진실로, 참으로, 실로	真に子供たちの未来を願うなら、これ以上環境を破壊してはならない。 진정 아이들의 미래를 생각한다면 이 이상 환경을 파괴해서는 안 된다.
すかさず	부 곧, 즉각, 빈틈없이	彼は分からないことがあったらすかさず質問する。 그는 스스로 모르는 것이 있으면 바로 질문한다.
進んで (すすんで)	부 스스로 나서서, 자진하여	彼は自ら進んで仕事をして、頼りになる。 그는 자진하여 일을 해서 의지가 된다.
そこそこ	부 그럭저럭, ~안팎, ~정도	学生の頃はそこそこもてた。 학창 시절에는 그럭저럭 인기가 있었다.

어휘	의미	예문
たかが	부 기껏해야, 고작	たかが1万円の借金のため、給料が差し押さえられた。 고작 만 엔의 빚 때문에 월급을 압류당했다.
たちまち	부 금세, 순식간에, 갑자기	合併するという噂はたちまち会社中に広まった。 합병한다는 소문은 금세 회사 전체로 퍼졌다.
ちらちら(と)	부 する 흘끔흘끔, 팔랑팔랑	時間が気になるのかさっきからスマホをちらちら見ている。 시간이 신경 쓰이는 건지 아까부터 스마트폰을 흘끔흘끔 보고 있다.
てんで	부 처음부터, 전혀, 아예 (부정 수반)	今日は仕事でミスばかりして、てんで駄目な一日だった。 오늘은 업무에서 실수만 하고, 전혀 되는 일이 없는 하루였다.
堂々と	부 당당히	彼女は人の前で堂々と自分の意見を述べた。 그녀는 사람들 앞에서 당당하게 자신의 의견을 말했다.
ともすれば	부 자칫, 걸핏하면	華やかな舞台を陰で支える人たちの苦労をともすれば忘れがちだ。 화려한 무대를 뒤에서 받쳐 주는 사람들의 고생을 자칫 잊기 쉽다.
どろどろ(と)	부 ナ する 질척질척, 흐물흐물	火口から溶岩がどろどろ流れてくる。 분화구에서 용암이 질척질척 흘러 나온다.
何しろ	부 어쨌든, 여하튼, 아무튼	何しろ今日中にこの仕事を終わらせたい。 어쨌든 오늘 중으로 이 일을 끝내고 싶다.
何でもかんでも	부 무엇이든지, 모두	このフリーマーケットでは何でもかんでも売っている。 이 플리 마켓에서는 무엇이든 팔고 있다.
はきはき(と)	부 する 활발하고 똑똑한 모양, 또박또박	先生の質問にはきはきと答えましょう。 선생님의 질문에 또박또박 대답합시다.

어휘	의미	예문
はたまた	부 혹은, 또는, 아니면	今度こそ成功するのか、はたまた失敗してしまうのか。 이번에야말로 성공할 것인가, 아니면 실패하고 말 것인가.
はっと	부 する 문득, 퍼뜩	居眠りしていたが名前を呼ばれてはっと目が覚めた。 졸고 있었는데 이름을 불려서 퍼뜩 눈이 뜨였다.
ぱっと	부 する 일시에 사방으로 퍼지는 모양, 쫙, 확	いいアイデアが頭の中にぱっと浮かんだ。 좋은 아이디어가 머릿속에 확 떠올랐다.
ひいては	부 나아가서는	自分の健康、ひいては家族のために食事に気をつけている。 자신의 건강, 나아가 가족을 위해 식사에 신경을 쓰고 있다.
ひっそり(と)	부 する 눈에 띄지 않는 모양, 조용히	その俳優は引退した後、田舎でひっそりと暮らしているそうだ。 그 배우는 은퇴한 후 시골에서 조용히 살고 있다고 한다.
ぶらっと	부 불쑥	通りがけにぶらっとカフェに入った。 지나가던 길에 불쑥 카페에 들어갔다.
奮って	부 분발해서, 자진해서, 기운을 내서	只今キャンペーン中ですから、奮ってご応募ください。 지금 캠페인중이니까 적극적으로 응모해 주세요.
下手をすると	부 자칫하면, 잘못하면	下手をすると、今までの努力が台無しになるかもしれない。 잘못하면 지금까지의 노력이 헛수고가 될 지도 모른다.
ぽかぽか(と)	부 する 따끈따끈	熱い鍋料理を食べたので、体がぽかぽかしている。 뜨거운 전골 요리를 먹어서 몸이 따끈따끈하다.
ほっそり(と)	부 する 홀쭉한 모양, 호리호리	首の部分がほっそりした花瓶に一輪の花を活けました。 목 부분이 홀쭉한 꽃병에 한 송이 꽃을 꽂았습니다.

어휘	의미	예문
ぼつぼつ(と)	甼 슬슬, 조금씩	時間になったからぼつぼつ始めましょうか。 시간이 되었으니 슬슬 시작할까요?
まごまご(と)	甼 する 우물쭈물	入口が分からずまごまごしていたら親切な人が教えてくれた。 입구를 몰라서 우물쭈물하고 있었더니 친절한 사람이 가르쳐 주었다.
益々 ますます	甼 더욱 더	台風が接近するにつれて風雨が益々強くなっていった。 태풍이 접근함에 따라 비바람이 더욱 더 거세져 갔다.
まんざら	甼 반드시, 아주, 전혀	彼は代表に選ばれると、まんざらでもない顔をした。 그는 대표로 뽑히자 마냥 싫지만은 않은 듯한 얼굴을 했다.
むしろ	甼 차라리, 오히려, 도리어	今日の天気は涼しいというよりむしろ寒い。 오늘 날씨는 시원하다기보다 오히려 춥다.
やみくもに	甼 닥치는대로, 무작정, 마구	地震の後、やみくもに外に出るとかえって危険な場合がある。 지진 후에 무작정 밖으로 나가면 오히려 위험한 경우가 있다.
ようやく	甼 겨우, 간신히	長かった梅雨もようやく明けて夏空が広がった。 길었던 장마도 겨우 끝나고 여름 하늘이 펼쳐졌다.
よほど	甼 상당히, 대단히, 꽤, 어지간히	彼女があんなに喜ぶなんて、よほど嬉しかったに違いない。 그녀가 저렇게 좋아하다니, 어지간히 기뻤던 게 분명하다.

한자 읽기

어휘	의미	어휘	의미
<ruby>値<rt>あたい</rt></ruby>する	가치가 있다	<ruby>改革<rt>かいかく</rt></ruby>	개혁
<ruby>跡地<rt>あとち</rt></ruby>	철거지	<ruby>回顧<rt>かいこ</rt></ruby>	회고, 회상
<ruby>侮<rt>あなど</rt></ruby>る	깔보다, 얕보다	<ruby>開拓<rt>かいたく</rt></ruby>	개척
<ruby>粗<rt>あら</rt></ruby>い	거칠다	<ruby>概略<rt>がいりゃく</rt></ruby>	대략, 개요
<ruby>淡<rt>あわ</rt></ruby>い	옅다, 희미하다	<ruby>画一的<rt>かくいつてき</rt></ruby>	획일적
<ruby>遺憾<rt>いかん</rt></ruby>	유감	<ruby>賢<rt>かしこ</rt></ruby>い	현명하다
<ruby>憤<rt>いきどお</rt></ruby>り	분노, 분개	<ruby>偏<rt>かたよ</rt></ruby>る	기울다, 치우치다
<ruby>憩<rt>いこ</rt></ruby>い	휴식	<ruby>偏<rt>かたよ</rt></ruby>り	치우침, 편중
<ruby>潔<rt>いさぎよ</rt></ruby>い	깨끗하다, 떳떳하다	<ruby>合併<rt>がっぺい</rt></ruby>	합병
<ruby>偽<rt>いつわ</rt></ruby>り	거짓말, 허구	<ruby>干渉<rt>かんしょう</rt></ruby>	간섭
<ruby>否<rt>いな</rt></ruby>む	거절하다, 부정하다	<ruby>肝心<rt>かんじん</rt></ruby>	매우 중요함
<ruby>戒<rt>いまし</rt></ruby>める	경고하다, 훈계하다, 금하다, 제지하다	<ruby>鑑定<rt>かんてい</rt></ruby>	감정
<ruby>促<rt>うなが</rt></ruby>す	재촉하다, 촉진하다	<ruby>監督<rt>かんとく</rt></ruby>	감독
<ruby>潤<rt>うるお</rt></ruby>う	축축해지다, 윤택해지다	<ruby>緩和<rt>かんわ</rt></ruby>	완화
<ruby>潤<rt>うるお</rt></ruby>す	윤택하게 하다, 축이다	<ruby>兆<rt>きざ</rt></ruby>し	조짐, 징조
<ruby>閲覧<rt>えつらん</rt></ruby>	열람	<ruby>軌跡<rt>きせき</rt></ruby>	궤적
<ruby>怠<rt>おこた</rt></ruby>る	게을리하다	<ruby>丘陵<rt>きゅうりょう</rt></ruby>	구릉, 언덕
<ruby>愚<rt>おろ</rt></ruby>かだ	어리석다	<ruby>凝縮<rt>ぎょうしゅく</rt></ruby>	응축
<ruby>恩恵<rt>おんけい</rt></ruby>	은혜	<ruby>驚嘆<rt>きょうたん</rt></ruby>	경탄, 놀람

어휘	의미
きわ 極めて	지극히
きんぱく 緊迫	긴박
くず 崩れる	무너지다
くだ 砕ける	부서지다
くつがえ 覆す	뒤엎다
ぐんしゅう 群衆	군중
けいしゃ 傾斜	경사
けいそつ 軽率	경솔
けいやく 契約	계약
けん お かん 嫌悪感	혐오감
げんせい 厳正	엄정, 엄격하고 공정함
けんちょ 顕著	현저
ごうかい 豪快	호쾌
こうけん 貢献	공헌
こうみょう 巧妙	교묘
こうりょ 考慮	고려
こ かつ 枯渇	고갈
こくふく 克服	극복
こくめい 克明	극명
ここち 心地よい	기분이 상쾌하다, 쾌적하다

어휘	의미
こころづか 心遣い	마음 씀씀이, 배려
こ ちょう 誇張	과장
こば 拒む	거부하다, 저지하다
こわ 壊す	파괴하다, 부수다, 망가뜨리다
こんきょ 根拠	근거
さい む 債務	채무
さし ず 指図	지시
さっかく 錯覚	착각
さっきん 殺菌	살균
さと 諭す	타이르다, 깨닫게 하다
じ しゅく 自粛	자숙
した 慕う	따르다, 뒤를 좇다, 그리워하다
し 締める	죄다, (바싹) 조르다
しゅうちゃく 執着	집착
しゅ し 趣旨	취지
じゅみょう 寿命	수명
じゅもく 樹木	수목
じゅよう 需要	수요
しょうだく 承諾	승낙
しんこう 振興	진흥

어휘	의미	어휘	의미
じんみゃく 人脈	인맥	ちゅうこく 忠告	충고
すいこう 遂行	수행	ちゅうすう 中枢	중추
ずいじ 随時	수시, 그때그때	ちんか 沈下	침하, 가라앉음
すいり 推理	추리	ちんれつ 陳列	진열
す 透ける	비치다	つい 費やす	소비하다, 쓰다
すこ 健やかだ	건강하다, 건전하다	つの 募る	점점 심해지다, 모으다
すじみち 筋道	사리, 도리, 절차	つらぬ 貫く	관철하다
すた 廃れる	쇠퇴하다	てうす 手薄	일손이 적음, 허술함
せいやくしょ 誓約書	청약서, 서약서	てぎわ 手際	솜씨, 재주
せじょう 施錠	자물쇠를 채움	てんぷ 添付	첨부
ぜっきょう 絶叫	절규	とうしゅう 踏襲	답습
せんぷく 潜伏	잠복	とうと 尊い	고귀하다, 소중하다
そうぜん 騒然	시끄러운 모양, 소란스러움	とくそく 督促	독촉
そうば 相場	시세	とどこお 滞る	정체되다, 막히다
そち 措置	조치	とな 唱える	외치다, 주창하다
たき 多岐	여러 갈래, 다방면	なぐさ 慰める	위로하다
たく 託す	맡기다	にちや 日夜	밤낮, 항상
たくわ 蓄える	비축하다, 모으다	にぶ 鈍る	둔해지다
ただよ 漂う	떠돌다, 감돌다	にょじつ 如実に	여실히
ちつじょ 秩序	질서	にんたい 忍耐	인내
ちゆ 治癒	치유	ねば 粘る	끈덕지게 버티다, 달라붙다

어휘	의미
ね 練る	(계획을) 짜다, 반죽하다
ねんまく 粘膜	점막
のが 逃れる	달아나다, 벗어나다
のぞ 臨む	임하다, 당면하다
は あく 把握	파악
はい ご 背後	배후
は 映える	빛나다, 비치다
ばくぜん 漠然	막연
ばく ろ 暴露	폭로
はげ 励む	힘쓰다, 열중하다
は せい 派生	파생
は そん 破損	파손
はなばな 華々しい	화려하다
はな 華やかだ	화려하다
はば 阻む	방해하다, 저지하다, 막다
はんじょう 繁盛	번성
はんしょく 繁殖	번식
ばんそう 伴奏	반주
ひ ろう 披露	피로, 선보임
ひん ぷ 貧富	빈부
ふっこう 復興	부흥

어휘	의미
ふ はい 腐敗	부패
へい さ 閉鎖	폐쇄
へんせん 変遷	변천
ぼうだい 膨大	방대
ほう ふ 抱負	포부
ほが 朗らかだ	명랑하다, 쾌활하다
ほんすじ 本筋	본론
ほんぽう 奔放	분방
まかな 賄う	조달하다, 식사를 제공하다
む じゅん 矛盾	모순
めい よ 名誉	명예
めぐ 巡り	순회
もう ら 網羅	망라
もうれつ 猛烈	맹렬
やくしん 躍進	약진
ゆいしょ 由緒	유서, 내력
ゆうかん 勇敢	용감
り えき 利益	이익
りょうしょう 了承	양해, 납득
り れき 履歴	이력
わく 枠	테두리, 틀

442

문맥 규정

어휘	의미	어휘	의미
<ruby>愛着<rt>あいちゃく</rt></ruby>	애착	<ruby>大筋<rt>おおすじ</rt></ruby>	대략, 요점
アウトライン	아웃라인, 윤곽, 개요	<ruby>大らかな<rt>おお</rt></ruby>	느긋하고 대범한
<ruby>足止め<rt>あしど</rt></ruby>	못 가게 말림, 붙잡음	おびただしい	엄청나다
<ruby>足手まとい<rt>あしで</rt></ruby>	거치적거림, 방해, 짐	<ruby>及ぼす<rt>およ</rt></ruby>	(영향을) 끼치다
<ruby>危ぶむ<rt>あや</rt></ruby>	염려하다, 의심하다	<ruby>快挙<rt>かいきょ</rt></ruby>	쾌거
<ruby>言い張る<rt>い は</rt></ruby>	우기다	<ruby>解除<rt>かいじょ</rt></ruby>	해제
<ruby>行き届く<rt>い とど</rt></ruby>	(주의가) 구석까지 미치다, 빈틈이 없다	<ruby>会心<rt>かいしん</rt></ruby>	회심(마음에 듦)
<ruby>異色<rt>いしょく</rt></ruby>	이색	<ruby>改訂版<rt>かいていばん</rt></ruby>	개정판
<ruby>一任<rt>いちにん</rt></ruby>	일임	<ruby>該当<rt>がいとう</rt></ruby>	해당
<ruby>一環<rt>いっかん</rt></ruby>	일환	<ruby>掲げる<rt>かか</rt></ruby>	내걸다, 내세우다
<ruby>逸材<rt>いつざい</rt></ruby>	뛰어난 인재	<ruby>可決<rt>かけつ</rt></ruby>	가결
<ruby>一掃<rt>いっそう</rt></ruby>	일소, 모조리 없앰	<ruby>駆けつける<rt>か</rt></ruby>	급히 달려가(오)다
<ruby>逸脱<rt>いつだつ</rt></ruby>	일탈	<ruby>加工<rt>かこう</rt></ruby>	가공
いとも	매우, 아주	<ruby>稼働<rt>かどう</rt></ruby>	가동
ウェイト	무게, 중량	がやがや	왁자지껄
うずうず	좀이 쑤시는 모양, 근질근질	がらりと	갑자기 변하는 모양, 싹, 확
<ruby>腕前<rt>うでまえ</rt></ruby>	솜씨	<ruby>完結<rt>かんけつ</rt></ruby>	완결
<ruby>円滑<rt>えんかつ</rt></ruby>	원활	<ruby>還元<rt>かんげん</rt></ruby>	환원
<ruby>旺盛<rt>おうせい</rt></ruby>	왕성	<ruby>鑑定<rt>かんてい</rt></ruby>	감정

어휘	의미	어휘	의미
き 気がかり	마음에 걸림, 걱정	けい い 経緯	경위
ぎくしゃく	순조롭거나 원활하지 못한 모양	けいかい 軽快	경쾌
き さわ 気に障る	거슬리다	けいれき 経歴	경력
き ばん 基盤	기반	けっせい 結成	결성
き ふく 起伏	기복	けっそく 結束	결속
きゃっ か 却下	각하, 기각	げんきゅう 言及	언급
キャリア	커리어, 경력	けんじつ 堅実	견실
きゅうきょ 急遽	급거, 갑작스럽게, 허둥지둥	ごうい 合意	합의
き よ 寄与	기여	こうさく 交錯	교착
き よう 起用	기용	こころぼそ 心細い	불안하다
きょうくん 教訓	교훈	こころよ 快い	상쾌하다, 기분 좋다
きょうこう 強硬に	강경하게	こじれる	악화되다, 뒤틀리다
きょうせい 強制	강제	コンスタント	일정함, 꾸준함
き だ 切り出す	(말을) 꺼내다	こんてい 根底	근저, 토대
きんもつ 禁物	금물	サイクル	사이클, 순환
く こ 食い込む	파고들다, 파먹다	ざいこ 在庫	재고
く と 食い止める	막다, 저지하다	さっ ち 察知する	알아차리다
く し 駆使	구사	し 強いて	억지로, 굳이
くよくよ	고민하는 모양, 끙끙	シェア	셰어, 시장 점유율
クレーム	클레임, 불만, 이의 제기	し しょう 支障	지장

어휘	의미	어휘	의미
じつじょう 実情	실정(실제 사정)	ぜったい 絶対だ	절대적이다
し 染みる	스며들다	センサー	센서
じめじめ	축축, 끈적끈적	センス	센스
しゃだん 遮断	차단	そうだい 壮大	장대, 웅장
じゅうじ 従事	종사	そわそわ	안절부절
しゅうふく 修復	수복, 복원	そんぞく 存続	존속
じゅくち 熟知	숙지	たかくてき 多角的	다각적
じょちょう 助長	조장, 부추김	だきょう 妥協	타협
じりつ 自立	자립	だしん 打診	타진
しわざ	소행, 짓	たた 称える	칭찬하다, 찬양하다, 기리다
すいい 推移	추이	た か 立て替える	(대금을) 대신 치르다
すく 掬う	떠내다, 건져 올리다	たどる	더듬다, 더듬어 찾다
すさ 凄まじい	무섭다, 대단하다	ためらう	망설이다, 주저하다
ずっしりと	묵직한 모양, 중후하게	ちゅうさい 仲裁	중재
ストック	재고, 비축	ちゅうじつ 忠実	충실
すべすべ	매끈매끈	ちょくめん 直面	직면
すんなり	수월하게, 매끈하게	つ 尽くす	다하다, 애쓰다
せいだい 盛大	성대	つくづく	곰곰이, 절실히
せいりょくてき 精力的	정력적	つよ 強み	강점, 장점
せかせかと	후다닥, 성급하게	てきおう 適応	적응

어휘	의미
てきぱきと	일을 막힘없이 해내는 모양, 척척
<ruby>撤去<rt>てっきょ</rt></ruby>	철거
てっきり	틀림없이, 꼭
<ruby>手配<rt>てはい</rt></ruby>	수배, 준비, 배치
<ruby>当<rt>とう</rt></ruby>	당~, 해당~, 저희~
<ruby>踏襲<rt>とうしゅう</rt></ruby>	답습
とっさに	순간적으로, 즉시
<ruby>取<rt>と</rt></ruby>り<ruby>次<rt>つ</rt></ruby>ぐ	(의사 · 용건을) 전달하다
<ruby>取<rt>と</rt></ruby>り<ruby>戻<rt>もど</rt></ruby>す	회복하다, 되찾다
とりわけ	특히, 유난히
どんより	날씨가 흐린 모양, 어두침침
なだめる	달래다
<ruby>難航<rt>なんこう</rt></ruby>	난항
<ruby>荷<rt>に</rt></ruby>が<ruby>重<rt>おも</rt></ruby>い	책임이 무겁다
<ruby>滲<rt>にじ</rt></ruby>む	번지다, 스미다
<ruby>担<rt>にな</rt></ruby>う	메다, 짊어지다, (책임을) 지다
ニュアンス	뉘앙스
ネック	목, 난관, 애로
<ruby>練<rt>ね</rt></ruby>る	(계획을) 짜다, 반죽하다
<ruby>念願<rt>ねんがん</rt></ruby>	염원, 소원

어휘	의미
ノウハウ	노하우
ノルマ	할당량, 기준량
<ruby>派<rt>は</rt></ruby>	파(파벌)
ハードル	허들, 장애물, 진입 장벽
<ruby>背景<rt>はいけい</rt></ruby>	배경
<ruby>弾<rt>はじ</rt></ruby>く	튀기다, 튕기다
<ruby>弾<rt>はず</rt></ruby>む	튀다, 기세가 오르다, 활기를 띠다
<ruby>発覚<rt>はっかく</rt></ruby>	발각
<ruby>発散<rt>はっさん</rt></ruby>	발산
<ruby>抜粋<rt>ばっすい</rt></ruby>	발췌
<ruby>幅広<rt>はばひろ</rt></ruby>い	폭넓다
<ruby>張<rt>は</rt></ruby>り<ruby>合<rt>あ</rt></ruby>う	겨루다, 경쟁하다
ひしひしと	강하게 느끼는 모양, 바싹바싹
<ruby>人出<rt>ひとで</rt></ruby>	인파
<ruby>非<rt>ひ</rt></ruby>はない	잘못은 없다
<ruby>表明<rt>ひょうめい</rt></ruby>	표명
ピント	핀트, 초점
<ruby>頻繁<rt>ひんぱん</rt></ruby>	빈번
<ruby>風習<rt>ふうしゅう</rt></ruby>	풍습
フォロー	보조, 지원

어휘	의미
払拭 (ふっしょく)	불식
不備 (ふび)	불비, 충분히 갖추지 않음
並行 (へいこう)	병행
へとへと	지쳐서 힘이 없는 모양
返上 (へんじょう)	반려, 반납
報じる (ほう)	알리다, 보도하다
ほぐれる	풀리다, 누그러지다
保護 (ほご)	보호
施す (ほどこ)	베풀다, 시행하다
本音 (ほんね)	본심
紛らわしい (まぎ)	혼동하기 쉽다
紛れる (まぎ)	헷갈리다
まちまち	각기 다름
まみれ	투성이
見返り (みかえ)	보답, 보상
見かける (み)	눈에 띄다, 언뜻 보다
みっしり	착실히, 열심히, 빼곡히
無性に (むしょう)	까닭 없이, 공연히, 몹시
無謀 (むぼう)	무모
めきめき	눈에 띄게, 무럭무럭

어휘	의미
目先 (めさき)	눈앞, 현재
メディア	미디어, 매체
綿密 (めんみつ)	면밀
猛反対 (もうはんたい)	맹렬한 반대
もっぱら	오로지, 온통
もどかしい	안타깝다, 답답하다
催す (もよお)	개최하다
和らぐ (やわ)	누그러지다
やんわり	부드럽게, 완곡하게
揺らぐ (ゆ)	흔들리다
予断 (よだん)	예단, 예측
余波 (よは)	여파
蘇る (よみがえ)	되살아나다, 소생하다
リスク	리스크, 위험
リストアップ	리스트 업, 나열
流出 (りゅうしゅつ)	유출
歴史上 (れきしじょう)	역사상
歴然 (れきぜん)	역력, 분명함

あっけない 맥없다, 싱겁다	≒ 意外につまらない 의외로 재미없다
あどけない 천진난만하다	≒ 無邪気だ 천진하다, 순진하다
予め 미리, 사전에	≒ 事前に 사전에
ありありと 생생히, 역력히	≒ はっきり 분명하게, 확실히
ありきたりの 흔한, 평범한	≒ ありふれた 어디에나 있는, 흔한 平凡な 평범한
安堵する 안도하다, 안심하다	≒ ほっとする 한숨 놓다, 안심하다
案の定 예상대로	≒ やはり 역시
意気込み 적극적인 마음가짐, 기세, 의욕	≒ 意欲 의욕
委託する 위탁하다	≒ 任せる 맡기다
いたって 지극히, 대단히	≒ 非常に 매우, 대단히
糸口 실마리, 단서	≒ ヒント 힌트 手がかり 실마리
嫌み 남에게 불쾌감을 주는 말이나 행동	≒ 皮肉 빈정거림, 비꼼
異例 이례, 전례가 없음	≒ 珍しい 드물다
請け負う 청부받다, 책임지고 맡다	≒ 引き受ける 책임지고 맡다, 떠맡다
うすうす 어렴풋이, 희미하게	≒ なんとなく 왠지 모르게, 어쩐지

打ち込む 열중하다, 몰두하다	≒ 熱中する 열중하다 熱心に取り組む 열심히 몰두하다
うなだれる 고개를 떨구다, 머리를 숙이다	≒ 下を向く 아래를 보다
うやむやに 흐지부지	≒ あいまい 애매함
裏づけ 뒷받침, 증거	≒ 証拠 증거
うろたえる 당황하다	≒ 慌てる 당황하다
エキスパート 전문가, 숙련자	≒ 専門家 전문가
エレガントだ 우아하다	≒ 上品だ 고상하다
おおむね 대체로, 대강	≒ だいたい 대체로, 대강
おっくうだ 귀찮다, 성가시다	≒ 面倒だ 귀찮다 厄介だ 귀찮다, 성가시다 煩わしい 번거롭다, 귀찮다
お手上げだ 어찌할 도리가 없다, 속수무책이다	≒ どうしようもない 어찌할 도리가 없다
自ずと 저절로, 자연히, 스스로	≒ 自然に 자연스럽게
怯える 무서워하다, 겁내다	≒ 怖がる 무서워하다
疎かに 소홀하게	≒ いいかげんに 적당하게
お詫びする 사죄하다, 사과하다	≒ 謝る 사과하다, 사죄하다
温和だ 온화하다	≒ 穏やかだ 온화하다, 평온하다

かいそう 回想する 회상하다	≒	おも かえ 思い返す 다시 생각하다
かくう 架空 가공	≒	そうぞう 想像 상상
かくだん 格段に 현격히, 크게 차이가 나는	≒	おおはば 大幅に 큰 폭으로
かぜあた 風当り 비난, 공격	≒	ひ はん 批判 비판
かたく 頑なだ 완고하다, 고집이 세다	≒	がん こ 頑固だ 완고하다
かっ き てき 画期的だ 획기적이다	≒	いま あたら 今までにない新しい 지금껏 없이 새롭다
かねがね 전부터, 이미	≒	い ぜん 以前から 이전부터
か もく 寡黙だ 과묵하다	≒	くちかず すく 口数が少ない 말수가 적다
かろうじて 겨우, 간신히	≒	なん 何とか 그럭저럭, 간신히
かんじん 肝心だ 매우 중요하다, 긴요하다	≒	じゅうよう 重要だ 중요하다
かん そ 簡素だ 간소하다	≒	シンプルだ 심플하다, 단순하다
き 気がかり 걱정, 근심	≒	しんぱい 心配 걱정
きっこう 拮抗 길항, 서로 맞섬, 팽팽함	≒	さ 差がない 차이가 없다
き 気ままだ 제멋대로이다, 기분이 내키는 대로이다	≒	じ ゆう 自由だ 자유롭다
き よ 寄与 기여	≒	こうけん 貢献 공헌
ぎょう し 凝視する 응시하다	≒	み じっと見る 가만히 보다

450

ぎょうてん 仰天する 깜짝 놀라다, 기겁하다	≒	とても驚く 매우 놀라다
きょくりょく 極力 극력(힘껏), 최대한	≒	できるだけ 할 수 있는 한 できる限り 가능한 한
ぎんみ 吟味 음미, 내용을 느끼고 생각함	≒	けんとう 検討 검토, 내용을 분석함
くつろぐ 편히 지내다(쉬다), 유유자적하다	≒	ゆっくりする 천천히 하다, 느긋하게 하다
くめん 工面する 마련하다	≒	ようい 用意する 준비하다
クレーム 클레임, 불평, 불만	≒	くじょう 苦情 불평, 불만
けな 貶される 흉잡히다, 비난 당하다	≒	わる い 悪く言われる 나쁜 말(험담)을 듣다
けねん 懸念 괘념, 근심	≒	しんぱい 心配 걱정
こい 故意に 고의로, 일부러	≒	わざと 일부러
ごかく 互角だ 막상막하이다	≒	だいたいおな 大体同じだ 거의 같다
こくめい 克明に 극명하게, 세밀하게 주의를 기울여서	≒	くわ ていねい 詳しく丁寧に 세세하게 공을 들여서
こちょう 誇張して 과장해서	≒	おお 大げさに 과장되게
ことごとく 모조리	≒	すべ 全て 전부
コントラスト 콘트라스트, 대비	≒	たいひ 対比 대비
コンパクト 콤팩트, 작지만 실속 있음	≒	こがた 小型 소형
ささい 些細 사소함, 시시함	≒	ちい 小さい 작다

<ruby>錯<rt>さっ</rt>覚<rt>かく</rt></ruby> 착각	≒ <ruby>勘<rt>かん</rt>違<rt>ちが</rt></ruby>い 착각
<ruby>雑<rt>ざっ</rt>踏<rt>とう</rt></ruby> 혼잡, 붐빔	≒ <ruby>人<rt>ひと</rt>込<rt>ご</rt></ruby>み 붐빔, 북적임
<ruby>殺<rt>さっ</rt>到<rt>とう</rt></ruby>する 쇄도하다	≒ <ruby>一<rt>いち</rt>度<rt>ど</rt></ruby>に<ruby>大<rt>おお</rt>勢<rt>ぜい</rt></ruby><ruby>来<rt>く</rt></ruby>る 한 번에 여럿이 오다
<ruby>仕<rt>し</rt>上<rt>あ</rt></ruby>がる 완성되다	≒ <ruby>完<rt>かん</rt>成<rt>せい</rt></ruby>する 완성하다
しきたり 관습, 관례	≒ <ruby>慣<rt>かん</rt>習<rt>しゅう</rt></ruby> 관습
しきりに 자주, 끊임없이	≒ <ruby>何<rt>なん</rt>度<rt>ど</rt></ruby>も 몇 번이나, 누누이
しくじる 실패하다, 실수하다	≒ <ruby>失<rt>しっ</rt>敗<rt>ぱい</rt></ruby>する 실패하다
<ruby>自<rt>じ</rt>尊<rt>そん</rt>心<rt>しん</rt></ruby> 자존심	≒ プライド 프라이드, 자존심
シビアだ 엄격하다, 혹독하다	≒ <ruby>厳<rt>きび</rt></ruby>しい 엄격하다, 지독하다
<ruby>渋<rt>しぶ</rt></ruby>る 주저하다	≒ なかなか<ruby>返<rt>へん</rt>事<rt>じ</rt></ruby>をしようとしない 좀처럼 답을 하려고 하지 않다
<ruby>尺<rt>しゃく</rt>度<rt>ど</rt></ruby> 척도, 기준	≒ <ruby>基<rt>き</rt>準<rt>じゅん</rt></ruby> 기준
<ruby>若<rt>じゃっ</rt>干<rt>かん</rt></ruby> 약간	≒ いくつか 몇 개인가 わずかに 겨우, 불과
<ruby>従<rt>じゅう</rt>来<rt>らい</rt></ruby> 종래	≒ これまで 지금까지
<ruby>出<rt>しゅつ</rt>馬<rt>ば</rt></ruby> 출마	≒ <ruby>選<rt>せん</rt>挙<rt>きょ</rt></ruby>に<ruby>出<rt>で</rt></ruby>る 선거에 나가다
<ruby>手<rt>しゅ</rt>腕<rt>わん</rt></ruby> 수완	≒ <ruby>能<rt>のう</rt>力<rt>りょく</rt></ruby> 능력
<ruby>照<rt>しょう</rt>会<rt>かい</rt></ruby>する 조회하다	≒ <ruby>問<rt>と</rt></ruby>い<ruby>合<rt>あ</rt></ruby>わせる 조회하다, 문의하다

触発 촉발, 감정·충동이 일어남	≒	刺激 자극
助言 조언	≒	アドバイス 어드바이스, 충고, 조언
進呈する 진상하다, 드리다	≒	さしあげる 드리다
辛抱する 참고 견디다	≒	我慢する 참다
清々しい 상쾌하다	≒	爽やかだ 상쾌하다
スケール 스케일, 규모	≒	規模 규모
ストレートに 솔직하게, 단도직입적으로	≒	率直に 솔직하게
すべ 방법, 수단	≒	手立て 구체적인 방법, 수단 方法 방법
スポット 스폿, 장소, 지점	≒	場所 장소
速やかに 조속히, 신속히	≒	できるだけ早く 되도록 빨리
スライスする 얇게 썰다, 슬라이스하다	≒	薄く切る 얇게 자르다
ずれ込む 기한을 넘게 되다	≒	遅くなる 늦어지다
急かす 재촉하다	≒	急がせる 서두르게 하다
絶賛する 절찬하다	≒	非常に素晴らしいとほめる 매우 훌륭하다고 칭찬하다
先方 상대방	≒	相手 상대
ぞんざいだ 일을 소홀히 하다, 거칠다	≒	雑だ 조잡하다, 엉성하다

<ruby>打撃<rt>だげき</rt></ruby> 타격	≒	ダメージ 대미지, 충격
<ruby>端的<rt>たんてき</rt></ruby>に 단적으로	≒	<ruby>明白<rt>めいはく</rt></ruby>に 명백하게
<ruby>断念<rt>だんねん</rt></ruby>する 단념하다	≒	<ruby>諦<rt>あきら</rt></ruby>める 포기하다
<ruby>丹念<rt>たんねん</rt></ruby>に 정성껏, 공들여	≒	じっくりと 꼼꼼하게, 차분하게
<ruby>調達<rt>ちょうたつ</rt></ruby> 조달	≒	<ruby>用意<rt>ようい</rt></ruby> 준비
<ruby>重宝<rt>ちょうほう</rt></ruby>する 유용하고 편리하다	≒	<ruby>便利<rt>べんり</rt></ruby>で<ruby>役<rt>やく</rt></ruby>に<ruby>立<rt>た</rt></ruby>つ 편리해서 도움이 되다
つかの<ruby>間<rt>ま</rt></ruby> 잠깐 동안, 순간	≒	<ruby>短<rt>みじか</rt></ruby>い 짧다
つぶさに 자세히, 구체적으로	≒	<ruby>詳細<rt>しょうさい</rt></ruby>に 상세하게
つぶやく 중얼거리다	≒	<ruby>小<rt>ちい</rt></ruby>さな<ruby>声<rt>こえ</rt></ruby>で<ruby>言<rt>い</rt></ruby>う 작은 소리로 말하다
てきぱきと 일 처리가 확실하여 시원시원한 모양, 재깍재깍	≒	<ruby>早<rt>はや</rt></ruby>く<ruby>正確<rt>せいかく</rt></ruby>に 빠르고 정확하게
<ruby>撤回<rt>てっかい</rt></ruby>する 철회하다	≒	<ruby>取<rt>と</rt></ruby>り<ruby>消<rt>け</rt></ruby>す 취소하다
<ruby>手分<rt>てわ</rt></ruby>け 분담	≒	<ruby>分担<rt>ぶんたん</rt></ruby> 분담
しばらく 당분간, 한동안	≒	<ruby>当分<rt>とうぶん</rt></ruby> 당분간, 한동안 <ruby>当面<rt>とうめん</rt></ruby> 당분간
<ruby>戸惑<rt>とまど</rt></ruby>う 망설이다, 갈팡질팡하다	≒	<ruby>困<rt>こま</rt></ruby>る 곤란하다, 난처하다
どんよりした<ruby>天気<rt>てんき</rt></ruby> 잔뜩 흐린 날씨	≒	<ruby>曇<rt>くも</rt></ruby>っていて<ruby>暗<rt>くら</rt></ruby>い 흐리고 어둡다
<ruby>馴染<rt>なじ</rt></ruby>む 친숙해지다	≒	<ruby>慣<rt>な</rt></ruby>れる 친숙해지다, 익숙해지다

<ruby>難<rt>なん</rt></ruby><ruby>点<rt>てん</rt></ruby> 난점, 곤란한 점	≒	<ruby>不<rt>ふ</rt></ruby><ruby>安<rt>あん</rt></ruby>なところ 불안한 점
<ruby>入<rt>にゅう</rt></ruby><ruby>念<rt>ねん</rt></ruby>に 공들여, 꼼꼼히	≒	<ruby>細<rt>こま</rt></ruby>かく<ruby>丁<rt>てい</rt></ruby><ruby>寧<rt>ねい</rt></ruby>に 세심하게, 정중히
にわかに 갑자기	≒	すぐに 바로
<ruby>根<rt>ね</rt></ruby>こそぎ 뿌리째, 송두리째, 몽땅	≒	<ruby>全<rt>すべ</rt></ruby>て 모두, 전부
<ruby>粘<rt>ねば</rt></ruby>り<ruby>強<rt>づよ</rt></ruby>く 끈질기다	≒	あきらめずに 포기하지 않고
はかどる 순조롭게 진행되다	≒	<ruby>順<rt>じゅん</rt></ruby><ruby>調<rt>ちょう</rt></ruby>に<ruby>進<rt>すす</rt></ruby>む 순조롭게 진행되다
<ruby>漠<rt>ばく</rt></ruby><ruby>然<rt>ぜん</rt></ruby>とする 막연하다	≒	ぼんやりする 어렴풋하다, 불분명하다
バックアップ 백업, 후원	≒	<ruby>支<rt>し</rt></ruby><ruby>援<rt>えん</rt></ruby> 지원
<ruby>抜<rt>ばつ</rt></ruby><ruby>群<rt>ぐん</rt></ruby> 발군, 뛰어남	≒	<ruby>他<rt>ほか</rt></ruby>と<ruby>比<rt>くら</rt></ruby>べて<ruby>特<rt>とく</rt></ruby>に<ruby>良<rt>よ</rt></ruby>い 다른 것과 비교하여 특히 좋다
ばてる 지치다, 기진하다	≒	<ruby>疲<rt>つか</rt></ruby>れる 피곤하다
<ruby>張<rt>は</rt></ruby>り<ruby>合<rt>あ</rt></ruby>う 겨루다, 경쟁하다	≒	<ruby>競<rt>きそ</rt></ruby>い<ruby>合<rt>あ</rt></ruby>う 경쟁하다, 서로 힘쓰다 <ruby>競<rt>きょう</rt></ruby><ruby>争<rt>そう</rt></ruby>する 경쟁하다
<ruby>密<rt>ひそ</rt></ruby>かに 몰래, 비밀리에	≒	こっそり 살짝, 몰래
ふいに 갑자기	≒	<ruby>突<rt>とつ</rt></ruby><ruby>然<rt>ぜん</rt></ruby> 갑자기
<ruby>不<rt>ふ</rt></ruby><ruby>審<rt>しん</rt></ruby>だ 의심스럽다, 미심쩍다	≒	<ruby>怪<rt>あや</rt></ruby>しい 수상하다, 의심스럽다
<ruby>不<rt>ふ</rt></ruby><ruby>用<rt>よう</rt></ruby><ruby>意<rt>い</rt></ruby>だ 조심성 없다, 부주의하다	≒	<ruby>不<rt>ふ</rt></ruby><ruby>注<rt>ちゅう</rt></ruby><ruby>意<rt>い</rt></ruby>だ 부주의하다
<ruby>不<rt>ふ</rt></ruby><ruby>慮<rt>りょ</rt></ruby>の 뜻밖의	≒	<ruby>思<rt>おも</rt></ruby>いがけない 생각지 못하다

紛糾 분규, 말썽(분란)이 일어남	≒	混乱 혼란
奮闘する 분투하다	≒	必死に頑張る 필사적으로 노력하다
閉口する 손들다, 질리다	≒	困る 곤란하다, 난처하다
弁解 변명	≒	言い訳 변명
妨害する 방해하다	≒	じゃまする 훼방을 놓다
抱負 포부	≒	決意 결의
没頭 몰두	≒	熱中 열중
ぼやく 투덜거리다	≒	愚痴を言う 푸념을 하다
全うする 완수하다, 다하다	≒	完了する 완료하다
まばらだ 드문드문하다	≒	少ない 적다
見合わせる 보류하다	≒	中止する 중지하다
脈絡 맥락, 연관	≒	つながり 연결, 관계
無償 무상, 무료	≒	ただ 무료, 공짜
むっとする 화가 치밀다	≒	怒る 화내다
めいめい 각각, 제각기	≒	一人一人に 한 명 한 명에게
メカニズム 메커니즘, 장치, 구조	≒	仕組み 구조

456

もくろむ 계획하다, 꾀하다	≒	計画(けいかく)する 계획하다
目下(もっか) 목전, 지금, 현재	≒	今(いま) 지금
やつれる 야위다	≒	痩(や)せ衰(おとろ)える 수척해지다, 바짝 마르다
やむを得(え)ず 어쩔 수 없이	≒	仕方(しかた)なく 어쩔 수 없이
ゆとり (공간이나 시간·정신·체력적인) 여유	≒	余裕(よゆう) 여유
落胆(らくたん)する 낙담하다	≒	がっかりする 실망하다
リスク 리스크, 위험, 위기	≒	危険(きけん) 위험
ルーズだ 느슨하다, 허술하다	≒	だらしない 야무지지 못하다, 칠칠치 못하다, 깔끔하지 못하다
歴然(れきぜん)とする 확실하다, 역력하다	≒	はっきりする 분명하다, 뚜렷하다
朗報(ろうほう) 낭보, 기쁜 소식	≒	嬉(うれ)しい知(し)らせ 기쁜 소식
ろくに 제대로, 변변히	≒	大(たい)して 별로, 그다지
ロスする 낭비하다	≒	無駄(むだ)にする 헛되게 하다

어휘	의미	어휘	의미
<ruby>間柄<rt>あいだがら</rt></ruby>	관계, 사이	<ruby>抱<rt>かか</rt></ruby>え<ruby>込<rt>こ</rt></ruby>む	껴안다, 떠맡다
<ruby>当<rt>あ</rt></ruby>てはまる	꼭 들어맞다, 적합하다, 적용되다	<ruby>加工<rt>かこう</rt></ruby>	가공
ありきたり	흔함, 얼마든지 있음	かさばる	부피가 커지다
<ruby>安静<rt>あんせい</rt></ruby>	안정	<ruby>頑<rt>かたく</rt></ruby>なだ	완고하다, 고집이 세다
<ruby>潔<rt>いさぎよ</rt></ruby>い	맑고 깨끗하다, 떳떳하다	<ruby>合致<rt>がっち</rt></ruby>	합치, 일치
<ruby>意地<rt>いじ</rt></ruby>	고집	<ruby>叶<rt>かな</rt></ruby>う	이루어지다
<ruby>一律<rt>いちりつ</rt></ruby>	일률, 예외가 없음	かばう	(잘못을) 감싸다, 두둔하다
<ruby>今更<rt>いまさら</rt></ruby>	이제 와서	<ruby>加味<rt>かみ</rt></ruby>	가미, 맛을 더함
<ruby>内訳<rt>うちわけ</rt></ruby>	내역, 명세	<ruby>過密<rt>かみつ</rt></ruby>	과밀
うなだれる	고개를 숙이다	<ruby>完結<rt>かんけつ</rt></ruby>	완결
<ruby>裏腹<rt>うらはら</rt></ruby>	정반대, 모순이 됨	<ruby>還元<rt>かんげん</rt></ruby>	환원
<ruby>円滑<rt>えんかつ</rt></ruby>	원활	<ruby>閑静<rt>かんせい</rt></ruby>だ	한적하다, 고요하다
<ruby>押収<rt>おうしゅう</rt></ruby>	압수	<ruby>簡素<rt>かんそ</rt></ruby>	간소
<ruby>怠<rt>おこた</rt></ruby>る	게으름을 피우다, 방심하다	ぎこちない	어색하다, 딱딱하다, 거북하다
<ruby>帯<rt>お</rt></ruby>びる	(성질을) 띠다, 가지다	<ruby>兆<rt>きざ</rt></ruby>し	조짐, 징조
<ruby>思<rt>おも</rt></ruby>い<ruby>詰<rt>つ</rt></ruby>める	고민하다, 골똘히 생각하다	<ruby>規制<rt>きせい</rt></ruby>	규제
<ruby>改修<rt>かいしゅう</rt></ruby>	개수, 수리	<ruby>基調<rt>きちょう</rt></ruby>	기조, 바탕
<ruby>解明<rt>かいめい</rt></ruby>	해명	<ruby>軌道<rt>きどう</rt></ruby>	궤도
<ruby>解約<rt>かいやく</rt></ruby>	해약	<ruby>拠点<rt>きょてん</rt></ruby>	거점

어휘	의미
きんとう 均等	균등
きんみつ 緊密	긴밀
く　ちが 食い違う	어긋나다, 엇갈리다
くじける	꺾이다, 좌절하다
くち だ 口出し	말참견
くつがえ 覆 す	뒤엎다, 뒤집다
くまなく	빠짐없이, 철저히
く めん 工面	조달, 자금 마련
けい い 経緯	경위
けつまつ 結末	결말
け はい 気配	낌새, 기색
こうさく 交錯	교착
こうだい 広大	광대, 넓고 큼
こう ふ 交付	교부
ご かく 互角	막상막하, 호각
こころ あ 心当たり	짐작, 짚이는 데
こころがま 心構え	마음가짐, 각오
コンスタント	일정함, 불변
さいしん 細心	세심함
さ 冴える	선명하다, 또렷해지다

어휘	의미
さっ 察する	헤아리다, 짐작하다
さ どう 作動	작동
しがみつく	달라붙다
し しつ 資質	자질
しっきゃく 失脚	실각
しっ そ 質素	검소
じっ 実に	실로, 참으로, 정말
じ にん 辞任	사임
しぶとい	끈질기다, 고집이 세다
しゃだん 遮断	차단
じゅうふく ちょうふく 重複・重複	중복
しゅうよう 収容	수용
しゅっ か 出荷	출하
しょうしん 昇進	승진
しょ ち 処置	처치, 조치
しりぞ 退く	물러나다
し わざ 仕業	소행, 짓
すばや 素早い	재빠르다, 민첩하다
ずばり	딱 잘라, 정통으로, 거침없이
せいとう 正当	정당

어휘	의미
ぜつだい 絶大だ	절대적이다
ぜつめつ 絶滅	절멸, 멸종
そうごう 総合	종합
そう 総じて	대체로, 일반적으로
そこぢから 底力	저력
そこ 損なう	손상하다, 파손하다, (기분 등을) 상하게 하다
そそる	돋우다, 자아내다
そな つ 備え付ける	설치하다, 설비하다
た 耐える	견디다
だ かい 打開	타개
たく 巧み	교묘함, 솜씨가 좋음
たずさ 携わる	관계하다, 관여하다, 종사하다
たやす 容易い	손쉽다, 용이하다
だん 断じて	결코, 단연코
ちょうたつ 調達	조달
つうれつ 痛烈	통렬, 호됨
てい き 提起	제기
て あつ 手厚い	극진하다, 융숭하다
て いた 手痛い	호되다, 뼈아프다
てっかい 撤回	철회

어휘	의미
デマ	데마, 유언비어, 헛소문
と つ 問い詰める	추궁하다, 캐묻다
とくさん 特産	특산
と 遂げる	이루다, 달성하다
とっくに	벌써, 훨씬 전에
なつ 懐く	(사람을) 잘 따르다
にぎ 賑わう	번화하다, 번창하다, 붐비다
にゅうしゅ 入手	입수
のぞ 望ましい	바람직하다
の だ 乗り出す	착수하다, 개입하다
はいぞく 配属	배속, 배치
はい ふ 配布	배포
はっさん 発散	발산
ばっすい 抜粋	발췌
はなは 甚だしい	(정도가) 심하다, 대단하다
はんざつ 煩雑	번잡
はんじょう 繁盛	번성
ひたむき	열심히, 한결같이
ひといちばい 人一倍	남보다 갑절이나, 배로
ひと で 人手	일손

어휘	의미	어휘	의미
ひとまず	일단, 우선	見落とす	간과하다, 못 보고 놓치다
秘める	숨기다, 간직하다	見込み	예상, 전망, 장래성
拍子	박자	満たない	부족하다
風潮	풍조	密集	밀집
復旧	복구	無造作	대수롭지 않은 모양, 아무렇게나 하는 모양
赴任	부임	めきめき	눈에 띄게, 무럭무럭
不服	불복, 불복종	目先	눈앞, 현재
ブランク	여백, 공백	目覚ましい	눈부시다, 놀랍다
発足	발족	目安	목표, 기준
没頭	몰두	面識	면식
補填	보전(부족한 부분을 채움)	免除	면제
ほどける	풀어지다	もたらす	초래하다, 야기하다
微笑ましい	호감이 가다, 흐뭇하다	もはや	이미, 벌써, 이제는
滅ぶ	멸망하다, 쇠퇴하다	もろい	무르다, 부서지기 쉽다
本場	본고장	養う	부양하다
交える	섞다, 주고받다	優位	우위
まちまち	제각각, 가지각색	有数	유수, 손꼽힘
真っ先	맨 앞, 맨 먼저	誘致	유치, 이끌어 들임
満喫	만끽	譲る	양도하다, 양보하다
見失う	(시야에서) 놓치다, 잃어버리다	ゆとり	여유

어휘	의미
ようせい 要請	요청
ようそう 様相	양상, 모습, 상태
ようぼう 要望	요망, 요청
リタイア	리타이어, 기권, 중도 포기
れんけい 連携	연계
ろこつ 露骨	노골(적)

색인

474

JLPT 합격 시그널 | 일본어능력시험 단어장 **N1**

초판인쇄	2025년 6월 10일
초판발행	2025년 6월 30일

저자	JLPT 연구모임
편집	김성은, 조은형, 오은정, 무라야마 토시오
펴낸이	엄태상
디자인	이건화
조판	이서영
콘텐츠 제작	김선웅, 장형진
마케팅	이승욱, 노원준, 조성민, 이선민
경영기획	조성근, 최성훈, 김로은, 최수진, 오희연
물류	정종진, 윤덕현, 신승진, 구윤주

펴낸곳	시사일본어사(시사북스)
주소	서울시 종로구 자하문로 300 시사빌딩
주문 및 교재 문의	1588-1582
팩스	0502-989-9592
홈페이지	www.sisabooks.com
이메일	book_japanese@sisadream.com
등록일자	1977년 12월 24일
등록번호	제 300-2014-92호

ISBN 978-89-402-9447-5(13730)